Ditte und Giovanni Bandini
Das Buch der Zwerge

Ditte und Giovanni Bandini

DAS BUCH DER ZWERGE

Albatros

Für Christine und im Andenken an Gerhard

Titel der Originalausgabe:
»Das Zwergen Buch«
© 2004 Deutscher Taschenbuch Verlag GmbH & Co. KG, München

Bibliografische Information der Deutschen Nationalbibliothek

Die Deutsche Nationalbibliothek verzeichnet diese Publikation
in der Deutschen Nationalbibliografie;
detaillierte bibliografische Daten sind im Internet
über http://dnb.d-nb.de abrufbar.

Ausgabe 2007 Patmos Verlag GmbH & Co. KG
Albatros Verlag, Düsseldorf
Alle Rechte vorbehalten.
Umschlaggestaltung: butenschoendesign.de
Umschlagmotiv: »Rip van Winkle« von John Howe
(mit freundlicher Genehmigung von Little, Brown and Company [Inc.])
Printed in Germany
ISBN 978-3-491-96204-0
www.patmos.de

INHALT

Vorwort oder: Warum nicht?	7
Vom Ursprung der Zwerge	9
Geister-Tohuwabohu	15
Ach, wie gut, dass niemand weiß – Von der Macht des Namens	23
Zipfelmütze und Wasserkopf – So sehen sie aus	31
Und ewig lockt das Weib – Der Zwerg und die Liebe	39
Höhlenkinder – So leben sie	47
Mondscheinkuchen, Sternentau und Erbsenklau – Die Essensvorlieben der Zwerge	54
Die fleißigen Zwerge	64
Waldzwerge	65
Bergzwerge	69
Hauszwerge	72
Diener, Magd und Knecht in einem	78
Meerzwerge	82
Nachtaktiv und menschenscheu – Die Eigenheiten der Zwerge	85
Die Gaben des Kleinen Volkes	92
Sie lieben den Adel	99
Die Zwerge und die Götter	104

Echte Giftzwerge	110
»Hehe ihr Nicker, wie seid ihr niedlich« – Zwei berühmte Zwergenkönige	117
Der Ring des Alberich	117
Laurin und sein Rosengarten	121
Alles andere als Schönheiten – Die Trolle	126
Elbische Untaten und Riesenzwerge	131
Riesenzwerge	136
Die Zwerge und das Christentum – Oder: Der Klügere gibt nach	140
Nebendarsteller und Hauptperson	149
Märchenzwerge	149
Sagenzwerge	153
Kinderbuch und Fantasy	158
Die heile Zwergenwelt im Kinderbuch	158
Fantasyzwerge – Unentbehrlich, aber keine Helden	164
Erdgeister oder New-Age-Zwerge	169
Zipfel auf! – Die Gartenzwerge	178
Die Retter der Gartenzwerge	183
Von Zwergen und Pygmäen – Fruchtlose Erklärungsversuche	188
Warum habt ihr uns verlassen?	193
Danksagung	203
Kleines Zwergenglossar	204
Quellennachweis	212
Abbildungsnachweis	219
Bibliographie	220
Register	231

VORWORT ODER: WARUM NICHT?

Ich raufe mich nicht gern mit Zwergen«, schrieb Mozart einmal in einem Brief an seinen Vater, als er sich in Paris über den ein oder anderen Franzosen ärgerte. Diese Äußerung bezog sich allerdings nicht auf kleine Menschen im wörtlichen, sondern im bildlichen Sinn – Kleingeister, die ihn keine monumentale Oper schreiben lassen wollten.

Die Zwerge im Geiste aber sind es nicht, die in diesem Buch abgehandelt werden sollen. *Leibhaftige* Menschenzwerge, solche also, die, wie es ein altes Lexikon ausdrückt, »die gewöhnliche Leibesgröße« nicht erreichen, »sondern weit darunter unmäßig klein« bleiben, kommen ebenfalls nicht darin vor.

»Warum nicht?«, hört man hier unweigerlich einen von ihnen fragen. Dieser eine ist natürlich Perkeo, und da er im Buch nicht auftreten darf, räumen wir ihm hier ein wenig Platz ein. Schließlich sind wir im weiteren Sinne Heidelberger und ihm schon deshalb verpflichtet.

»Warum nicht?«, entgegnete er also angeblich, und zwar auf Italienisch, wann immer ihn der Kurfürst Karl Philipp fragte, ob er noch ein Glas Wein trinken wolle oder könne. Der Kleine, ursprünglich ein Innsbrucker Knopfmacher, avancierte daraufhin zum geachteten Hofnarren und Kammerherrn des Fürsten und wurde seines ständigen Ausspruches »Perché no?« wegen von nun an Perkeo genannt. Gestorben ist er dann angeblich, weil er einmal aus Versehen statt Wein ein Glas Wasser trank...

Soviel dazu. Leider bleiben auch andere kleinwüchsige Persönlichkeiten im Folgenden unberücksichtigt, denn zum einen reicht der

Platz einfach nicht aus, und zum anderen haben sie nun wirklich nichts mit den mythologischen Zwergen zu tun. Da könnten wir ebenso gut von der Zwergspitzmaus und den Zwergwalen reden. Dafür aber werden wir den Gartenzwergen ein paar Worte widmen, denn hier bestehen durchaus Verbindungen zu den sagenhaften Wichteln. Fragt man uns nun – das zum Abschluss –, warum wir uns nach den Drachen und den Feen nun den Zwergen zugewandt haben, so könnten wir erwidern, dass sie es wirklich verdienen. Andererseits könnten wir auch lächelnd mit Perkeo sagen: *Warum nicht?*

Das war der Zwerg Perkeo im Heidelberger Schloss,
an Wuchse klein und winzig, an Durste riesengroß.
Man schalt ihn einen Narren, er dachte:»Liebe Leut',
wärt ihr wie ich doch alle feuchtfröhlich und gescheit!«

J.V. von Scheffel

Wiesenbach, im Mai 2004

VOM URSPRUNG DER ZWERGE

*Ich bin ein Geist und geh herum
Und heiß mit Namen Hütchen;
Wer früh aufsteht und fleißig ist,
Bekommt von mir ein Gütchen.*

August Kopisch

nser Herr Christus wandelte einmal auf Erden. Da kam er in ein Haus, wo eine Frau wohnte, die hatte fünf hübsche und fünf hässliche Kinder. Als aber der Herr ins Haus trat, versteckte sie die fünf hässlichen Kinder im Keller. Da ließ der Herr die Kindlein zu sich kommen, und als er die hübschen Kinder sah, fragte er die Frau, wo ihre anderen Kinder wären. Da sprach das Weib: »Andere Kinder hab ich nicht.« Nun segnete der Herr die fünf schönen Kinder und verwünschte die hässlichen, indem er sprach: »Was unten ist, soll unten bleiben, und was oben ist, soll oben bleiben.« Als nun das Weib wieder in den Keller kam, waren ihre fünf Kinder verschwunden; aus ihnen sind die Unterirdischen entstanden.

Genaugenommen sprach unser Herr Christus seine – den hässlichen (und nach einer friesischen Version obendrein verwachsenen) Kindern gegenüber doch ziemlich ungerechte – Verwünschung hier in Plattdeutsch, was sich so anhörte: »Wat ünner is, schall ünner blieben, un wat baben is, schall baben blieben.« Man wundere sich hier weniger über die doch enormen Sprachkenntnisse unseres Herrn Jesus Christus als darüber, dass die Zwerge ausgerechnet auf Amrum oder jedenfalls in Schleswig-Holstein (von wo diese Sage überliefert ist) entstanden sein sollen.

Dafür, dass dieses Ereignis irgendwo im Norden stattfand, spricht allerdings auch die *Edda*. In einem ihrer Lieder, »Der Seherin Weissagung« (*Wöluspa*), in dem von der Schöpfung die Rede ist, heißt es unter anderem:

Da gingen zu Sitze die Götter alle, die heiligen Herrscher, und hielten Rat: Wer die Schar der Zwerge erschaffen sollte aus Brimirs Blut und aus Blains Gliedern.

Brimir und Blain sind Beinamen von Ymir, einem bösen Urriesen, der erschlagen und anschließend buchstäblich ausgeweidet wurde – denn beispielsweise aus seinen Zähnen und Knochen schufen die Götter Felsen und Klippen und aus seinem Schädel den Himmel. Ganz einig waren sich die altnordischen Dichter hinsichtlich der Zwerge aber nicht, denn in der jüngeren, der *Prosa-Edda*, heißt es diesbezüglich, die Götter hätten auf ihren Hochsitzen Platz genommen und beratschlagt »und gedachten, wie die Zwerge belebt würden im Staub und in der Erde gleich Maden im Fleisch. Die Zwerge waren zuerst erschaffen worden und hatten Leben erhalten in Ymirs Fleisch und waren da Maden. Aber nun nach dem Ausspruch der Götter erhielten sie Menschenwitz und Menschengestalt und wohnten in der Erde und im Gestein.«

Ob die Zwerge nun aus dem frischen Blut des Riesen entstanden sind oder aus in seinem verwesenden Fleisch lebenden Maden, spielt (abgesehen vom Ekelfaktor) vielleicht keine so große Rolle. Wesentlich scheint vielmehr hier zu sein, dass die Zwerge den Göttern ein echtes Anliegen waren und dass sich ihre Erschaffung in grauer Vorzeit ereignete – also lange, bevor unser Herr Christus auf der Erde umherwanderte.

Und tatsächlich kennen die Isländer eine Variante der christlichen Geschichte mit den hässlichen Kindern, und sie spielt immerhin fast im Anbeginn der Zeiten. Hiernach war es nämlich Eva, die ihre Kinder an einer Quelle wusch, als sie plötzlich von Gott gerufen wurde. Da schob sie die noch schmutzigen Kleinen auf die Seite, wie es heißt (sagen wir also hinter einen Felsen), damit Gott sie nicht sähe. Als der ihr nun noch eine letzte Chance gab und scheinheilig fragte, ob auch wirklich *all* ihre Kinder vor ihm stünden, bejahte sie zögernd. Da erklärte Gott alttestamentarisch zürnend, dass das, was sie vor Gott zu verbergen suche, auch vor den Menschen verborgen werden solle. Und in diesem Augenblick wurden die schmutzigen Kinder unsichtbar.»Ehe die Flut kam, steckte Gott sie in eine Höhle und verschloss den Eingang derselben. Von ihnen stammen nun alle Unterirdischen ab.«

Aus der Oberpfalz ist eine weitere Entstehungstheorie überliefert. In einem volkskundlichen Werk aus der Mitte des 19. Jahrhunderts heißt es zu den Zwergen:»Nach dem Buch Noe erlaubt Gott diesem und seinem Weibe rückwärts Steine zu werfen: Daraus wurden diese Zwerge, Männlein und Weiblein – und der Herr befahl ihnen, den Menschen zu dienen.«

Dass Gott die Zwerge erschuf, weiß auch Goethe. Er erzählt in seiner Zwergengeschichte von der neuen Melusine:»Es ist bekannt, sagte sie [die Zwergen-Heldin], dass Gott, sobald er die Welt erschaffen hatte, so dass alles Erdreich trocken war und das Gebirg mächtig und herrlich dastand, dass Gott, sag' ich, sogleich vor allen Dingen die Zwerglein erschuf, damit auch vernünftige Wesen wären, welche seine Wunder im Innern der Erde auf Gängen und Klüften anstaunen und verehren könnten.«

Im Mittelalter kannten die Christen aber noch wenigstens eine weitere Geburtsvariante, die in ähnlich weite Fernen zurückreicht und darum den altnordischen Maden Konkurrenz macht. Danach sind die Zwerge und Kobolde nämlich nichts anderes als»eitle Geister« – also verstoßene, aus dem Himmel geworfene Engel. Sie ließen sich da oben bekanntlich etwas zuschulden kommen und müssen nun *auf* oder *in* der Erde büßen. Manche meinen, dass die Elben auf Wälder und Wiesen fielen, die Nisse hingegen auf Dächer und in die Häuser. Sie haben aber, so behauptete Graf Christoph Zimmern im 16. Jahrhundert in seiner Chronik, anders als andere Bösewichter, noch die Chance auf Gnade und Aussöhnung. Das ihnen hierfür an die Hand gegebene Mittel sind gute Handlungen gegenüber den Menschen. Sie sollen also die»frommen, ehrbaren Menschen heimsuchen und ihnen in aufrechten und ehrlichen Sachen dienstbar sein«. Tun sie das, besteht für sie Hoffnung auf Erlösung.

Was letzteren Punkt angeht, war man sich aber schon im Mittelalter nicht einig, denn Paracelsus spricht den »Elementischen« (zu denen auch die Zwerge gehören) eine Seele ab. Und wer keine Seele hat, kann nicht erlöst werden, und ist also, wie er sagt: bloßes Menschvieh.

Eine weitere Volksmeinung besagt demgegenüber, dass gerade die Kobolde Seelen seien, und zwar die Seelen von ermordeten Menschen oder ungetauften Kindern. Sie müssten nun im Haus des Mörders ihr Unwesen treiben, weshalb sie je nachdem, wie sie zu Tode gekommen seien, ein Messer im Rücken stecken hätten oder missgestaltet wären.

Das Poppele von Hohenkrähen im Badischen soll einst der kleine und schwächliche Schirmvogt Johann Christoph Poppolius Maier gewesen sein. Er zerstritt sich im Suff mit einem Abt, weil der ihn seines Wuchses wegen verspottet hatte. Er warf ihn in sein Verlies und ließ ihn dort so lange hungern, bis der geistliche Herr so dünn geworden war wie er selbst. Der Abt war über die ihm angetane Schmach so furchtbar böse, dass er (nicht ganz christlich) Johann Christoph Poppolius Maier mithilfe eines Zauberbuches verfluchte. Der Schirmvogt brach sich prompt das Genick. Sein Geist aber, so der Rest des Fluches, macht seitdem als neckender Kobold Poppele die ganze Gegend unsicher.

Auch aus Sachsen wird Ähnliches berichtet:

In der Nähe des Dorfes Wildbach bei Schneeberg liegt auf einem Vorgebirge des Muldentales das Raubschloss, die Eisenburg, ursprünglich eine Art Vorfestung von Schloss Stein, mit welchem sie durch einen unterirdischen, unter der Mulde hinführenden Gang verbunden gewesen sein soll. Hier hauste im 14. Jahrhundert ein Raubritter, Konrad von Kauffungen, der solche Schandtaten verübte, dass ihm der Teufel den Hals brach und sein Geist verdammt ist, bis auf den heutigen Tag die Umgegend in Zwergsgestalt zu schrecken.

Nun, diese Geschichten sind eindeutig abzulehnen! Sie verraten – wie überhaupt die ganze Verdammte-Seelen-Theorie – den Einfluss des Christentums und werden dem heidnischen Charakter des Zwerges nicht gerecht.

Nicht hundertprozentig glaubwürdig sind auch Berichte, denen zufolge man sich früher einen Kobold einfach kaufen konnte, wobei das estnische Riga und bei uns Halle und Leipzig als bevorzugte Umschlagplätze für diese Geister galten. »In Auerbachs Hof zu Leipzig bekommt man Kobolde zu kaufen«, heißt es in einem alten volkskundlichen Werk, »doch muss man sich vorsehen, dass man nicht betrogen wird. Es gibt nämlich arme und reiche Kobolde.« Hat man nun aus Versehen einen armen Hausgeist erwischt, also einen, »der die eigene Armut nur befördert, so kann man ihn freilich umtauschen«.

Auch konnten Zauberkundige sich einen solchen dienstbaren Geist selbst verfertigen, woran man in Goethes *Zauberlehrling* erinnert wird, der seinen Besen beschwört. In Schweden etwa benötigte man dazu im Wesentlichen nur alte Lumpen, Werg und Wacholder, woraus mit weiteren Utensilien ein Ball geformt wurde. Sobald drei Tropfen Blut aus dem linken kleinen Finger unter Hersagung der maßgeblichen Zaubersprüche darauf tropften, wurde der Ball lebendig – wie der Besen bei Goethe. Einen solchen verwendeten auch die Esten für die Herstellung eines Kobolds.

Ebenfalls an heidnische Zeiten gemahnen manche Weisheiten, die sich nicht auf das schnöde Kaufen, sondern auf das magische »Gewinnen« eines Zwergleins beziehen. Wenn also der in solchen Künsten bewanderte Landmann mal eben einen Kobold brauchte, ging er in der Johannisnacht zu einem Ameisenhügel, umrundete ihn sieben Mal gegen den Uhrzeigersinn und grub sich einen aus. Der hatte dann aber nicht etwa menschliche Gestalt, sondern die eines Mistkäfers oder bestenfalls eines Alrauns, mit dem der Kobold übrigens oft verglichen wird. Er wurde sorgfältig in einer Schachtel aufbewahrt und mit aller Ehrerbietung behandelt. Aber: »Wat god's is dat nich«, erklärte eine alte Frau kopfschüttelnd, als sie davon erzählte.

Doch gut oder nicht ist hier weniger die Frage. Wesentlicher scheint zu sein, ob der Kobold denn jeweils ad hoc entstand oder irgendwo bereits im Erdinneren wohnte und durch den magischen Akt lediglich hervorgeholt wurde. Vermutlich war in der Regel Letzteres der Fall, denn Ameisenhügel gewähren nach weitverbreiteter Vorstellung Eingang in die Unterwelt. In der Unterwelt aber wimmelt es nur so von Zwergen – wie es auch in den Unterhaltungen des angeblichen Grafen von Gabalis (17. Jh.) heißt: »Die Erde ist fast bis zu ihrem Mittelpunkt mit Gnomen bevölkert, Wesen von kleiner Gestalt und Wächtern über die Bergwerke, Schätze und Juwelen; sie sind Freunde der Menschen und sehr lenksam.« Wie die Gnomen in die Erde gekommen sind, wird dort jedoch nicht gesagt.

Die Querxe in der Oberlausitz sollen dagegen ständig neu aus dem Querxborn hervorsprudeln – eine recht feuchte und ungewöhnliche Enstehungsart.

Die Maden sind zu prosaisch, die verdammten Seelen zu abwertend und die Quelle zu feucht. So mag also die Frage offen bleiben, wie wir zu den Zwergen kamen. Nicht allen Dingen muss man auf den Grund gehen. Als kleiner Ausgleich für all das Negative soll abschließend noch eine Sage aus der Nähe von Heidelberg (Steinsfurt) erzählt werden, die sich um eine schöne alte Buche und die Entstehung eines Zwerges rankt.

Schon von meiner Großmutter hörte ich, dass vor alten Zeiten ein gelber Zwerg hier auf diesem Platze gewohnt habe. Oft erschien er den Leuten, besonders den armen Holzlesern, denen er ihre Bürde aufladen half. Wenn diese nach Hause kamen, fanden sie meist einiges Geld in dem Bündel versteckt. Dieser Zwerg soll zu seinen Lebzeiten ein stattlicher Ritter gewesen sein. An der Stelle, wo die Buche steht, fand er eines Tages die Leiche seiner Geliebten, welche von wilden Tieren zerrissen worden war. Er begrub sie auf derselben Stätte, pflanzte die Buche auf ihr Grab und trauerte daselbst viele Jahre lang, bis auch ihn die stille Gruft mit der Teuern vereinte.

Liebende Pärchen wallfahrteten seither oft zu der geheiligten Buche, schwuren sich ewige Treue, und Segen folgte ihrer Verehelichung. Noch jetzt, erscheint gleich der Zwerg nicht mehr sichtbar, ist er Beschützer dieses Baumes. Niemand wagt es, ihn zu beschädigen, und solch ein Frevel würde gewiss auch nicht ungerächt bleiben.

GEISTER-TOHUWABOHU

*Himpelchen und Pimpelchen stiegen
auf einen Berg.
Himpelchen war ein Heinzelmann
und Pimpelchen ein Zwerg.
Sie blieben lange da oben sitzen
und wackelten mit den Zipfelmützen.*

 pätestens hier sieht sich der Zwergenforscher mit der wesentlichen Frage konfrontiert: Was sind »richtige« Zwerge? Wer oder was wird darunter verstanden? Erkundigungen in unserem Freundes- und Bekanntenkreis ergaben ebenso viele – teilweise sehr entschieden und hitzig vertretene – Meinungen wie Befragte. Die einen waren sich sicher, dass Kobolde beziehungsweise Heinzelmännchen durchaus eigene Geistwesen seien und daher in einem Zwergenbuch nichts zu suchen hätten. Andere empfanden gerade sie als Zwerge. Wieder andere sonderten die Kobolde, nicht aber die Heinzelmännchen aus, ohne dafür allerdings einen triftigen Grund anführen oder die einen wie die anderen näher definieren zu können. Die nordischen *Tomten* und *Nisse*, die Wichtel, Klabautermänner, Poltergeister und Unterirdischen – sie alle wurden entweder dazugerechnet oder als Zwerge schlichtweg abgelehnt.

Auch im Motto dieses Kapitels, einem Vers, der für ein Fingerspiel gedacht ist, und der folgenden schlesischen Geschichte sind Zwerge, Heinzelmännchen und Kobolde als verschiedene Wesen aufgefasst.

Kobolde und Zwerge tanzten auf dem Tanzboden, einer Waldwiese bei den Auerwiesbauden. Dort fanden sie sich in nächtlicher Stunde ein, huschten und schwirrten, haschten und irrten aus-, in- und durcheinander. Ein kleines graues Männchen spielte auf einer Geige ihnen zum Tanze auf. Mancher,

den sein Weg zu später Nachtstunde dort vorüberführte, hörte den Klang der Saiten, vernahm ihr Treiben und eilte mit Grausen weiter. Die Kobolde und Zwerge haben sich in den Braunfelsen zurückgezogen. Dort feiern sie ihre heitersten Feste, und sanfte Klänge dringen hervor. Mitunter hört man aber auch wütendes Hundegebell.

Gleichzeitig werden die genannten Wesen im einen wie im anderen Fall als miteinander verwandt betrachtet. Sie steigen zusammen auf einen Berg, tragen Zipfelmützen und tanzen des Nachts gemeinsam auf einer Wiese.

Hier wie im Bekanntenkreis, so könnte man einwenden, waren Laien am Werk. Deren Urteil ist mithin nicht maßgeblich. Zugegeben. Eine Sichtung der einschlägigen Fachliteratur (sofern in Bezug auf Geistwesen überhaupt davon gesprochen werden kann) ergab allerdings eine noch größere Bandbreite an Meinungen, denn hier kommen nun unter anderem die Elfen oder Elben, Pixies, Brownies, Hütchen, Graumännlein und so weiter mit ins Spiel. Die Forscher kennen so viel mehr Gattungen und Arten von Geistwesen als die Laien, dass die Verwirrung nicht wenig vergrößert wird. Das Geister-Tohuwabohu wird auch aus folgender Bemerkung eines Volkskundlers deutlich: »Der Name Erdmännlein ist ein Sammelbegriff für Zwerge und für Unterirdische, für Kobolde, für die Untersberger, für die kleinen Gestalten in den Wäldern, auf den Almen ... für alle diejenigen, die man später unter dem Namen Elben hat begreifen wollen.«

Zu allen genannten und etlichen weiteren Varietäten kommen noch spitzfindige Verknüpfungen hinzu. So wird unter anderem behauptet, ein Heinzelmännchen (oder *Brownie*), das geärgert werde, verwandle sich in einen Kobold, oder Wichtel seien kleiner und leichter als die gedrungenen Zwerge und hätten im Gegensatz zu diesen die gleichen Körperproportionen wie ein Mensch.

Weiterhin ist da das Kriterium der Farbe zu nennen. In vielen Sagen werden die Zwergwesen nach Farben benannt – da gibt es beispielsweise auf Rügen die schwarzen, braunen und weißen Unterirdischen, und bereits die *Edda* unterscheidet zwischen Schwarzelben und Weißelben. Erstens jedoch ist nicht klar, worauf sich die Farbbezeichnungen jeweils beziehen: auf die Kleidung, die Haut oder den Charakter? Zum anderen wird den Zwergwesen in Europa keineswegs überall eine bestimmte Farbe zugeordnet, und ist man zudem aus irgendwelchen Urinstinkten heraus geneigt, die dunklen als böse zu charakterisieren, was aber etwa in Bezug auf die englischen Brownies ein Fehlurteil wäre. Auch die an die Fantasy erinnernde Bezeichnung »Finsterlinge« für einzeln lebende Zwerge erscheint aus dem gleichen Grund unpassend.

Sehr viel einleuchtender ist eine Klassifizierung nach Lebensweise und/oder Wohnort, wie sie von manchen vorgenommen wird. Eine Märchensammlerin unterscheidet zwischen dem Stillen Volk, den Erdleuten, den Hausgeistern und den Hügelmännern. Allesamt aber fasst sie unter dem Oberbegriff »Zwerge« zusammen, teilweise in Übereinstimmung mit einer Äußerung in einem volkskundlichen Werk: »Sehr viele Autoren des 16. Jahrhunderts rechnen jene Geister, die sich den Menschen dienstbar zeigen oder an sein Haus gebunden scheinen, zu den Zwergen; wir nennen sie heute Hauskobolde oder Gütchen oder *spiritus*.« Goethe bezeichnet im *Faust* (Teil II, 1. Akt) die Gnomen als »den frommen Gütchen nah verwandt, als Felschirurgen wohl bekannt«. Viele andere dagegen trennen die Kobolde und Heinzelmännchen als Hausgeister von den im Freien lebenden Zwergen oder Gnomen.

Dass sich schon unsere Ururahnen über die Klassifikation der Geistwesen nach ihren jeweiligen Wohnorten Gedanken gemacht haben, zeigt folgende Unterteilung aus einem mittelalterlichen Text:

in wazzer und in berge, daz sin nickere unde twerge,
in walde unde bruche, got hat ur cleine ruche,
daz sin elve, dhorse und wichte, de der werlde tugin ze nihte.

Im Wasser wohnen also die Nicker, im Berg die Zwerge, in Wald und Bruch die Ruche, kleine Geister, nämlich Elfen und Wichte und obendrein die geheimnisvollen *Dhorse*, unter denen sich jeder vorstellen kann, was er möchte.

Versucht nun der inzwischen nicht nur durch die Dhorse einigermaßen verwirrte Leser der Sache in anderer Weise auf den Grund zu gehen, nämlich, indem er den »Zwerg« zu seinem Ursprung zurückverfolgt, endet er wiederum in einer Sackgasse. Das in vielen Sprachen belegte Wort führt Kluges *Etymologisches Wörterbuch der deut-*

schen Sprache nach einigem Hin und Her auf zwei mögliche indogermanische Wurzeln zurück, die beide soviel wie »listig oder täuschend schädigen« bedeuten. Ein Zwerg sei demnach so etwas wie ein »Trugwesen«. Ein Wörterbuch der Volkskunde erklärt dazu passend: »Das gemeingermanische Wort [Zwerg] bedeutet ursprünglich wohl ›Trugbild‹.«

Danach könnten also sämtliche Gespenster, die, in welcher Gestalt auch immer, nachts ahnungslose Spaziergänger erschrecken oder an die Fenster klopfen und damit Herzinfarkte verursachen, in einem Zwergenbuch behandelt werden!

Der Kobold und der Wichtel bringen uns nicht viel weiter, denn was ersteres Wort bedeutet, ist mal wieder umstritten. Viele sagen, die Bezeichnung hinge mit einem älteren Wort für »Koben« und »Walter« zusammen und zwar im Sinne von »Hausverwalter«, was immerhin auf die Nähe der Kobolde zu menschlichen Wohnungen hinweisen könnte. Wicht dagegen bedeutet einfach soviel wie »Ding« oder »Wesen«.

Nach Durchsicht Hunderter von Sagen und nicht ganz so vieler einschlägiger Fachbücher und -artikel wurde zumindest uns Folgendes klar: Zum einen sind Bezeichnungen Schall und Rauch. Geistwesen sind in vielen Fällen schlicht und einfach nicht klar voneinander zu trennen. Sie tragen, falls man eines zu Gesicht bekommt, kein Schildchen um den Hals, auf dem geschrieben steht: »Ich bin ein Kobold« oder: »Ich gehöre zu den Zwergen«. Alle diese Begriffe stammen von den Menschen, und die haben je nach Region ihre eigene Sprache und wie zu allen Dingen auch hierzu ihre eigene Ansicht.

So wurden schon in früherer Zeit die Geister, wie es ein Volkskundler richtig ausdrückt, nach und nach in Systemen zusammengefasst, »die man, um mit den Wesen fertig zu werden, sich in jenen Jahren hat ersinnen müssen«. Hinzu kommt, dass sich nicht nur die Vorstellungen über Geisterwesen im Laufe der Jahrhunderte entwickelt und verändert haben, sondern damit einhergehend auch die Sagen, die von ihnen handeln. Vermischungen, der Einfluss christlichen Gedankenguts und Überlagerungen waren die Folge.

Die Bezeichnung »Zwerge« in der ein oder anderen dialektalen Form, wie etwa *Querxe, Quarge, Zwargl* oder *Tweärken*, zieht sich somit durch die ganze Bandbreite der auch von Kobolden, Wichteln usw. erzählten Geschichten. Oder es wird beispielsweise ein und dieselbe Geschichte den Elfen, den Kobolden, den Erdmännlein oder den Zwergen angedichtet.

Immer wieder wird zur Unterscheidung von Zwergen und etwa Kobolden oder Elben das Argument angeführt, die einen (Kobolde) würden allein, die anderen (Zwerge) aber in Familienverbänden wohnen. Auch hier fanden allerdings so viele Überlagerungen und Vermischungen statt, dass eine klare Trennlinie nicht zu ziehen ist.

Ein Attribut, das – heute wie früher – hauptsächlich und an allererster Stelle mit einem Zwerg in Verbindung gebracht wird, trägt aber zur Klärung der Verhältnisse bei: »klein«. Zwerge sind viel kleiner als Menschen, und das gilt auch für die Kobolde, Heinzelmännchen, Brownies, Nisse, Tomten und wie sie alle heißen. Wenn sie menschliche Gestalt annehmen, sind sie fast immer winzig. Eine weitere Auffälligkeit aller genannten und etlicher weiterer Zwergenwesen ist, dass sie oftmals einen Bart tragen und obendrein in irgendeiner Weise hässlich, missgestaltet oder alt sind – oder sogar (die Armen!) alles zusammen.

Die Elfen und Feen dagegen, von nicht wenigen zu den Zwergen gerechnet, werden trotz des ein oder anderen körperlichen Makels häufig als hübsch beschrieben, zumal wenn sie weiblichen Geschlechts sind. Auch sind sie, wenn sie in Kontakt zu den Menschen treten, längst nicht immer klein. Dennoch überschneiden und vermischen sie sich, wie man noch sehen wird, in vielen Bereichen mit den Zwergen. Zustimmen können wir in jedem Fall einer Zwergenforscherin, die da rhetorisch fragte, ob der Klabautermann und der *Puk* oder das *Kasermandl* zu den Zwergen zu rechnen seien, und sich selbst die Antwort gab: »Also, ich denke schon.«

Gerade hier zeigt sich jedoch, wie breit die Grauzone bleiben muss – und zwar längst nicht nur im Hinblick auf ausländische Geistwesen wie die *Korrigans* oder die Trolle. Die folgende Geschichte aus den Alpen ist ein typisches Beispiel. Man achte auf die vielen unterschiedlichen Bezeichnungen, die sich auf ein und denselben Geist beziehen:

Bei Hornbach erheben sich das hohe »Himmelshorn« und der noch höhere »Hochvogel«. Dieses Gebirge bewohnt ein Berggeist, ein Schatzhüter, der es fast ebenso treibt wie der Rübezahl im Riesengebirge. Oftmals wird er für ein Venedigermandl gehalten, welches die Schätze ausbeutet, denn man hat oft ein gewaltiges Hämmern und Klopfen drinnen im Felsen gehört. Aber der Berggeist ist fürs Lechtal kein Glück; denn er ist mutwillig und boshaft und hat früher genug veranlasst, ihn zu schimpfen und zu hassen. Lechtaler ... haben ihm den Namen »Kobold« beigelegt, aber der Jacks Huber hat ihn für ein »Klopferle« gehalten und ausgegeben; es soll ein schwarzer, rauer Zwerg – auch oft in rauer Wurmgestalt – gewesen sein, der durch sein Klopfen die Leute warnte.

Der Sagensammler, der diese Geschichte aufzeichnete, schließt mit den Worten: »Verwechslungen der dämonischen Wesen untereinander, und Nichtfesthalten des Unterschiedes ihrer Wesenheiten, begegnet man im Volke nicht selten.« Wie wahr!

Natürlich lässt sich der ein oder andere Zwerg oder ein Zwergenvolk auch in Italien oder Russland oder Griechenland ausmachen. Zwei freche Kobolde, die so genannten *Kerkopen,* sollen sich beispielsweise mit Herakles angelegt haben. Als er sie dabei erwischte, wie sie ihm seine Waffen klauen wollten, hängte er sie kopfüber an einen Balken. Wie er sie so mit sich forttrug, konnten sie seine behaarten Hinterbacken sehen, und darüber führten sie so drollige Gespräche, dass Herakles schließlich lachen musste und sie laufen ließ.

Außerdem kannte man in der Antike noch die *Daktylen* (»Fingermännchen«, »Däumlinge«), Schmiedekobolde, deren Heimat nicht ganz klar zu lokalisieren ist. Laut dem *Kleinen Pauly* kamen sie vermutlich aus Phrygien (woher ja auch die Zipfelmütze, dieses wichtige Zwergenattribut, stammen soll), andere dagegen erklären, sie wohnten auf Kreta und schürften im Idagebirge nach Gold. Allerdings wurden sie »durchaus nicht immer als klein vorgestellt«.

Auch in außereuropäischen Gegenden ist häufiger von Zwergen die Rede. Beispielsweise wird in diesem Zusammenhang gern der als Zwerg abgebildete altägyptische Gott Bes angeführt, dessen enge Beziehung zu den Pygmäen allerdings gesichert zu sein scheint. In Ghana soll es die *Asamanukpai* geben, affengroße Zwerge mit rückwärts gewandten Füßen, die gern tanzen und Menschen in die Irre führen. Für Indien wird oft die Inkarnation des Gottes Vishnu als

Zwerg (Vamana) ins Feld geführt (siehe S. 137f.). Dort kennt man überhaupt eine Vielzahl an kleinwüchsigen Wesen, von denen etliche allerdings wenig Ähnlichkeit mit unseren Zwergen aufweisen und teilweise in Anlehnung an menschliche Liliputaner entstanden sein dürften. Die *Guhyakas* hingegen können in mancherlei Hinsicht mit den europäischen Zwergen verglichen werden, auch wenn ihnen die typische Zipfelmütze fehlt. Sie sind klein und dickbäuchig und unterstehen ihrem Herrscher Kubera, der, ebenfalls passend, Gott der Reichtümer ist. Sie wohnen wie unsere Zwerge in den Bergen, in Höhlen und Felsen, bewachen die Schätze ihres Herrn und sind außerdem sehr stark. Etliche von ihnen, rechte Reichtumszwerge, haben ständig ein Säckchen mit herauspurzelnden Goldmünzen auf dem Buckel dabei.

Unseren Zwergen ähnlich scheinen auch »Kleine Leute« bei manchen Indianerstämmen wie den Paiute, den Cherokee und den Shawnee zu sein. Sie sollen eng mit den Menschen zusammenleben, ihnen Streiche spielen, andererseits auch helfen. Ob sie aber nun eher zu den Feenwesen oder zu den eigentlichen Zwergen zu rechnen sind, wagen wir nicht zu entscheiden.

In jedem Fall lässt sich in Übereinstimmung mit zahlreichen Forschern sagen, dass in vielen Fällen die als »Zwerge« bezeichneten Wesen anderer Kulturkreise mit den europäischen – den Kuchen backenden, die Menschen ärgernden und ihnen gleichzeitig beistehenden (zipfelmützigen) – Wesen dieses Namens nicht unbedingt zu vergleichen sind. Auch scheinen insgesamt die Nachrichten (Sagen, Geschichten, Augenzeugenberichte und Märchen) über sie, verglichen mit der Unmenge an Material aus unseren Breiten, doch eher spärlich zu sein. Und da ohnehin nicht einmal alle hiesigen »Arten« in diesem Buch zu ihrem Recht kommen oder gebührend gewürdigt werden können, sei uns im Folgenden die Beschränkung (jedenfalls fast) auf die europäischen Zwerge erlaubt.

Ach, wie gut, dass niemand weiss – von der Macht des Namens

In dem Zwergberg
Sitzt der Bergzwerg,
Und er sehnt sich jedes Jahr
Nach dem Strandsand
Fern am Sandstrand
Wo er mal auf Urlaub war.

s war einmal ein Graf, der ritt eines schönen Tages auf die Jagd. Dabei entfernte er sich mehr und mehr von seinen Begleitern, bis er so weit in einen Wald vorgedrungen war wie nie zuvor. Plötzlich stand ein kleines Männlein vor ihm, ein Nörglein, das ihn mit vor Zorn glutroten Augen anstarrte und fragte, was er hier in seinem Revier verloren habe. »Du wirst sterben«, sagte es unerbittlich, »es sei denn, du überlässt mir deine Frau.«
Der zu Tode erschrockene Graf entschuldigte sich vielmals, aber der Zwerg blieb bei seiner Forderung und wollte sich auch nicht mit einem anderen Sühnegeschenk begnügen. Immerhin ließ er sich dazu herab, dem gräflichen Paar noch eine kleine Chance zu gewähren: An drei Tagen des kommenden Monats durfte die Gräfin je drei Mal versuchen, seinen Namen zu erraten. Glückte es ihr, so war sie frei.
Dem Grafen blieb nichts anderes übrig, als sich auf diesen Handel einzulassen, der Zwerg begleitete ihn daraufhin bis zu einer großen alten Tanne und sagte, hier wolle er die Gräfin erwarten.
Als der Graf seiner Frau, die er herzlich liebte, erzählte, was geschehen war, wurde sie leichenblass, sie umarmte ihren Mann und weinte bittere Tränen. So vergingen traurige Wochen, bis nur noch drei Tage der gesetzten Frist verblieben. Da machte sich die Frau am andern Morgen auf den Weg zum Treffpunkt an der Tanne. Das Männlein erwartete sie schon und fragte: »Nun, Frau Gräfin, wie heiße ich?«

»Tanne, Fichte, Föhre«, entgegnete sie hilflos. Das Nörglein lachte laut auf und verneinte.

Am andern Tag ging die Gräfin wieder in den Wald und versuchte es dieses Mal mit Getreidenamen: »Hafer, Roggen, Gerste«. Wieder lachte das Männlein laut auf und freute sich. »Noch ein Mal und du bist mein«, sagte es und verschwand.

Unter Tränen verabschiedete sich die Gräfin am nächsten Morgen schon ganz früh von ihrem Mann und machte sich schweren Herzens auf den Weg in den Wald. Als bei der Tanne aber kein Zwerg zu sehen war, lief sie noch ein Stückchen weiter und traf auf einen rosengesäumten lieblichen Pfad, der zu einem schmucken kleinen Häuschen führte. Es war von einem blühenden Garten umgeben, die Fenster standen weit offen, und sie hörte jemanden singen. Leise schlich sie herzu und schaute in eines der Fenster hinein. Da stand das Nörglein vor einem Herd, rührte in einem Kochtopf und sang dazu:

»Siede mein Hafele, plapper mein Kraut,
's ist gut, dass die Frau Gräfin nit weiß,
dass ich Purzinigele heiß.«

Kaum hatte die Gräfin das gehört, schlich sie ganz leise und schnell zur Tanne zurück und wartete dort auf den Zwerg. Als er kam und sie abermals nach seinem Namen fragte, sagte sie zögernd: »Pur?«

»Falsch!«, rief das Männchen erfreut.

»Ziege?«, fragte die Gräfin schüchtern. Das Nörglein warf ihr jetzt einen argwöhnischen Blick zu. »Nein!«

»Purzinigele«, rief daraufhin die Gräfin. Da rollte der Zwerg mit den roten Augen, ballte die Fäuste und verschwand wutschäumend im Wald. Die Gräfin aber lief hüpfend vor Freude in ihr Schloss zurück und verbrachte noch viele glückliche Jahre mit ihrem Gemahl.

Und wo ist das Purzinigele geblieben?

Das war so zornig, dass es auf und davon lief, und wurde seitdem nie mehr gesehen.

Wem diese Geschichte entfernt oder weniger entfernt bekannt vorkommt, der hat natürlich in seiner Jugend *Rumpelstilzchen* gelesen oder vorgelesen bekommen. Der Rahmen der Geschichte ist ein anderer, der Kern aber derselbe. Rumpelstilzchen rührt nicht in einem Kochtopf, sondern tanzt um ein Feuer herum, aber sein Sprüchlein hört sich sehr ähnlich – und für Zwerge sehr typisch – an:

Heute back ich, morgen brau ich,
Übermorgen hol ich der Königin ihr Kind.
Ach wie gut, dass niemand weiß,
Dass ich Rumpelstilzchen heiß.

Und auch bei ihm darf die arme Spinnerin drei Mal drei Namen sagen. Rumpelstilzchen aber verschwindet nicht lediglich vom Ort seiner Niederlage – es reißt sich vor Wut mitten entzwei. Ein Unterschied zum Tiroler Purzinigele ist außerdem, dass Rumpelstilzchen ein Kind erhalten möchte und nicht eine Menschenfrau, und Gleiches begehrt der Zwerg in anderen Geschichten. Varianten davon finden sich nämlich nicht nur in unterschiedlichen Teilen Deutschlands, sondern beispielsweise auch in Island, Tschechien, Polen, Lettland, Dänemark, Frankreich und in England. Das Märchen von *Tom Tit Tot*, wie der Zwerg hier genannt wird, ist in England ebenso bekannt wie bei uns *Rumpelstilzchen* und der Inhalt sehr ähnlich. Hier sagt am Ende das Mädchen zum kleinen schwarzen Männchen, das außerdem (eher teufels- als zwergenmäßig) noch einen langen Schwanz hat: »Nimmy nimmy not, your name is Tom Tit Tot.«

Die Namen der jeweiligen Männlein sind in diesem Märchentypus oft – gelinde gesagt – ein wenig merkwürdig: Trillevip, Doppeltürk, Ekke Nekkepenn, Tepentiren, Ricdin-Ricdon, Pisk-i-Aske, Fidlefitchen, Habtrot und, in Wales, Trwtyn-Tratyn. In Sagen und Geschichten anderen Inhalts setzt sich diese Reihe fort mit Prigelken und Pragelken, Prilling und Pralling oder Hippken und Heppken, Türliwirli, Fickfeck, Fippchen, Willeweiß, Hahnengickerl, Tilltanzerl, Habertadl, Krachöhrle, Zembokral und Pipernick, um nur einige wenige zu nennen. Aber seltsamer noch – und man könnte sagen, für Zwerge charakteristisch – ist, dass sie überhaupt Eigennamen haben. Im gesam-

ten deutschsprachigen Raum und in weiten Teilen Europas stößt man auf namentlich bekannte Zwerge, wie, um nur ein Beispiel zu nennen, den Pummpälz bei Eisenach, der nichts ahnenden Wanderern aufzulauern, in den Nacken zu springen und saftige Ohrfeigen zu verpassen pflegte – und dem gerade durch eine geschnitzte Holzfigur in der Nähe der Wartburg ein Denkmal gesetzt wurde. Sieht man einmal von Peter Pans Kling-Klang und einigen wenigen anderen ab, lässt sich eine solche Beobachtung etwa bei den Elfen und bei sehr vielen anderen Geistwesen zumal in Sagen nicht machen.

Die Zwerge erhielten aber bereits in der *Edda* eine Unmenge von Namen. Direkt im Anschluss an ihre Erschaffung heißt es:

Da ward Modsognir der mächtigste dieser Zwerge und Durin nach ihm.
Noch manche machten sie menschengleich der Zwerge von Erde, wie Durin angab.
Nyi und Nidi, Nordri und Sudri, Austri und Westri, Althiof, Dwalin,
Nar und Nain, Niping, Dain, Bifur, Bafur, Bömbur, Nori; Ann und Anarr,
Ai, Miödwitnir ...

Die Liste setzt sich über einige Strophen fort, und ein fleißiger Forscher hat die Namen gezählt und kam auf über hundert! Manche von ihnen wird der Tolkien-Fan wiedererkennen. Mit ihnen wurden die Zwerge im *Herrn der Ringe* getauft.

Wesentlich ist in diesem Zusammenhang, dass es sich um *Eigennamen* handelt, denn die Wesen, die sie tragen, werden dadurch aus der Anonymität des großen Pools von Geistwesen herausgehoben. Sie werden zu Individuen mit einem mehr oder weniger persönlichen Charakter, sei er nun gut oder schlecht, und damit ansprechbar und – im positiven wie im negativen Sinne – fassbar.

Viele Völker halten noch heute den wirklichen Namen eines Kindes geheim und verwenden für den alltäglichen Gebrauch einen anderen. Der richtige Name nämlich, so vielerorts der Glaube, ist ein wesentlicher Bestandteil seiner Person, vielleicht ein Stück seiner Seele, wie Sigmund Freud in *Totem und Tabu* ausführt. Beispielsweise in der Südsee und bei den Karuk-Indianern war es daher tabu, den Namen eines Verstorbenen auszusprechen, aus Angst, ihn damit in seiner Ruhe zu stören. »Das ausgesprochene Wort«, heißt es in einer Untersuchung über Hausgeister, »besitzt beschwörende Kraft und kann – gewollt oder ungewollt – eine Provokation des Genannten bedeuten und fürchterliche Rache oder sonstigen Schaden nach sich ziehen. Überall dort, wo zwischen den Menschen und einer übernatürlichen Allmacht ein enges, existenziell-religiöses Abhängigkeitsverhältnis besteht oder bestehend gedacht wird, wird eine Benennung vermieden und auf tabuisierende Umschreibungen ausgewichen.«

Die Kenntnis des wahren, des eigentlichen Namens gibt demjenigen, der einem Kind oder überhaupt einem Menschen böse will, die Macht, ihm zu schaden oder ihm seinen Willen aufzuzwingen. Wie tiefverwurzelt diese Ansicht auch bei uns war, zeigen Märchen wie *Rumpelstilzchen* oder *Purzinigele*. Es ist der Name, durch den das Schicksal der Gräfin entschieden wird – oder eben das des Zwerges. Solange sie ihn nicht wusste, konnte der Zwerg jede Art von Druck ausüben. In dem Augenblick aber, da sie seinen Namen kennt, hat sich das Machtverhältnis umgekehrt, und das Nörglein verschwindet für immer.

Die Macht des Namens kann sich aber ebenso in gegenteiliger Hinsicht äußern. Der, dessen Name ausgesprochen wird, könnte dadurch herbeigerufen werden. Ein weiteres Tabu, das auf der ganzen Welt beachtet wurde und vielerorts heute noch wird, betrifft daher die Namen von gefährlichen wilden Tieren. Nicht umsonst wurde etwa der Bär bei uns zulande mit Bezeichnungen wie Meister Petz und Honigschlecker umschrieben. Nannte man seinen richtigen Namen, das wusste jeder, erschien er, und daran war wahrhaftig niemandem gelegen. Nicht umsonst heißt es: Spricht man vom Teufel, erscheint er. Ein passenderes, weil auf die Zwerge zutreffendes Sprichwort kennt man im Norden: »Wenn man vom Troll spricht, so ist er draußen auf dem Gang.«

Kurzum: Mit Namen ist nicht zu spaßen. Auffallend bei den Eigennamen der Zwerge ist, dass sie bei aller Schlichtheit doch durchaus keine Allerweltsnamen sind. Im Gegenteil. Sie wären tatsächlich als Computer-Passwörter bestens geeignet, weil nie jemand darauf käme. Hätten darum in den »Rumpelstilzchen-Motiv«-Märchen die Gräfin oder die Königstochter oder das arme Mädchen nicht durch puren Zufall die jeweiligen Zwerge dabei überrascht, wie sie ihren Namen ausplauderten, hätten sie keine Chance gehabt.

Genau das Umgekehrte aber ist der Fall bei den übergeordneten, den Zwergen von den Menschen erteilten Namen, den, wie man sagen könnte, »Familiennamen«. Kann einen übrigens schon die Vielfalt ihrer Eigennamen in Erstaunen setzen, ist man schlechterdings platt vor der Unzahl an Bezeichnungen, mit denen sie allein in den verschiedenen Regionen Deutschlands, um von den angrenzenden Ländern gar nicht erst zu reden, belegt wurden. Angesichts der Fülle wird klar, wie unglaublich präsent sie uns Menschen gewesen sein müssen. Ja, es entsteht der Eindruck, als ob fast jeder Landkreis seine eigenen Zwergenbezeichnungen hatte. Zum Unterschied dazu wäre vielleicht die weiße Frau anzuführen, die immer gleich eben als »weiße Frau« in den Sagen verewigt ist.

Die »Familiennamen« der Zwerge machen außerdem deutlich, dass hier die allgemein umschreibenden, also »vorsichtigen« Namen bei weitem überwiegen. So hört man etwa von Graumännlein, Kasermanndl, Gütchen, Heinchen, Erdmännchen, von Erdleuten, Herdmannli und Wichteln.

Eine Reihe solcher Namen beziehen sich auf die geringe Körpergröße des Bezeichneten, wie beispielsweise das sehr allgemeine und weit verbreitete »Männlein«; andere auf die Kleidung, wie etwa »Rotmäntele«, wieder andere, wie das ebenfalls beliebte »Unterirdische«, auf den Wohnort. Die Namen einer weiteren Gruppe schließlich spielen auf bestimmte Tätigkeiten oder Vorlieben der Zwerge an wie »Erzmännchen«, »Kasmandl«, »Kräutermännlein« oder »Weingeigerlein«. Endlich gibt es auch Namen, die – wie etwa »Haulemännchen« (man denke an Frau Holle) – auf eine verwandtschaftliche Beziehung zu anderen Geistwesen hindeuten.

Namen wie etwa das wohlbekannte »Heinzelmännchen« entsprechen in etwa unserem »Müller« und »Meier«. Nicht nur uns ist aufgefallen, dass es also auch in solchen Fällen fast immer unscheinbare, ganz alltägliche Namen sind, mit denen die Zwerge bezeichnet bzw. umschrieben werden.

Eine Trollforscherin sagt: »In der Unbestimmtheit des Namens kommt eine gewisse Scheu zum Ausdruck, die man vor diesen unsichtbaren Gestalten hegte, an deren wirklichem Vorhandensein man doch nicht zweifelte. Entsprechend unbestimmte, vorsichtige und ausweichende Benennungen übernatürlicher Wesen treffen wir in der Menge; man redet von den ›Unsichtbaren‹, den ›Anderen‹, dem ›kleinen Völkchen‹, den ›Stummen‹, den ›Guten‹ […] Man wagte sozusagen nicht, diese Wesen direkt beim Namen zu nennen, aus Furcht, sie dadurch zu beleidigen oder zu beschwören.«

Dass vor allem die im Haus wohnenden Zwerge nicht immer und auf Dauer gern gesehene Gäste waren und dass daher durchaus nicht jeder einen Kobold heraufbeschwören wollte, zeigen die vielen, vielen Geschichten, die davon handeln, wie man einen solchen wieder loszuwerden versuchte. In ganz Deutschland und weit darüber hinaus erzählte man vom Hausbesitzer, der von seinem anhänglichen Mitbewohner derart zur Verzweiflung getrieben wird, dass er eines Abends seinen Wagen mit Hausgerät vollpackt, das Haus still und heimlich in Brand steckt und davonfährt. Kaum ist er zum Dorf hinaus, schaut er sich erleichtert um – und was sieht er? Den Kobold, der quietschvergnügt hinten auf dem Gepäck hockt und gemütlich sagt: »Wären wir nicht so gerannt – wären wir fast verbrannt.«

Ein anderer Hausbesitzer vergewisserte sich zuvor vorsorglich, dass sein Kobold auf dem Dachboden tief und fest schlief, schloss alles hermetisch ab, setzte das Haus in Brand und schaute von einem benachbarten Hügel aus zufrieden und erleichtert zu, wie die Flammen alles in Schutt und Asche legten. Plötzlich sagte eine fröhliche, verhasste Wichtelstimme neben ihm: »Na, da können wir aber froh sein, dass wir draußen und nicht drinnen sind!«

Weniger dramatisch, wenn auch ebenso wenig erfolgreich, verlief der folgende aus Norddeutschland überlieferte Versuch, einen Kobold loszuwerden:

In der Gegend von Köpenick hatte auch ein Knecht einen Kobold, der war ihm lästig geworden, und er wollte ihn gern los sein. Er beschloss deshalb fortzuziehen und ihn zurückzulassen. Am Abend vor dem Abzugstage geht er bei dem Wassergraben vorbei, sieht er den Kobold unten sitzen, fragt: »Was machst du da?« »Na«, sagte der Kobold, »ich wasche meine Lümpchen aus, morgen ziehen wir ja um.« Da hat denn der Knecht gesehen, dass er den Kobold doch behalten müsste und hat ihn mit sich genommen.

Ein anderer hauszwerggeplagter Bauer verkaufte aus Verzweiflung sein Haus samt *Pöpl* (wie er glaubte) und zog in ein Nachbardorf. Als er mit dem neuen Käufer handelseinig geworden war, marschierte er wohlgemut in sein neues Domizil – und wer sah dort aus dem Fenster? Der Kobold, der zufrieden rief: »Siehst du, Bauer, ich bin inzwischen auch schon da!«

Wie geläufig diese Vorstellung war, zeigt schließlich auch ein Gedicht von Wilhelm Busch, in dem es heißt:

In einem Häuschen war's nicht richtig.
Darinnen spukt' und tobte tüchtig
Ein Kobold wie ein wildes Bübchen,
Vom Keller bis zum Oberstübchen,
Fürwahr, es war ein bös' Getös'.
Der Hausherr wird zuletzt nervös,
Und als ein desperater Mann,
Steckt er kurzweg sein Häuschen an
Und baut ein Haus sich anderswo
Und meint, da ging es ihm nicht so.
Allein da sieht er sich betrogen.
Der Kobold ist mit umgezogen
Und macht Spektakel und Rumor,
Viel ärger noch, als wie zuvor.

ZIPFELMÜTZE UND WASSERKOPF – SO SEHEN SIE AUS

Er war kleine und nicht groß
in der Masse als die Kind'
wann sie in zwein Jahren sind.

in Knabe armer Leute von Hötting musste den Tag hindurch ihre einzige Kuh oben im Berge unter dem Achselkopf hüten. Einmal ließ sich die Kuh nicht lenken, sondern sprang bald aufwärts, bald abwärts, weshalb der Bub ihr einen Stein nachwarf, der am Wege lag. Aber der Stein klingelte wie Silber, und ein kleines Männlein mit schneeweißem, langem Bart stand vor ihm und rief: »Halt Bub, der Stein gilt mehr als die Kuh!«
Und als der Bub fragte: »Wieso denn?«, rief das bärtige Männnlein: »Knappentod und Güldenfluss – Achselkopf mit Güldenfuß.«
Das Männlein war das Höttinger Bergmandl, welches schon öfter gesehen worden war, gewöhnlich am Stangensteig und bei Bergfall, niemandem etwas zuleide tut, vielmehr guten Buben etwas Liebes erweist. Daher riet das Bergmandl dem Buben, er solle den Stein nach Hause bringen, den er der Kuh nachgeworfen habe, was er auch befolgte; und es zeigte sich, dass der Stein gediegenes Gold war, womit den armen Leuten geholfen war für immer.

In dieser alpenländischen Sage sind zwei der häufigsten Attribute der Zwerge vereint: Sie sind klein, und sie haben einen langen weißen Bart. Darüber, *wie* klein sie genau sind, gehen die Meinungen aber ziemlich weit auseinander. In einem holsteinischen Sagenbuch heißt es dazu: »Die kleinen Leute werden bis zu vier Fuß hoch, nicht höher als ein Stuhlbein. Man pflegt noch heute von klein gewachsenen Menschen zu sagen: »Dat is so'n Unnereerdschen.«

»So'n Unnereerdschen« (dies für unsere süddeutschen Leser) ist ein Unterirdischer, also ein Wichtlein. Aber wer immer die Größenangabe machte, hatte offenbar die Höhe eines durchschnittlichen Stuhlbeines nicht vor Augen. Das spielt allerdings keine große Rolle, denn von Däumling bis etwa fünfjähriges Kind finden sich, was die Größe der Zwerge angeht, die verschiedensten Angaben.

Die schlesischen *Herrlein* maßen drei Spannen, die *Wichterchen* von Bleialf in der Eifel einen halben bis einen Fuß, die *Querliche* bei Königsee in Thüringen hatten nur die Größe eines Daumens; und eine alte Frau aus dem schlesischen Patschkau erklärte, gesehen habe sie die *Fenixmännlein* zwar noch nie, aber »die Leute sagen, es sind kleine Mannla gewesen, wie die Kinder so groß«.

Wie wenig sicher man sich diesbezüglich war, zeigt auch folgende äußerst präzise Größenangabe aus Hessen-Nassau: »Man stellt sich die Wichtel als kleine Wesen mit dicken Köpfen vor, etwa daumengroß oder eine Hand lang, manchmal auch etwas größer, etwa wie neugeborene Kinder.«

Plastischer noch ist die folgende Aussage: »Früher wusste man in Liepe bei Rathenow noch viel von den Unterirdischen oder guten Kindern, wie man sie dort nennt, zu erzählen; die sind so klein gewesen, dass ihrer neun in einem Backofen haben dreschen können.« Bescheidenere Erzähler beschränkten sich auf sieben, bei prahlerischeren waren es sage und schreibe vierzehn, die allesamt in den Ofen passen sollten!

In der Regel aber sind die Zwerge nicht ganz so winzig, sondern so, dass man sie richtig in allen Details wahrnehmen kann. Ob der Anblick dann aber die reine Freude ist, lässt sich angesichts weiterer Beschreibungen in Frage stellen. Denn darin sind sich viele Augenzeugen einig: Sie sind überwiegend hässlich. Und nicht nur das! Rote, hervorquellende Augen oder riesige Nasen sind noch das mindeste, was sie verunstaltet. Der dicke Kopf wurde eben schon erwähnt, wobei weit häufiger von einem regelrechten Wasserkopf die Rede ist. Die Heinzelmännchen im ehemaligen Schloss zu Blankenheim in der Eifel wurden als »Gerte« beschrieben, »auf welcher ein unförmlicher Kopf stak«. Ja, und als ob das noch nicht reichte, wird oft von langen Armen und dünnen langen oder krummen Beinen berichtet. Verfilztes Haar, faltige Greisenhaut und ein Buckel runden das wahrlich nicht sehr anziehende Bild ab. Der nordische Niss muss obendrein ohne Daumen auskommen. »An den Fäusten soll er ganz haarig sein«, sagt ein angeblicher Augenzeuge. »Genau weiß ich es nicht, wir haben einander nimmer die Hände gegeben.«

In der *Edda* schließlich sagt Thor zum Zwerg Alwis: »Wie bist du so fahl an der Nase, warst du in nächtlichem Dunkel bei einer Leiche?«

Schlimm genug, dass so viel Übles über die Zwerge getratscht wird, obgleich keiner nichts Genaues weiß!

Zur Greisenhaut passt übrigens der schon eingangs erwähnte Bart, der auch die Tolkienschen Zwerge ziert. Die kleinen Wichte sind zwar nicht immer mit diesem Merkmal ausgestattet, aber oft ist der älteste Zwerg oder der Zwergenkönig ausdrücklich damit versehen. Der weiße Bart ist also, wie bei vielen Menschenvölkern, Zeichen von Alter und Weisheit und gleichzeitig sollen in ihm, wie in manchen Märchen ausdrücklich erklärt, Lebens- und Zauberkraft stecken.

Hier haben wir neben der Kleinheit und der Hässlichkeit eine weitere weithin übereinstimmende Aussage über die Zwerge: Sie sind *alt* – so »alt wie der Böhmerwald« oder so alt »wie der Wald, der neun Mal Wiese und wieder Wald war«. *Junge* erwachsene Zwerge sind der Zwergenforscherin Hanni Hässler jedenfalls noch nie untergekommen. Wie sie erklärt, gibt es auch keine Altersunterschiede zwischen ihnen. Die Sagen, so meint sie, in denen junge und hübsche Zwerge vorkommen, seien nicht authentisch.

Doch zurück zu den äußerlichen Merkmalen der Zwerge. Man getraut sich kaum zu ergänzen, dass ihnen noch mehr nachgesagt wurde als lediglich Wasserköpfe, Spinnenbeine und eine Leichenhaut. Das alpenländische Stegmandl hat nämlich leider leider keinen Rumpf: seine Beine berühren direkt den Kopf, und die armen dortigen Wichtel kommen auch nicht viel besser weg: Sie werden als »kurzbeinig, dickleibig und kurzhalsig« beschrieben. So ließe sich die Liste der

Wichtel-Deformitäten beliebig fortsetzen – ein Körperteil (oder eigentlich zwei davon) verdient aber noch besondere Aufmerksamkeit: die Füße. Während sie manchmal einfach nur als platt oder plump bezeichnet werden, ist in der folgenden Sage von einer weit größeren Seltsamkeit die Rede. Die Zwerge scheinen sich ihrer zu schämen, denn sie reagieren mehr als unwirsch, als ein Neugieriger ihr auf den Grund zu gehen versucht. »Die Ursache war diese«, erzählen die Brüder Grimm:

Ein Hirt hatte oben am Berg einen trefflichen Kirschbaum stehen. Als die Früchte eines Sommers reiften, begab sich, dass drei Mal hintereinander nachts der Baum geleert wurde und alles Obst auf die Bänke und Hürden getragen war, wo der Hirt sonst die Kirschen aufzubewahren pflegte. Die Leute im Dorfe sprachen: Das tut niemand anders als die redlichen Zwerglein, die kommen bei Nacht in langen Mänteln mit bedeckten Füßen dahergetrippelt, leise wie die Vögel, und schaffen den Menschen emsig ihr Tagwerk. Schon vielmal hat man sie heimlich belauscht, allein man stört sie nicht, sondern lässt sie kommen und gehen.
Durch diese Reden wurde der Hirt neugierig und hätte gern gewusst, warum die Zwerge so sorgfältig ihre Füße bärgen und ob diese anders gestaltet wären als Menschenfüße. Da nun das nächste Jahr wieder der Sommer und die Zeit kam, dass die Zwerge heimlich die Kirschen abbrachen und in den Speicher trugen, nahm der Hirt einen Sack voll Asche und streute die rings um den Baum herum aus. Den andern Morgen mit Tagesanbruch eilte er zur Stelle hin, der Baum war richtig leer gepflückt, und er sah unten in der Asche die Spuren von vielen Gänsfüßen eingedrückt. Da lachte der Hirt und spottete, dass der Zwerge Geheimnis verraten war. Bald aber zerbrachen und verwüsteten diese ihre Häuser und flohen tiefer in die Berge hinab, grollten dem Menschengeschlecht und versagten ihm ihre Hilfe. Jener Hirt, der sie verraten hatte, wurde siech und blödsinnig fortan bis an sein Lebensende.

Die Fuß-Anomalie wird mit jeweils anderer Rahmenerzählung in vielen Teilen Deutschlands erwähnt. Das mit seiner Gestalt ohnehin schon geschlagene Stegmandl soll beispielsweise Gemshufe besitzen. Ein schlesischer Bauer wusste von der eigenartigen Gänsefußform der dortigen Zwerge, und als einer von ihnen eines Tages zu ihm auf den Acker kam und um seine Tochter warb, lachte er ihn aus und meinte höhnisch: »Wie kannst du mit deinen hässlichen Füßen meine schöne Tochter verlangen, die außerdem recht groß ist, während du doch ein gar so kleiner Knirps bist!« Diese Antwort hätte er besser bleiben lassen sollen, denn der Zwerg sprang in die Höhe und verpasste ihm eine solche Ohrfeige, dass er ohnmächtig zu Boden stürzte. Als er sich nach einer Weile berappelt hatte und auf wackeligen Beinen zu Hause ankam, musste er zu seinem großen Schrecken feststellen, dass seine Tochter verschwunden war. Da wusste der Bauer, was für eine Dummheit er begangen hatte, und so oft er auch jammerte und seine unüberlegten Worte bereute, das Mädchen blieb verschwunden. »Oh«, seufzte der Mann ein um das andere Mal und raufte sich die spärlichen Haare, »hätte ich doch den Zwerg nicht wegen seiner Gänsefüße verhöhnt, würde mich gewiss nicht diese Strafe getroffen haben.« Aber zu spät!

Wer Gänse- oder Entenfüße mit Zwergen nun partout nicht vereinbaren kann, der mag sich der Meinung einer Wissenschaftlerin anschließen, die da sagt: »Wahrscheinlich haben Abdrücke von Tierfüßen in Feldern und Äckern, vielleicht auch im Wald und vor Höhlen zu der Annahme geführt, dass Zwerge hier ihr Wesen treiben.« Aber Verzeihung: Wenn wir, um ein modernes Beispiel zu nehmen, Reifenspuren auf unserer Auffahrt sehen, würden wir dann nicht weit eher auf ein Auto als Urheber rückschließen als etwa auf einen Menschen, der sich Autoreifen unter die Füße geschnallt hat? Würde also das Bäuerlein, das um seinen Kirschbaum herum Gänsefußabdrücke wahrnimmt, nicht schlicht und einfach Nachbars ausgebrochene Gänse dafür verantwortlich machen, statt sich eine umständliche Mär von gänsefüßigen Zwergen auszudenken?

In jedem Fall haben aber zum Glück nicht alle Zwerge anomale Füße oder einen Wasserkopf und lange Spinnenbeine. Sie sind diesbezüglich ebenso wenig über einen Kamm zu scheren wie hinsichtlich ihrer Größe, ihrer Namen und ihrer Kleidung. Was Letzteres angeht, so wird die Tracht der Zwerge in den Sagen der verschiedenen Landschaften ebenfalls sehr unterschiedlich beschrieben. In Kärnten trägt das Männlein eine schwarzlederne Hose, ein rotes Käppchen und Bundschuhe mit roten Bändern, in Mecklenburg sind – zumindest manche – Zwerge in eine graue Hose, rote Jacke und bunte Troddelmütze gekleidet.

In der Oberpfalz sah man die *Frankerln* werktags in grauem Röckchen, grauem Höschen und Strümpfen mit roten Zwickeln, »Schmeerkäppchen« und Bundschuhen mit Holzsohlen. An Feiertagen dagegen in spitzen Hütchen, roten Röckchen und weißen Strümpfen mit roten Zwickeln. Wie es der Zufall will, ist das just genau die Kleidung, die die Oberpfälzer Bauern selbst auch trugen, und Entsprechendes ist bei den Zwergen vieler anderer Regionen zu beobachten. Wie in einem Bericht darüber angemerkt wird, könnte eine nähere Untersuchung der Trachtbeschreibungen Rückschlüsse auf das Alter der jeweiligen Sagen geben. Erwähnt wird als ein Beispiel die Kleidung der Zwerge in Thüringen: kleine Dreimaster auf dem Kopf, rote Röckchen, kurze, weite Hosen, lange Strümpfe und Schuhe mit hohen Absätzen. Die Zwergenfrauen trugen Schnepphauben und weiße Röckchen. Das aber sei die Tracht der Thüringer um 1840 gewesen.

Häufiger als eine solch genaue Beschreibung sind allerdings schlichte Farbhinweise, wie graues, grünes oder rotes Röckchen oder auch nur die pauschale Bezeichnung »graues Männlein« oder »rotgekleideter Zwerg«. Die am häufigsten genannten Farben sind eindeutig Rot, Grün, Grau und Schwarz.

Auffallend ist außerdem bei aller Verschiedenheit in puncto Kleidung zum einen, dass die Zwerge generell für die jeweilige Zeit eher altertümlich oder altmodisch angezogen sind. Zum anderen spielt die Kopfbedeckung bei fast allen eine große Rolle, auch wenn es sich nicht immer um die mit einem Zwerg bei uns landläufig verbundenen Zipfelmützen handelt, manche tragen etwa auch einen Schlapphut, eine Pelzmütze oder einfach ein Käppchen. Wie auch immer die Kopfbedeckung der Zwerge aber beschaffen ist, sie hat jedenfalls die Eigenschaft, ihren Träger unsichtbar zu machen, weshalb sie auch weit und breit als Tarn- oder Nebelkappe bekannt ist. Eine solche »lieh« sich Siegfried bekanntlich von dem Zwerg Alberich, und da jeder um deren wunderbare Wirkung wusste, versuchte auch manch anderer nach ihm in deren Besitz zu gelangen. Eine beliebte Methode war, sich auf die Lauer zu legen und abzuwarten, bis die Zwerge im Tanz ausgelassen ihre Zaubermützen in die Luft warfen und sich dann eine von ihnen zu schnappen.

Am bekanntesten ist in diesem Zusammenhang wohl Ludwig Bechsteins Märchen *Zwergenmützchen,* in dem drei Brüder der Reihe nach versuchen, den Zwergen ein Mützchen zu stehlen. Die beiden ältesten Brüder werden dabei von den empörten Wichten gefangen genommen, der jüngste aber hat Erfolg – und damit Macht über die Zwerge. Er befiehlt ihnen, seine Brüder freizulassen, ihm einen Zaubertrank für seinen Vater mitzugeben, damit dieser ein weiches liebevolles Herz bekommt, und obendrein Reichtum ohne Ende.

In vielen anderen Fällen verhalf schlicht der Zufall zu dem begehrten Objekt: Eine Frau stolperte im Flur über einen Zwerg, das Mützchen fiel ihm vom Kopf, er wurde sichtbar, und die Frau holte sich rasch die Zauberkappe. In anderen Fällen schlugen Bauern mit dem Reisigbesen oder einem ähnlichen Gerät mit dem gleichen Erfolg auf dem Acker blindlings nach den unsichtbaren Erbsen- oder Getreidedieben. Wie auch immer jemand nun an das Zaubermützchen gelangte, ob durch Zufall, mit List oder Tricks, das Resultat war in jedem Fall zunächst für den betreffenden Zwerg höchst unerfreulich. »In dem Augenblick«, so erklärt der Autor einer Arbeit über Zwergensagen, »wo den Zwergen die Kappen abgenommen sind, befinden sie sich in des Menschen Gewalt.« In den meisten Überlieferungen versprechen sie, Ablöse zu leisten, und wollen dem Bauern das Gestohlene bezahlen. Entweder sie schenken ihm Gold oder geben Erbsen, Stroh, Pferdemist oder gar ein abgehäutetes Pferd.

Wir würden uns für Letzteres ja bedanken, und das tat der Bauer auch, den sie mit einer solchen Gabe bedachten. Lediglich ein Stück Fleisch für den Hund schnitt er sich angewidert ab. Hätte er mal das ganze Pferd aufgeladen! Das mitgenommene Stück nämlich verwandelte sich, kaum dass er zu Haus angekommen war, in reines Gold. Doch gereicht der Gewinn einer Tarnkappe dem Menschen nicht immer zum Segen, wie die folgende, in vielen verschiedenen Versionen bekannte Geschichte schildert:

In der Nähe des Gutshofes Dahlen bei Zirkow auf Rügen liegt ein kleiner Berg, in dem hausen die Unterirdischen. Einst hütete ein Schäfer dort, da kroch aus dem Hügel einer von den kleinen Leuten heraus und rief einem andern, der noch im Innern des Berges war, zu: »Schmeiß den Hut raus!« Der in der Höhle schrie zurück: »Is wieder nix hier als Großvaters Hut!« »Na«, versetzte der erste, »denn schmeiß den raus!«

Und kaum hatte er das gesagt, so flog ein großer Hut aus dem Hügel heraus. Der Schäfer aber hatte aufgepasst, fing den Hut selber auf, ehe der Unterirdische zugreifen konnte, und setzte ihn sich auf.

Als er mittags heimtrieb und in die Gesindestube trat, saßen die Knechte schon alle bei Tisch, aber keiner konnte ihn sehen, denn der Hut der Unterirdischen machte ihn unsichtbar. Da riss er aber die Augen auf! Zwischen je zwei Knechten saß immer einer von den kleinen Leuten und langte wacker von den Tellern zu. Jetzt wurde dem Schäfer klar, warum ihnen das Essen immer so rasch vom Tisch verschwunden war. Wie nun aber einer von den kleinen Kerlen gar nach dem Fleischteller griff und von dem Fleische ein großes Stück mit seinem Messer herunterschnitt, da wurde es ihm zu bunt, und er rief dem Burschen, der ihm zunächst saß, zu: »Johann! Siehst du nicht, dass der Geselle dir das Fleisch wegnimmt?«

Da stutzten die kleinen Leute und merkten, dass sie verraten waren; und sie sprachen zu dem, der wohl der älteste von den Unterirdischen war: »Pust ihm das Licht aus! Pust ihm das Licht aus!« Der stand sofort auf und hauchte dem Schäfer in die Augen, und da wurde er gleich blind und ist es geblieben sein Leben lang. Die Kappe hat er auch nicht behalten; die haben die Unterirdischen ihm vom Kopfe gerissen und wieder in ihr Reich zurückgenommen. Das hatte der Schäfer davon, dass er die kleinen Leute verriet.

UND EWIG LOCKT DAS WEIB –
DER ZWERG UND DIE LIEBE

Und es war Thora, des kleinen Zwergs Weib,
Nahm die fünf Runenbücher zur Hand,
Und von den Runen ihn machte frei,
Mit denen die Tochter ihn band.

enn Zwerge nie jung, sondern so alt sind wie der Böhmerwald oder wie eine Wiese, die neun Mal Wiese und neun Mal Wald war, wie passt das mit einer Familie zusammen? In der Tat ist die Zwergenfamilie, wie schon angedeutet, der Auslöser heftiger Zwerg-Kobold-Wichtel-Diskussionen. Insgesamt scheinen die meisten Forscher sich der Ansicht anzuschließen: Sofern sie überhaupt voneinander unterschieden werden können, leben Kobolde allein, Zwerge – außer in Märchen – dagegen im Familienverband und sehr oft unter einem König. Ein solcher König erscheint zumeist in Sagen (nicht in Märchen), die von Zwergen handeln, und oft ist er von ähnlichem Prunk umgeben wie ein menschlicher Herrscher. Die Brüder Grimm beispielsweise erzählen, wie Wilhelm von Scherfenberg eines Tages ein Zwergenkönig begegnet: »Auf vier langen vergüldeten Stangen trugen vier Zwerge einen Himmel von klarem und edlem Tuche. Darunter ritt ein Zwerg, eine goldene Krone auf dem Häuptlein, und in allen Gebärden als ein König. Sattel und Zaum des Pferdes waren mit Gold beschlagen, Edelsteine lagen darin und so war auch alles Gewand beschaffen.«

Während dieser Zwergenkönig wie die Menschen auf einem Pferd reitet, saß ein anderer, der einst dem König der Briten, Herla, begegnet sein soll, auf einer großen Ziege.

Aber zurück zum Zwergenclan, zur Familie. Ein isländischer Pfarrer, der im 17. Jahrhundert lebte, erklärt: »Ich glaube und bin fest überzeugt, dass diese Wesen [gemeint sind die Zwerge] Gottes Geschöpfe sind, und einen Körper sowie eine vernünftige Seele haben; dass es deren von beiden Geschlechtern gibt, dass sie sich verheiraten und Kinder zeugen, und dass alle menschlichen Handlungen bei ihnen wie bei uns stattfinden.«

Demgegenüber gilt es zu bedenken, dass unser Bild vom Zwerg im Wesentlichen das eines *männlichen* Zwerges ist, dass uns in den Sagen und der Mythologie (mit den Brüdern Grimm) meist männliche Zwerge begegnen, und nicht von ungefähr Gartenzwerge und etwa auch die Fantasyzwerge im *Kleinen Hobbit* und im *Herrn der Ringe* meist männlichen Geschlechts und ohne Anhang sind. So klingt es auch ein wenig an den Haaren herbeigezogen, wenn bei Tolkien die Zwergenfrauen (die etwa ein Drittel des ganzen Volkes ausmachen) aussehen sollen wie die Männer und wie diese Bärte tragen, weshalb man, wie Gimli erklärt, landläufig glaubt, es gebe nur männliche Zwerge.

Immerhin gibt es diverse Sagen, die von einer Zwergenheirat, von Zwergenehepaaren, von Entbindung und Taufe berichten.

In Schlesien beschlossen zwei alte Männer, heimlich und leise einen alten unterirdischen Gang zu untersuchen, in der Hoffnung, dort auf Schätze zu stoßen. Die Wanderung war recht mühsam, da der Gang streckenweise schon verfallen war und sie oftmals nur dadurch vorwärts kamen, dass sie auf Händen und Füßen krabbelten. Schon mussten sie, nach ihrer Müdigkeit und nach der verronnenen Zeit zu schließen, ziemlich weit in den Berg vorgedrungen sein, da hörten sie zu ihrem nicht geringen Erstaunen eine gar liebliche Musik. Alsbald war es ihnen auch vergönnt, die Musikanten und noch vieles andere Wundersame zu sehen. Durch eine offene Tür blickten sie in einen herrlichen Saal hinein, in dem um ein Zwergenbrautpaar eine große Anzahl von Erdmännlein standen. Eins von ihnen, das sich durch sein Alter auszeichnete, schien gerade die Trauung vorzunehmen. Die bei dieser Feier nicht Beteiligten trugen goldene Grubenlampen, bei deren Licht die Wände des Saales funkelten und blitzten, als ob sie aus Diamanten erbaut wären. Plötzlich hallte es durch den Gang »Hatzih! Hatzih!« – einer der beiden Alten hatte geniest. Bei diesem Laut schrien die Zwerge: »Menschen! Menschen!«, bliesen im Augenblicke alle ihre Lichter aus und schlugen die Tür

zu, dass der Berg erdröhnte. Auch das Licht der beiden Zuschauer war verlöscht, so dass diese in schwarzer Finsternis standen und so den beschwerlichen Weg zurücktappen mussten.

Auch aus anderen Gegenden sind Berichte über Zwergenhochzeiten überliefert – und in Kinderbüchern ist dieses Motiv sogar ausgesprochen beliebt. So heißt es in *Die Wichtelhochzeit*:

    Der Hochzeitsmorgen zieht herauf.
    Hell strahlend geht die Sonne auf
    Und breitet übers Wichtelland
    Von Flimmergold ein Brautgewand.

Auffällig selten kommt es allerdings vor, dass die Zwergenbraut beschrieben wird. Eher ist sie einfach »dazuzudenken«, denn ein Brautpaar besteht schließlich aus Mann und Frau (die homosexuellen Zwerge und lesbischen Zwerginnen lassen wir hier außen vor).

Eines der Beispiele, in denen ausdrücklich eine Zwergin erwähnt wird, stammt aus dem schlesischen Dittersbach. Dort wohnte einst der Besitzer eines Grenzgutes mit seiner Familie. »Dahin«, so heißt es, »kam auch jeden Abend eine niedliche Zwergin, um mit der Tochter des Grenzbauern zu plaudern. Sie war immer mit einem purpurroten Röcklein, einem gelben Mieder und einem recht bunten Tüchel bekleidet. Saß die Bauerstochter am Webstuhle, so bat die Zwergin, sie möge ihr eine Geschichte erzählen. Begann das Mädchen mit der Erzählung, so kletterte die Zwergin behend am Webstuhle empor, setzte sich neben die Erzählerin und hörte ganz aufmerksam zu.«

Allzu häufig scheinen die Zwerginnen allerdings wie die Zwergenmänner nicht niedlich und adrett zu sein – warum sonst wären die Zwerge, will man den zahlreichen Sagen Glauben schenken, so versessen auf Menschenfrauen? Immer wieder wird davon berichtet, wie sich Zwerge in Menschenmädchen verlieben und sie auf Biegen und Brechen heiraten oder doch wenigstens besitzen wollen. Wenn sie es in einem solchen Fall nicht mit einer netten kleinen Erpressung oder krummen Händeln versuchen, wie in den Rumpelstilzchen-Geschichten, bitten sie zuweilen auch freundlich den jeweiligen »Besitzer«, also den Vater oder jeweiligen Ehemann, die Tochter oder Gattin herauszurücken. Manchmal werden ihm, wie in einer Geschichte aus der Provinz Posen, um ihm die Entscheidung zu erleichtern, sogar große Schätze versprochen.

Allerdings ist eine solche Frage in etwa der »Bitte« eines absoluten Monarchen zu vergleichen. Gibt man das Erbetene nicht gutwillig, werden sie außerordentlich grantig. Sie stehen auf dem Standpunkt, dass ihnen das, wonach ihnen der Sinn steht, ohnehin gehört, und stehlen die Frau einfach. Falls die sich aber zur Wehr setzt und Zeter und Mordio schreit oder gar, noch schlimmer, sich über den Zwergwuchs und die Hässlichkeit ihres künftigen Bräutigams lustig macht oder beklagt – ergeht es ihr ausgesprochen übel. Denn wenn Zwerge etwas nicht vertragen, dann das!

In der Regel geht aber die ganze Geschichte auch für den Zwerg nicht gut ab.

So kam zu einer Tiroler Magd immer ein kleiner Bursche »zu Besuch«, wie es höflich umschrieben steht. Sie hatte aber keine Ahnung, wer ihr Liebhaber eigentlich war und wie er hieß, und irgendwann plagte sie die Neugier. Sie steckte ihm, ohne dass er es mitbekam, ein Garnknäuel in die Tasche und befestigte das Ende so, dass sie der Schnur am nächsten Morgen folgen konnte. So gelangte sie tief in den Wald, dorthin, wo das kleine Männlein wohnte, und da hörte sie ihn singen: »Güngele spinn, Haspele wind! Ist gut, dass mein Braut nit weiß, dass i klein Waldhügele heiß!« Da war der Magd klar, dass ihr Freund ein Pechmandl war, und zog augenblicklich aus der Gegend fort. Aus Trauer über ihre Abreise verschwand dann auch der Zwerg.

Das Ende der Geschichte ist untypisch, aber auch hier zeigt sich, dass das Wissen um den Namen des Zwerges dem Mädchen die Macht gibt, sich aus dem Verhältnis zu befreien.
Weit häufiger als die Kombination Zwerg und Mensch ist die Konstellation Fee und Mensch oder Wassermann und Menschenmädchen anzutreffen. Der Grund liegt, wie eine Untersuchung erklärt, »einerseits in der tief empfundenen Verschiedenheit der beiden Welten«. Andererseits ist »dem Sagenmenschen das unnatürliche Größenverhältnis und abnorme Aussehen des Unterirdischen voll bewusst«.
Glücklich sind die Ehen zwischen Irdischen und Unirdischen, sei es nun Fee, Zwerg oder Wassermann, aber in den seltensten Fällen – selbst dann, wenn die Größenverhältnisse stimmen. In seiner *Neuen Melusine* umgeht Goethe übrigens geschickt dieses letztere Problem, indem er eine Zwergin »aus dem Stamm des Königs Eckwald, des mächtigen Fürsten der Zwerge«, in zwei verschiedenen Gestalten erscheinen lässt: als menschengroß im irdischen Leben und als winzige Zwergin in einem Kästchen. Schließlich wird der Held der Geschichte, ein rechter Taugenichts, mittels eines Ringes ebenfalls in einen Zwerg verwandelt. So lebt er mit seiner Schönen, bis er genug vom luxuriösen Zwergenleben hat, den Ring durchfeilt und wieder seine natürliche Größe erhält – seine schöne Geliebte, deren Liebe er mitnichten verdiente, allerdings für immer los ist.
Immerhin gibt es doch einige Sagen, die von einer glücklichen und von beiden Seiten gewollten Liebesbeziehung zwischen Zwerg und Menschenfrau berichten. Selten aber ist es wie in der folgenden Geschichte so, dass eine Irdische selbst für die Werbung des Zwerges verantwortlich ist:

Ein junges Mädchen in Braderup auf Sylt hatte, wie die meisten Frauen auf den friesischen Inseln, täglich die schwersten Arbeiten zu verrichten; sie fühlte sich oft unglücklich und beneidete im Stillen die Zwerge, die immer fröhlich sind, aber selten arbeiten. Einmal ging sie mit ihrer Nachbarin bei einem Hügel vorbei, wo man oft die Önnerersken hatte singen und tanzen hören, aufs Feld zur Arbeit. »Ach«, rief sie, »könnte man's doch auch haben

wie die Leute da drunten!« »Möchtest du denn wohl bei ihnen sein?«, fragte das andere Mädchen. »Ach ja, warum nicht?«, antwortete sie. Das hörte ein Zwerg, und als nun am andern Morgen das Mädchen wieder vorüberkam, warb er um ihre Hand, führte sie in seinen Berg und heiratete sie. Da soll sie ganz glücklich gelebt und dem Zwerge mehrere Kinder geboren haben.

Apropos Kinder ... über sie sollte man besser schweigen, denn sie gaben schon Anlass zu viel viel Trauer unter den Menschen. Ursache dafür ist deren abgrundtiefe Hässlichkeit, mit der sich die Zwerge offenbar zuweilen nicht abfinden können. Der Ausweg, auf den sie dann verfallen, ist nicht eben ein netter, dennoch ist er Thema eines eigenen späteren Abschnitts (S. 131 ff.).

Bevor die Zwerge allerdings ihre hässlichen Babys bewundern können, müssen diese erst einmal auf der Welt sein. Damit dieses Ereignis möglichst reibungslos abläuft, bedarf es auch bei ihnen der Hilfe einer

Hebamme. Bei sehr schweren Entbindungen vertrauen sie offenbar eher auf irdische Geburtshelferinnen – will man den zahlreichen entsprechenden Berichten, wie dem folgenden aus Baden, glauben.

Vor einem pflügenden Bäuerlein standen plötzlich ein Erdmännlein und ein Erdweiblein. Die Zwergin war deutlich hochschwanger, und das Zwerglein bat den Bauern höflich, rasch im Dorf die Hebamme zu holen, damit sie seiner Frau beistünde. Nach einigem Hin und Her, denn der Bauer hatte weder Zeit noch Lust zu diesem Botengang, ließ er sich endlich erweichen und kehrte auch bald mit der Hebamme zurück. Unterdessen war die Zwergenfrau wieder in den Boden, worin sie wohnten, zurückgekrochen, und der Zwerg führte die Hebamme in ein unterirdisches Zimmer, wo sie das Zwergenbaby auf die Welt zu bringen half.

Als Mutter und Kind versorgt waren und sie sich wieder auf den Heimweg machen wollte, füllte ihr das Männlein zum Lohn die Schürze voller Blätter. »Was soll ich damit?«, sagte die Hebamme ärgerlich, »davon hab ich genug zu Hause!« »Besser, du bewahrst sie gut«, sagte der Zwerg ernst und dankte ihr noch einmal für ihre Hilfe. Die Hebamme kroch mürrisch wieder aus dem Loch heraus und verlor dabei etliche Blätter. Doch wie staunte sie, als sie, oben auf der Erde angelangt, die restlichen Blätter in Gold verwandelt fand.

Ähnliche Berichte gibt es über das nächste Ereignis im Leben eines Zwergenkindes, die Taufe nämlich. Auch hierzu sollen immer wieder Menschen eingeladen worden sein, damit sie Taufpate des Neugeborenen würden. Näheres über das Familienleben der Zwerge ist abgesehen von diesen zentralen Ereignissen allerdings so gut wie nicht zu erfahren. Nie hört man (außer in Kinderbüchern) davon, dass die Zwergeneltern mit ihren winzigen Kinderchen einen Ausflug machen würden oder Beeren sammeln oder ihnen die Schniefnasen putzen oder was Eltern eben sonst so mit ihren Kindern tun.

Zwergenkinder werden überhaupt sehr selten erwähnt; eine dieser Ausnahmen ist etwa eine Geschichte aus der Nähe des dänischen Aabenraa, wo eine Frau eines Tages in ihrem Schrank zwei nackte Kinderchen der Unterirdischen liegen sah. Eine Nachbarin riet ihr, etwas Leinzeug dazuzulegen und die Tür wieder zu schließen. Daraufhin verschwanden die beiden. Immerhin wird zuweilen etwas über Zwergenehepaare erzählt. So sollen sie beispielsweise zusammen klauen gehen:

> Bei einem Bauern in Woitz, da ist immer das Grünzeug aus dem Garten weggekommen, und man hat sich gewundert, wo das eigentlich hinkommt. Ein Knecht aber hat gehört, wie immer jemand rief: »Ackerkrun! Ackerkrun!« »Was mag das nur sein?«, hat er zum Herrn gesagt, »ich höre immer rufen; ein Vogel kann's doch nicht sein!« »Weißt du was«, sagt der Herr, »wir werden einmal aufpassen.« Und da haben sie sich auf die Lauer gelegt. Nicht lange, da haben sie ein Männdel und ein Weibel gesehen, die im Garten über den Beeten her waren, und das Weibel haben sie gefangen und in die Gesindestube gebracht. Da sollte es nun mit am Tisch essen, aber es hat nicht gemocht. Es hat nur immer auf der Ofenbank gesessen und gegessen. Und wie ein paar Tage vergangen sind und es ist um die Mittagszeit, auf einmal ruft's unter den Fenstern:
> »Ackerkrunee! Ackerkrunee! Wo steckst du denn?«
> »Täuberle, mein Mann! Täuberle, mein Mann!«, hat da das Weibel geschrien und ist hinausgerannt, und weg waren beide.

Solche aus dem puren Leben gegriffenen Anekdoten sind aber eher die Ausnahme. Wie bei den Menschen früherer Zeiten waren es auch bei den Zwergen eher die zentralen Feste, die für die Nachwelt festgehalten wurden: Hochzeit, Taufe und Begräbnis. Die Zwerge mögen uralt sein, aber unsterblich sind sie nicht – darin sind sich Sagen und Märchen und Forscher einig. Bereits zu Anfang des 17. Jahrhunderts hieß es, in den Bergen gebe es Geister, »auch sterblich Bergmännlin Zwergen, die etwa viel Jahr leben und absterben.«

Das Überbringen einer Todesnachricht ist sogar ein typisches Motiv der Zwergengeschichten. Oft ist es so, dass ein Mensch zufällig die Todesbotschaft mitanhört, wie etwa: »Sag Hiferle, Haferle sei gestorben« – und diesen Satz, zu Hause angekommen, seiner Familie als Kuriosität mitteilt. Das Hauszwerglein oder die Hauszwergin hört dabei zu und verschwindet anschließend laut weinend. Die Ähnlichkeit der Namen in all diesen Geschichten, wie Hippken und Heppken oder Litr und Vitr lässt den Schluss zu, dass es sich bei den zwei Genannten jeweils um nahe Verwandte handelt. Nie kehrt der trauernde Zwerg zu den Menschen zurück. Doch wo bleibt er?

HÖHLENKINDER – SO LEBEN SIE

Ich wohne unter der Erde,
Ich habe, unter dem Stein,
meinen Sitz.

Alvis Maal

Mitten im Felde aber stand ein Häuschen und das war gar so nett. Es hatte kleine Fensterchen und die glitzerten lustig im Schein der Morgensonne. Aus dem Kaminchen wirbelte blauer Rauch auf und innen erklang ein Liedchen«, heißt es in einer Version des Märchens von Purzinigele. Im Gärtlein blühen schöne Blumen, und alles ist adrett und sauber. Solche netten Zwergenhäuschen oder kleinen Schlösschen sind aber eigentlich nur typisch für die Märchenzwerge. Oft ist es auch so, dass Haus oder Schloss unbewohnt zu sein scheinen, wobei Speisen und Bettlein sauber hergerichtet sind – wer denkt da nicht an Schneewittchen, die vom Gemüschen probiert, das schon fix und fertig auf dem Tisch dampft und anschließend das »Dällchen« ins Bettchen drückt, über das sich einer der Zwerge anschließend bitter beklagt.

Ob diese doch recht bemerkenswerte Besonderheit mit der Grenze zum Jenseits, dem Vorhof des Totenreiches zu erklären ist, wie ein Forscher wissen will, braucht hier nicht zu interessieren. Wesentlich ist allerdings, dass Schlösser und Häuschen in Sagen so gut wie gar nicht auftauchen. Die Sage ist sehr viel realistischer und erzählt im Grunde so wenig wie möglich, was nicht in irgendeiner Weise nachprüfbar wäre. Es ist dabei aber durchaus nicht so, dass irgendwelche örtlichen Gegebenheiten – wie etwa ein kleines Loch im Gestein – dazu führten, passende Bewohner, eben Zwerge, dafür zu erfinden. Sondern, wenn überhaupt, gaben – so eine Untersuchung – »besondere Naturbildungen Anlass, eine Zwergsage an einem bestimmten

Ort zu erzählen, nicht aber, dass etwa ein Höhleneingang die Sagengestalt überhaupt erst erwachsen ließ«.

Auf alle Fälle steht fest, dass überall dort, wo gute Wohnmöglichkeiten für Zwerge vorhanden sind, auch viele Geschichten über sie erzählt werden. Im flachen Marschland und in ebenen Gebieten Ostpreußens, so wird wenigstens behauptet, kursieren weniger Erzählungen von den kleinen Wesen als etwa in gebirgigen Gegenden. Zum Glück gibt es im ebenfalls flachen Pommern, in Schleswig-Holstein und über Norddeutschland verstreut Hünengräber. Sie sollen der bevorzugte Aufenthaltsort der dortigen Unterirdischen sein. Dass die Zwerge solche großen Steinsetzungen lieben, ist dem Ängstlichen leicht nachvollziehbar: Bei einem derart dicken Dach kann sogar der Himmel gefahrlos über einem zusammenstürzen. Allerdings gibt es auch noch wenigstens einen anderen wesentlichen Grund, sich in Hünengräbern aufzuhalten, denn von hier aus ist Eingeweihten, so der Glaube, der Zugang zur Unterwelt möglich.

Sehr viele Landbewohner wussten früher über die kleinen Bewohner solcher Gräber, Zwerge und Elben, bestens Bescheid. Berichte wie der folgende aus Süderdithmarschen sind also durchaus keine Ausnahme:

Östlich von Alversdorf liegt ein Stück Ackers, auf welchem in der Mitte sich ein kleines Gehölz befindet um einen Hügel. Darin ist eine Höhle, die von fünf großen Steinen gebildet wird; einer liegt oben darüber. Man kann auf der westlichen Seite hineinkriechen, und ein Mann kann vollkommen darin stehen. Dieser Stein heißt der Abensteen – das ist Ofenstein. Vor Zeiten haben die Unterirdischen darin gewohnt. Darum musste jeder, der vorüberging, entweder jedes Mal, oder zum wenigsten das erste Mal etwas da zurücklassen, wenn es auch nur ein Bändchen oder ein Senkel wäre. Jedem, der einen Sechsling in die Höhle opferte, soll, wenn er eine Strecke vorwärts gegangen, immer ein kleines Brot vor die Füße gelegt worden sein.

Hünengräber sind aber nicht eben reichlich gesät, und da etwa aus Sylt, Amrum und den Niederlanden auch Zwerge bzw. Kaboutermännchen bezeugt sind, müssen sie dort, und überhaupt im Flachland, auch anderswo wohnen – in den Dünen, in und unter Häusern und vor allem den Ställen der Menschen. Zumeist wussten die Menschen nichts von ihren unsichtbaren Mitbewohnern, manchmal aber, insbesondere, wenn ein Unglück nach dem anderen das Haus traf, machten die Zwerge (oder Feen) sich irgendwann bemerkbar. Falls es dann nicht schon zu spät war – wie in einer Sage aus Thüringen:

In einem Haus in der Ruhl lag ein großer, rundlicher, abgeplatteter Stein. Trat man auf ihn drauf, wackelte er. Es war aber kein gewöhnlicher Stein, denn unter ihm wohnte ein Hütchen, ein Wichtelmännlein. Das behütete Haus und Familie, und alles gedieh unter seiner Obhut. Allerdings wussten die Menschen nichts von ihrem segensreichen Mitbewohner, und so geschah es, dass sich der Hausvater einmal besonders über den wackligen Stein ärgerte. Er wollte ihn also endlich verlegen und richtig festkeilen und wollte ihn deshalb anheben. Das Hütchen, das darunter saß, hielt den Stein aber mit beiden Händchen so fest, dass der Hausherr ihn keinen Zoll verrücken konnte. Schließlich fing er an lautstark zu fluchen, und in dem Moment ließ der Zwerg den Stein mit einem Schrei fahren. Der Mann erschrak furchtbar, zumal er in der Grube unter dem Stein einen Augenblick lang ein totes Kind zu sehen meinte. Schließlich aber verlegte er den Stein wie geplant, und der Hausflur war seitdem wunderbar eben. Nur war mit dem Wackelstein auch das Hütchen auf Nimmerwiedersehen verschwunden und damit das Glück des Hauses und der Familie.

Die seltsame Sache mit dem toten Kind wird, nebenbei gesagt, auch anderswo erwähnt, so etwa in der Sage vom Kobold auf Schloss Hudemühlen. Das Glück also schwand, und konkret aufgezählt wurde als Beispiel nacheinander, dass die Kuh verkalbte, eine Seuche unter den Schafen ausbrach, die Obstbäume nicht trugen und dergleichen mehr. Wenn die Zwerge es auf einen abgesehen haben – so heißt es immer wieder–, sterben plötzlich auf unerklärliche Art und Weise Tiere: Pferde, Kühe, Kälber und vor allem Schafe. Trotzdem gibt es über diese nicht begründete Aversion hinaus eben, wie in der obigen Sage, meist auch einen ganz konkreten Grund, weshalb sie das Vieh umbringen. Ein verrückter Stein gehört dabei eher zu den selteneren Auslösern für eine solche Tat.

Bei einem Bauern in der Nähe von Bergkirchen verendeten auch regelmäßig die Pferde, und er hatte keine Ahnung, wieso; da stand eines Tages neben seiner Frau eine kleine Zwergin in der Küche und erklärte, ihre Wohnung befinde sich genau unter dem Pferdestall. Wenn die Bauersleute die Pferde also woanders unterbringen würden, würden sie von jetzt an am Leben bleiben.

In einem anderen Bauernhof gingen reihenweise die Kälber ein, und auch hier erschien ein kleines Frauchen und sagte: »Leute, Kälber könnt ihr hier nicht großziehen, ich habe mein Bett gerade unter dem Stall. Wenn der Addel [die Jauche] herunterläuft, muss das Kalb sterben.« Zuweilen ist es auch dem Waschwasser, das die Hausfrau vor der Tür ausschüttet und das bei den Zwergen (oder Feen) ins Haus tropft, zu schulden, wenn plötzlich fortwährend Kleider zerschnitten sind oder sonst ein Unglück eintritt.

Nicht alle Zwerge aber reagieren gleich so zornig, andere erziehen sich ihre menschlichen Mitbewohner auf friedlichere Art und Weise – woran sich manch irdischer Nachbar ein Beispiel nehmen könnte:

In einem Bauernhofe hatten die Unnererdschen ihre Wohnung unter dem Feuerherd aufgeschlagen. Wenn nun die Bäurin ihre Kinder reinigte, warf sie stets das ausgekämmte Haar und die Läuse auf den Herd. Das verdroß die Zwerge, denn sie hatten den Herd als ihren Tisch angesehen. Als nun einmal bei den Unterirdischen Kindelbier war, luden sie auch die Bäurin dazu ein. Beim Mahle ließ die Zwergin eine verdeckte Schüssel vor ihren Gast stellen, und als die Frau den Deckel öffnete, erblickte sie statt der Speisen lauter Läuse in dem Gefäß. Wie sie ganz verwundert fragte, woher all das Ungeziefer in die Schüssel gekommen sei und was das bedeuten solle, antwortete ihr die Unnererdsche: »Wie du das Gericht Läuse nicht essen magst, so widerlich ist es auch uns, wenn du diese ekelhaften Tiere auf unsern Tisch, den Feuerherd wirfst.« Da versprach ihr denn die Bäurin, das künftig zu unterlassen.

Viele Zwerge aber ziehen es doch vor, nicht in derart unmittelbarer Nähe der Menschen zu hausen. Wer bekommt schließlich schon gern Läuse, Kuhpipi und Waschwasser auf den Kopf! So wohnen denn eine ganze Reihe von Zwergen einfach unter der Erde – unter bestimmten Bäumen, unter Feldern und Steinen. Die Zwergenexpertin Hässler meint: »Genährt wurde dieser Glaube durch den aus den Ackerfurchen aufsteigenden Frühnebel, in dem die Menschen Koch- und Backdunst der Zwerge sahen.« Dass sie auch in Bäumen wohnen sollen, bringt die Zwerge wieder ganz in die Nähe der Elben oder Feen. »In Meura stand sonst eine alte Linde, unter der die Feuerleitern aufgehoben wurden. Unter dieser Linde wohnten *Querliche*.« In Kärnten lebte der – passend nach seinem Wohnbaum so genannte – »Fichtling« in zwei großen alten Fichten. In Österreich schließlich fanden Zwerge Zuflucht bei einem Heidelbeerstrauch, der, wie es in der Sage heißt, mit ihnen Erbarmen hatte und ihnen Schutz versprach.

In ihre Wohnung hinein kommen die Wichtel im Allgemeinen durch Löcher (oder Höhlungen im Baum), die offenbar nur zuweilen den Menschen sichtbar sind, oder besser gesagt nur dann, wenn die Zwerge, wie in der Hebammengeschichte, dies ausdrücklich wünschen. Überhaupt scheinen die Zwerge ihre »Türöffnungen« – Tolkien-Fans wissen das – ganz nach Belieben geheimzuhalten. Ob sie allerdings wie im *Herrn der Ringe* tatsächlich bestimmte Zauberformeln benötigen, um sie zu öffnen, sei dahingestellt.

Immerhin ist den Menschen oft genug bekannt, wo sie wohnen, wie zahlreiche Bezeichnungen wie etwa »Querxloch«, »Wicherloch«, »Erzmannloch«, »Wichtelkammer«, »Wichtelstein«, »Quergskuhl« und »Querlichloch«, um nur einige wenige zu nennen, beweisen. Mit »Loch« sind hier Höhlen jeder Art und Größe gemeint. Denn sie sind die bevorzugten Aufenthaltsorte der Zwerge bergiger Gegenden. Es sind uns auch genügend ausführliche Beschreibungen dieser »Löcher« erhalten, wie beispielsweise die folgende aus Kürten im Bergischen Land: »Der Eingang ist sehr schmal, aber bald erweitert sich die Höhle, welche auch einen großen See in ihrem Inneren birgt, um den sich rings ein Gang zieht. Den Eingang verschließt eine eiserne Tür.

In dieser Höhle haben die Bewohner der Gegend Stühle, Öfen und allerlei Hausgerät gefunden. Dort haben die Zwerge gehaust.«

Andere Höhlen haben diverse Nebengänge, die mehrere Kilometer lang sind und bis zu Nachbarorten und unter Pferdeställen hindurchführen. In manchen fand man Töpfe oder Urnen oder Münzen. Seltsamerweise sind diese Gänge oft in irgendeiner Weise mit Klöstern verbunden; so soll zum Beispiel auf Usedom ein solcher Gang vom Kloster in Pudagla nach Mellenthin verlaufen sein. Als er einmal untersucht werden sollte, stieg eine zum Tode verurteilte Frau hinunter und traf dort Unterirdische an, die zusammen an einem Tisch saßen.

Die usedomschen Männer hatten sich offenbar nicht getraut, selbst den Gang zu erkunden, und die Angst vor dem Unheimlichen, das einem in einer solchen Höhle begegnen könnte, durchzieht viele Beschreibungen von Zwergenhöhlen.

»Vor kurzem«, so bezeugte im Jahr 1684 ein Pfarrer aus Selbitz, »haben sich an einem Sonntag mehrere Bauernknechte mit angezündeten Spänen in das Loch begeben, inwendig einen schon verfallenen, sehr niedrigen Gang gefunden; endlich einen weiten, fleißig in den Felsen gearbeiteten Platz, viereckig, höher als mannshoch, auf jeder Seite vier kleine Türlein. Darüber ist ihnen ein Grausen angekommen und sind herausgegangen, ohne die Kämmerlein zu besehen.«

Es geht doch nichts über gestandene Mannsbilder, die Tod und Teufel und die Zwerge nicht fürchten!

Jedenfalls vermitteln solche Schilderungen einen Eindruck von den Zwergenbehausungen, die hiernach nichts Wunderbares an sich haben, sondern eher karg und spartanisch wirken. Märchenhaft sind Schilderungen, die von den unterirdischen Palästen der kleinen Wesen berichten und sich schier dabei überschlagen, wenn es um die Beschreibung all der Kostbarkeiten geht, die dort versammelt sein sollen. Während die Höhlen nach außen hin völlig unscheinbar wirken, glänzt innen alles von Gold und Edelsteinen. Da ist etwa von einem goldenen Tisch die Rede, mit Gold- und Silbergeräten und Perlen, und einem goldenen Stuhl, auf dem ein schlafender Querlich sitzt. Andere Zwerge sollen an ihren Decken und Wänden Karfunkelsteine haben, die wunderbar leuchten, und die Wände wieder anderer Unterirdischer sind angeblich von Silberadern durchzogen. In Tirol sah ein Mädchen in ein Nörgelloch: »Drinnen im Berg glänzte alles von hellem Golde, große Goldlaibe lagen wie Brote beim Bäcker übereinander, vom Gewölbe hingen goldene Eiszapfen herab, so dass dem Mädchen die Augen flimmerten.«

Wer solche Schilderungen noch toppen wollte, beschrieb ganze Welten mit Schlössern, Seen und wunderbaren Wäldern, die sich endlos ausdehnten, sobald man einmal in das Reich der Zwerge eingedrungen war. Doch sind »die Schilderungen eines unterirdischen Landes in der Volkssage sehr selten, weil sie zu unreal sind. Interessant ist, dass sich solche Sagen fast nur in Gebirgsgegenden finden, vielleicht deshalb, weil man hier häufig durch eine dunkle Schlucht oder Berghöhle überraschend in ein ganz anderes Tal gelangt.«

Jedenfalls ist es von den unter dem Stall oder dem Herd hausenden kleinen Wesen, die oftmals ihren täglichen Weg durch den schmutzigen Ausguss oder durch den misttriefenden Kuhstall nehmen mussten, bis zu solchen Goldpalästen ein weiter (und nicht unbedingt leicht nachvollziehbarer) Weg.

Aber schließlich leben auch wir Menschen nicht alle in Bambushütten und ebenso wenig alle im Buckingham-Palast. Wir sind unterschiedlich reich, wir haben unterschiedliche Bedürfnisse und einen unterschiedlichen Charakter. Zum Glück.

Ob die letzten beiden Punkte auch auf die Zwerge zutreffen, wird sich noch herausstellen.

MONDSCHEINKUCHEN, STERNENTAU UND ERBSENKLAU – DIE ESSENSVORLIEBEN DER ZWERGE

Lasst die Becher kreisen,
Kling, Klang, Kling.
Lasst die Stund uns preisen,
Ting, Tang, Ting.
Was des Tages Scheinen
Trennt, Klang, Kling,
Muss die Nacht vereinen,
Trinkt, Tang, Ting.

wischen den Dörfern Börglum und Wollerup streckt sich eine große Heide, die Skrolles Heide genannt wird. Rund um sie her liegen Bauernstellen; in einer derselben wohnt ein Niss, welcher die Kühe in der Winterzeit füttert, weshalb sie auch weit besser als die der anderen aussehen. Er will natürlich aber seinen Lohn dafür haben: Er fordert eine Schüssel süßer Grütze mit Butter, und erhält er zu wenig, rächt er sich. Eines Abends, als er wie gewöhnlich seine Grütze aufsuchte, war keine Butter drinnen, er fand sich sehr beleidigt und beschloss, sich zu rächen. In den Kuhstall hineingegangen, ergriff er die grösste und beste Kuh an den Hörnern und drehte ihr den Hals um.

Als sie tot vor seinen Füssen lag und er eine Weile sich über seine schleunige und schwere Rache erfreut hatte, kam ihm die Grütze wieder in die Gedanken und er entschloss sich zu essen. Er fand aber bald die Butter unten an der Schüssel; die Mädchen hatten es so gemacht, um ihn ein bisschen zu necken. Jetzt verdross es ihn, und er dachte daran, ob er es nicht wieder gutmachen könne. Er erinnerte sich einer anderen Kuh von derselben Größe und Farbe, wie die von ihm getötete, und so nahm er die tote Kuh auf den Rücken, trug sie fort und tauschte sie gegen die lebendige um, die er wiederum über die *breite Heidestrecke zurücktrug. Er band sie in dem Stall an; da er aber damit fertig war, brach er in Klagen über Rückenweh aus: »Ach weh, mein Rücken! Skrolles Heide war lang, die rote Kuh schwer, ach weh, mein Rücken!«*

Diese niedliche Geschichte stammt aus Dänemark, doch sind sehr ähnliche auch von der Insel Amrum und aus vielen anderen Gegenden Europas bekannt. Daher lässt sich mit Fug und Recht sagen, dass aus ihr einiges Allgemeingültige über den Charakter der Zwerge, ihre Vorlieben und Abneigungen zu erfahren ist. Als Erstes und, da der Magen beteiligt ist, Wichtigstes: Sie sind versessen aufs Essen, und zwar auf ganz bestimmte Speisen. Wie hier die Grütze mit einem Klecks Butter, handelt es sich durchweg *nicht* um anspruchsvolle Mahlzeiten, die sie verlangen. Sie wollen keine Lendchen mit Pfifferlingen, nein, aber wenn sie einen Klecks Butter auf ihre Grütze wünschen, dann hat gefälligst jedes Mal, und zwar zu der gewohnten Zeit, das Schüsselchen mit Grütze und Butter an seinem gewohnten Platz zu stehen. Nicht zu vergessen muss die Butter immer *auf* der Grütze sein und nicht etwa darunter. Ist doch schließlich nicht zuviel verlangt und ganz einfach zu merken, oder?

Die Butter scheint vielen Hauszwergen außerordentlich wichtig zu sein. Andere dagegen bestehen auf Milch. Auch um diese Vorliebe wussten die Menschen früherer Zeiten: Auf einem Hof verschwand immer die Milch der Katze. Jeder wusste, dass es der Hof-Niss war, der sie wegtrank, und so nahm schließlich die Bäurin jeden Abend, wenn sie gemolken hatte, eine Schale voll Milch und stellte sie mit den Worten hin: »Die ist für den Niss!«, und eine weitere gefüllte Schale, indem sie sagte: »Diese ist für die Katze!« Das half, und seit der Zeit behielt ein jedes das Seine.

Wieder andere lieben Hirsebrei, Pfannkuchen, Eier oder Weißbrot, das sie regelmäßig für ihre Dienste erhalten wollen. Nicht immer erwarten sie, täglich gefüttert zu werden; manchen genügt es einmal pro Woche, anderen an Feiertagen, wieder anderen gar einmal im Jahr, vor allem am Weihnachtsabend. In Skandinavien bekam der *Tomte* an Weihnachten ein Stück Stoff, Tabak und – seltsamerweise – eine Schaufel voll Erde geschenkt. Den estnischen *Tont* verehrte man in einem aus Rinden geflochtenen Korb, in den man von Zeit zu Zeit heimlich kleine Silbermünzen, Stücke von Schuhleder oder Lappen legte.

Werden die Wichte aber nur einmal gespeist, begnügen sie sich nicht mit einem Breichen, sondern verlangen einen Anteil von allen Speisen der Familie. Im Allgemeinen erwarten sie allerdings regelmäßige Mahlzeiten, wobei auffallend ist, dass sie genau das bevorzugen, was auch Menschen mögen. Da ist also etwa die Rede von Schweinebraten, Milch und Honig, aber durchaus nicht von »Sauerkleesalat mit Eidechs«, wie es beim Dichter Heinrich Seidel heißt, oder gar von den esoterischen Leckereien, die ein anderer Dichter erwähnt:

> *War das ein tolles Jagen im alten Friedaschloss*
> *Beim stolzen Wichtelkönig und seinem Zwergentross,*
> *Basala hieß der Kleine und Asala die Frau,*
> *Sie aßen Mondscheinkuchen und tranken Sternentau.*

Kuchen stimmt, Kuchen mögen offenbar alle Zwerge liebend gern, allerdings sollte er etwas mehr Substanz haben als Mondschein. Andererseits heißt es, ihre Langlebigkeit rühre daher, dass sie sich besonders gesund ernähren. Von Mondtau berichtet Hermann Löns – der sich in der Natur im Prinzip ja sehr gut auskannte. Seine Mooswichte in *Lüttjemann und Püttjerinchen* lieben Blumenhonig, Nusskornbrot und dazu Mondtau. Überhaupt überschlagen sich die Menschen im Ersinnen von Zwergenlieblingsspeisen. In Richard Zoozmanns Gedicht über den »Zwerg Rotzelbutzel« heißt es etwa:

> *Hirschkäferkeule hat's gegeben,*
> *Gebraten am Fichtennadelspieß,*
> *Doch blieb ich hungrig, bei meinem Leben!*
> *Trotz Würmchenragout und Rosengemüs.*

Da wäre vermutlich auch jeder Zwerg hungrig vom Tisch aufgestanden!

Hin und wieder ist höchst irdisch von Schnaps oder Whiskey, Bier oder Wein die Rede. Wenn sie diese Alkoholika nicht selbst herstellen, aber auch nicht darauf verzichten wollen, müssen die Zwerge sie sich eben »besorgen«. In vielen Gegenden Europas zeichnete man daher vorsichtshalber ein Kreuz auf seine Bierfässer. Ja, es ist nicht löblich, dass die Zwerge sich das, was sie nicht haben, aber gern hätten, eben nehmen. Und dabei darf man ihnen nicht einmal böse sein – oder schlimmer noch, es ihnen verwehren. Als es dem Landmann Niels Jensen, der das Pech hatte, direkt neben einem Zwergenhügel zu wohnen, zu dumm wurde, dass seine Speisekammer andauernd geplündert wurde, hängte er schließlich ein Schloss vor die Tür. »Er hätte aber«, so der Bericht, »besser gehandelt, hätte er es nicht getan, denn seine Tochter wurde stockblind und bekam ihr Gesicht nicht eher wieder, als bis das Schloss weggenommen ward.«

Nicht immer begnügen sich die Kleinen übrigens mit Lebensmitteln, denn als sich ein Bäuerlein aus Seeland einmal auf die Lauer legte, um zu sehen, wer ihn andauernd bestahl, erwartete ihn eine recht große Überraschung:

Er hatte nur kurze Zeit gewartet, da kam es ihm so vor, als springe sein Kachelofen über den Bach. Der gute Mann war ganz erstaunt über den Anblick und rief aus: »Hurrah! Das ist ein Sprung für einen Kachelofen!« Dies erschreckte den Troll, der mit dem Ofen auf dem Kopfe durchs Wasser ging, so sehr, dass er ihn hinwarf, und so schnell wie möglich zu seinem Hügel zurücklief. Die Stelle aber, wo der Kachelofen hinfiel, bekam ihre Gestalt davon und wurde Krogbek (Hakenbach) genannt; auch entstand dadurch das Sprichwort: »Das war ein Sprung für einen Kachelofen!«

Zur Verteidigung der Wichtel sei gesagt, dass sie in der Regel doch in der ein oder anderen Weise für solche Diebstähle bezahlen. Das Vieh, die Familie, die Felder dessen, von dem sie sich Esswaren »ausleihen«, gedeihen prächtig. Wessen Wirtschaft aber blüht, dem geht es finanziell so gut, dass er das bisschen Geklaute – schließlich handelt es sich ja um *kleine* Diebe! – gut und gern entbehren kann. Auf den, der geizig ist, wie die im Folgenden jammernde Dame, haben die Zwerge es allerdings besonders abgesehen, und in solchen Fällen kennen sie auch kein Pardon:

Mann, du musst den Pfaffen holen | dass den Spuk er banne!
Alles wird uns sonst gestohlen | noch aus Topf und Pfanne
Mag ich alles auch verschließen | Speis' und Trank verbergen,
Nichts ist sicher mehr vor diesen | unverschämten Zwergen.

Speck und Eier, Rahm und Butter | aus der Speisekammer,
Aus dem Stall sogar das Futter | ist das nicht ein Jammer?
Alles uns hinwegstibitzen | tun sie Nachts im Stillen,
Und durch Schlüsselloch und Ritzen | schlüpfen sie wie Grillen.

Der Pfaffe nützte aber nicht viel, denn die Zwerge erteilten ihm und dem geizigen Paar eine einprägsame Lehre in Gestalt von Wassergüssen und einer anschließenden kurzen Strafpredigt:

Mit des ganzen Bannes Strahle | krümmt ihr uns kein Härchen,
Und, wo nur in diesem Tale | lebt ein geizig Pärchen,
Wie hier diese Eheleute | machen wir die Runde,
Um zu holen unsre Beute | in der Geisterstunde.

Ihre Beute aber, so erklärten sie dem verängstigten Kleeblatt, verteilten sie an die Armen. Rechte winzige Robin Hoods also. Man könnte ernsthafte Zweifel an dieser Darstellung der Zwerge bekommen, wären da nicht andere sehr ähnliche Berichte. Beispielsweise lebte in Schlesien eine alte Wäscherin, die konnte vor Altersschwäche nicht mehr waschen, und da sie niemanden hatte, der für sie sorgte, wurde die Lage für sie wirklich verzweifelt. Da kamen, so heißt es, jede Nacht die Bergmännchen vorbei und legten ihr frische Nahrungsmittel in den Schrank. Und damit nicht genug, kümmerten sie sich auch um die Wäsche, damit sie weiterhin ein wenig Geld verdiente.

Was den Diebstahl angeht, so sind, will man den vielen entsprechenden Berichten glauben, die Zwerge auf Erbsen regelrecht versessen, und so zieht sich der Erbsenklau der Zwerge durch die Sagen ganz Deutschlands und darüber hinaus. Auch hier ist es für den Erbsenbauern allemal besser, wenn er sich mit den Gnömchen arrangiert, anstatt sich mit ihnen in die Haare zu geraten oder zu versuchen sie auszutricksen; denn letztlich zieht er dabei immer den Kürzeren. Ein gescheiter Bauer hatte mit den Zwergen das Abkommen getroffen, dass er immer ein Feld mit Erbsen ausschließlich für sie anpflanzen würde. Dafür hatte ihm einer der Unterirdischen, als er einmal in großer finanzieller Not war, mit Geld ausgeholfen. Da der Bauer sich streng an die Vereinbarung hielt, blühte seine Wirtschaft regelrecht auf, und er konnte das geliehene Geld pünktlich zurückzahlen. Als er aber vor dem Zwergenloch stand und seine Schulden begleichen wollte, wurden sie ihm großmütig erlassen.

Bei den Essensvorlieben der Zwerge wird deutlich, dass sie sich stets an das Althergebrachte halten. Auf neue Art und Weise zubereitete, also vor allem ungewohnt gewürzte Speisen können sie nicht ausstehen. Manche sind sogar derart erbost, wenn man es wagt, ihnen so etwas vorzusetzen, dass sie Haus und Hof schnurstracks auf immer verlassen und vorher vielleicht noch ein wenig der ein oder anderen Kuh den Hals umdrehen.

Ein Gewürz aber schlägt in dieser Hinsicht alles: der Kümmel. Seltsam ist, dass es sich nicht, was verständlich wäre, um ein bei uns zulande früher unbekanntes oder seltenes Gewürz handelt, wie beispielsweise Koriander. Nein, wer Zwerge vertreiben oder sich mit ihnen anlegen will, das war früher allgemein bekannt, braucht nur ein wenig Kümmel (oder auch Anis) in den Brei oder das Brot zu tun. Aus dem Harz etwa ist überliefert, dass zwei Holzhauer zufällig mit anhörten, wie Zwerge im Wald sangen: »Heut backt eine Frau, die hat keinen Kümmel in ihrem Teig.« Da die Frau des einen Holzhackers an diesem Tag backen wollte, lief der Mann rasch heim, um sie darüber zu informieren, dass die Zwerge Brot stehlen wollten und sie deshalb den Kümmel ja nicht vergessen sollte. Für dieses Petzen wurde er dann von den Zwergen übel verprügelt. Nur wenige Zwerge, so heißt es, konnten dieses Gewürz vertragen – weswegen sie auch Kümmelzwerge genannt wurden. Es nimmt einen also durchaus wunder, wenn Tolkien seine Zwerge im *Kleinen Hobbit* ausgerechnet Kümmelkuchen essen lässt! Aber wer weiß. Womöglich hatten die englischen Zwerge tatsächlich einen anderen Geschmack (wer schließlich Lamm *mit Pfefferminzsauce* isst …!). Wie allergisch die hiesigen aber auf Kümmel reagierten, mag eine Sage aus Sachsen illustrieren.

Bei einem Müller nahe Eisenberg lebten eine ganze Anzahl von Zwergen, die sich um das Vieh kümmerten, für Wasser und weißes Mehl sorgten und überhaupt dem Hause Wohlstand brachten. Dafür wollten sie täglich an einem bestimmten Platz ein Körbchen voll Obst und ein schön gelb gebräuntes Weißbrot. Auch wenn Kuchen gebacken wurde, wollten sie ihren Teil davon. Die Müllersleute hielten sich auch brav daran. Sie wussten außerdem, dass die Zwerge keinen Kümmel im Brot leiden mochten; und war aus Versehen doch einmal Kümmel hineingekommen, so hörten sie die ganze Nacht lang ein großes Wehklagen und jammervolles Stöhnen in der Mühle.
Eines Tages aber starb die Frau des Müllers, und kurz darauf heiratete der Witwer wieder. Die junge Frau wollte nun unbedingt die kleinen Leutchen zu Gesicht bekommen und tat aus diesem Grund absichtlich Kümmel in das Zwergenbrot hinein. Wieder jammerten die Zwerglein ganz furchtbar. Als die Frau ihrem Mann am nächsten Morgen von dem Streich erzählte, schlug der die Hände über dem Kopf zusammen und rief: »Frau, was hast du getan? Du hast die guten Zwerge beleidigt. Mit unserem Glück ist es aus!« Und recht hatte er. Weil sie mit Absicht geärgert worden waren, verschwanden die Kleinen augenblicklich mit Sack und Pack aus der Mühle, und mit ihnen der Segen. Die Mühle verkam, und die Müllerin starb bald darauf.

Die Essensvorlieben der Zwerge erinnern also sehr an diejenigen erzkonservativer Menschen, die sich von neumodischen Geschmacksrichtungen wie vielen Gewürzen oder chinesischem, orientalischem oder überhaupt »ausländischem« Essen fernhalten. Und konservativ sind die Zwerge auch in jeder anderen nur denkbaren Hinsicht: Sie hassen grundsätzlich alles Neue: auf andere Art zubereitetes Essen, neue Kleidung, eine neue Religion, ein neugebautes oder von Grund auf renoviertes Haus, neue Bräuche. Alles soll so bleiben, wie es einmal war und wie sie es gewohnt sind, und wenn nicht, gibt es Ärger oder sie wandern aus.

Inzwischen dürfte klargeworden sein, dass die Winzlinge, wenn man sie ärgert, recht rabiat reagieren können: Butter *unter* dem Brei oder Kümmel *im* Brot ist schließlich nicht mehr witzig. Da müssen, das ist einsichtig, Müllerin und Kuh (die rote!) dran glauben. Aber die Zwerge haben durchaus, wie wir zum Teil schon gesehen haben, auch ihre positiven Seiten. Zu erfahren war vor allem, dass sie überaus reinlich sind. Ihre Höhlen oder Häuschen, Töpfchen und Pfännchen, Gärtlein und Röckchen – ob in Märchen oder Sage – sind immer sauber beziehungsweise blitzblank.

Außerdem kennen die Zwerge keine Ruhe. Als ein Niss einmal mit einem Knecht im Winter in einem Nachbarhof Futter für die Pferde »organisiert« hatte, wollte der auf dem Heimweg ein wenig ausruhen. »Ruhen, was ist das?«, sagte der Niss. »Ja, siehst du, das nennen wir ruhen, wenn jemand sein Bündel auf den Boden niederlegt und sich darauf setzt. Wollen wir es mal versuchen?«

Wie sie das Essen und die Kleidung mit den Menschen gemein haben, scheint sich ihr ganzes Leben in ähnlichen Bahnen abzuspielen – sieht man einmal vom Stehlen und Ausruhen ab. Von den hohen Feiertagen haben wir schon gesprochen, doch auch sonst sollen sie nach der Arbeit gern feiern, musizieren, Karten spielen und (ausgerechnet!) kegeln. So erhielten einst zwei Einwohner von Löbau in der Oberlausitz auf einem Spaziergang von kleinen Kegel schiebenden Leutlein jeder eine Kugel zum Geschenk. Dem einen Löbauer war seine zu schwer, und er warf sie ins Gebüsch, der andere schleppte sie nach Hause. Das war sehr gescheit von ihm, denn dort angekommen, hatte sie sich in reines Gold verwandelt. »Er gelangte hierdurch zu großem Wohlstande, und seine Nachkommen, die man noch heute in der Stadt Löbau kennt, erfreuen sich noch jetzt des Segens dieser goldenen Kugel.«

Gastfreundlich sind die kleinen Wichte und freigebig, mitleidig und hilfsbereit: alles in allem wirklich das Idealbild des Menschen – sieht man einmal von der Mimosenhaftigkeit und der extremen Rachsucht ab. Na ja, ab und an ist zugegebenermaßen auch von heftigen Feindschaften und daraus resultierenden handfesten Prügeleien zwischen ihnen die Rede. Ursache für die tätlichen Auseinandersetzungen ist häufig, dass der eine Zwerg den anderen beklaut – man denke an die ausgetauschte Kuh, die ja schließlich auch zu einem Gehöft gehörte, in dem ein Niss wachte!

Besonders in harten Wintern, wenn die Lebensmittel zur Neige gingen, stahlen sich die Hauskobolde gegenseitig das Futter unter dem Hintern weg.

Die beiden Höfe Flyndergaard und Baekmark hatten jeder seinen Niss. Die stahlen aber fleißig voneinander, und wenn sie sich bisweilen mit den geraubten Sachen begegneten, griffen sie einander an und eine gewaltige Schlägerei entstand. So wurde einst der Mann von Flyndergaard dadurch geweckt, dass jemand am Fenster ausrief: »Womit soll ich Prügel geben?« Ohne nachzudenken, rief er zurück: »Du kannst unseren Pflug nehmen!«
Die Frau, die auch durch das Rufen wach geworden war, fragte, was los wäre. Der Mann sagte ihr, es wäre vielleicht der Niss, denn es schien ihm, als ob er nicht rein spräche; das vermögen Leute seiner Art nämlich nicht. Als er nun am nächsten Tag die Pflugarbeit anfangen wollte, lag der Pflug zertrümmert auf dem Felde.

Das alles klingt also irgendwie sehr menschlich. Aber die Zwergwesen sind keine Menschen, auch keine viel zu klein Geratenen, und ihre Übernatürlichkeit verrät sich auf mancherlei Art und Weise. Wer die eingangs referierte Geschichte von dem übereilt handelnden Niss aufmerksam gelesen hat, dem wird aufgefallen sein, dass er als kleiner Zwerg eine große dicke Kuh auf seinem kleinen Buckel über die weite Heide trägt – die tote hin, die lebendige zurück. Und auch wenn er anschließend über Kreuzschmerzen jammert, soll ihm das erst einmal ein starker Zweimeterkerl nachmachen. Auch einer Kuh den Hals umzudrehen, ist vermutlich keine leichte Sache.

Mit anderen Worten: Hier und in vielen anderen Sagen bezeigen Zwergwesen eine enorme Stärke. Außerdem verfügen sie über jede Menge anderer magischer Kräfte, um von den magischen Geräten wie etwa Zaubergürteln gar nicht zu sprechen.

Eines ihrer Lieblingsspiele ist das Verwandeln. Sie können ganz nach Belieben ihre Gestalt wechseln und erscheinen einmal als Katze oder als Strohhalm, ein andermal als Schlange, Maus, Hund, Heimchen (unter der Leitung von Frau Holle oder der Perchta), Vogel oder Schwein. In einer Geschichte aus Pommern springt ein störrisches Schweinchen eines Tages zu dem Knecht auf den Wagen und erklärt: »Ich bin nur ein kleines Ferkelchen und kann die Knoten von des

Müllers Säcken nicht aufbekommen, und wenn ich kein Mehl bringe, schlägt mich die Frau.« Es war ein Kobold, der mit den Säcken Schwierigkeiten hatte, weil sie mit Kreuzknoten verschlossen waren.

Mit Abstand am liebsten aber verwandeln sich die kleinen Wesen in Kröten. Nicht umsonst soll das Wort Puck mit dem niederdeutschen Pogge, Kröte, zusammenhängen. Das ist heimtückisch, gewiss, weiß man doch damit nie, woran man ist. Gerade mit Kröten stehen schließlich viele Menschen nicht eben auf gutem Fuß, aber Achtung: Es könnte sich ein Zwerg darin verbergen! Auf den friesischen Inseln wussten die Hausfrauen selbstredend, dass die Unterirdischen in dieser Gestalt zu kommen pflegten, um das verschüttete frische Bier aufzulecken, und ließen sie gutherzig gewähren. Überall in Norddeutschland schüttete man den Kröten aus diesem Grund auch Milch unter den Herd.

Nicht alle aber kannten offenbar die Vorliebe der Zwerge für die Krötengestalt oder konnten ihren Abscheu vor den (angeblich!) hässlichen Tierchen nicht überwinden. Jedenfalls erzählen viele viele Geschichten von Menschen, die drauf und dran sind, eine Kröte zu töten, und von diesem frevelhaften und – da die Tiere absolut harmlos sind – überhaupt nicht zu rechtfertigenden Tun gerade im letzten Augenblick noch von jemandem abgehalten werden können. Kurz darauf wird der betreffende Mensch von den Zwergen zu einer Taufe in deren Wohnung eingeladen. Er sitzt am Tisch und schmaust vergnügt und sieht plötzlich, wie über ihm ein Mühlstein an einem Faden hängt. Er erschrickt natürlich zu Tode. Da erklärt ihm ein Zwerg in aller Ruhe, genau so sei es ihm selbst neulich ergangen, als er von ihm beinahe erschlagen worden wäre. Der Mensch kehrt stets heil und wohlbehalten und geläutert zu den Seinen zurück. Fortan vergreift er sich, soviel ist sicher, nicht mehr an Kröten!

Das Heimtückische an den Verwandlungen der Zwerge ist, dass sie nicht immer ein und dieselbe Gestalt annehmen. Man kann sich einfach nicht darauf verlassen, dass eine Kröte wirklich eine Kröte ist oder die Spinne wirklich eine Kreuzspinne oder ein langbeiniger »Schneider« oder »Schuster« am Fenster, dem man gerade den Garaus machen möchte. Besser ist es allemal, im Umgang mit allen Lebewesen Vorsicht walten zu lassen, schon der Zwerge wegen – zumal sie (wenn sie Lust dazu haben) soviel nützliche und hervorragende Arbeit leisten können.

DIE FLEISSIGEN ZWERGE

Die Bienen summen so verschlafen;
Und in der offenen Bodenluk',
Benebelt von dem Duft des Heus
Im grauen Röcklein nickt der Puk.

Theodor Storm

o verschieden die Zwergenwesen auch beschrieben und benannt werden, so einheitlich sind die Aussagen, die ihren Fleiß betreffen. Nicht umsonst sagte man etwa von einer fleißigen Person, sie hätte den Kobold. Von dem Niss, der nicht wusste, was das Wort »Ruhe« bedeutet, haben wir schon gehört, doch auch die südlicher lebenden Zwerge sind überaus rührig. Sie tun und machen und schaffen, dass es eine Freude ist. Nun gibt es ja jede Menge Menschen, die zwar rastlos vor sich hinwurschteln, aber weder dies noch jenes richtig auf die Reihe bekommen und für nichts wirklich begabt sind. Die Zwerge jedoch sind – entgegen manch gegenteiliger Äußerung – wahre Meister in den unterschiedlichsten bodenständigen Disziplinen. Sie sind zwar keine Akademiker, keine Ärzte oder Hochbauingenieure, dafür aber ganz ausgezeichnete Handwerker – und nicht nur das, wie man gleich sehen wird. Alles, was sie anfassen, gelingt. Alles, was sie herstellen, ist vom Allerfeinsten. Worauf sie ein Auge haben, was unter ihrem Schutz und unter ihrer Aufsicht steht, gedeiht hundertprozentig, sei es nun Pflanze, Tier oder Mensch.

Wenn im Folgenden zwischen Wald-, Berg-, Haus- und Meerzwergen unterschieden wird, dann zum einen der Übersichtlichkeit wegen. Außerdem passen die Tätigkeiten schon mehr oder weniger zu ihren Wohnorten. Die Hauszwerge können zwar auch in Hügeln wohnen, ihre Beschäftigungen rücken sie aber sehr in die Nähe der Menschen.

Waldzwerge

Ein Gämsjäger stieg auf und kam zu dem Felsgrat, und immer weiter klimmend, als er je zuvor gelangt war, stand plötzlich ein hässlicher Zwerg vor ihm, der sprach zornig: »Warum erlegst du mir lange schon meine Gämsen und lässest mir nicht meine Herde? Jetzt sollst du's mit deinem Blut teuer bezahlen!« Der Jäger erbleichte und wäre bald hinabgestürzt, doch fasste er sich noch und bat den Zwerg um Verzeihung, denn er habe nicht gewusst, dass ihm diese Gämsen gehörten. Der Zwerg sprach: »Gut, aber lass dich hier nicht wieder blicken, so verheiß ich dir, dass du jeden siebenten Tag morgens früh vor deiner Hütte ein geschlachtetes Gämstier hangen finden sollst, aber hüte dich vor mir und schone die andern.« Der Zwerg verschwand, und der Jäger ging nachdenklich heim und die ruhige Lebensart behagte ihm wenig. Am siebenten Morgen hing eine fette Gämse in den Ästen des Baumes vor seiner Hütte, davon zehrte er ganz vergnügt, und die nächste Woche ging's ebenso, und dauerte ein paar Monate fort. Allein zuletzt verdross den Jäger seine Faulheit, und er wollte lieber selber Gämsen jagen, möge erfolgen, was da werde, als sich den Braten zutragen lassen. Da stieg er auf, und nicht lange, so erblickte er einen stolzen Leitbock, legte an und zielte. Und als ihm nirgends der böse Zwerg erschien, wollte er eben losdrücken, da war der Zwerg hinterher geschlichen und riss den Jäger am Knöchel des Fußes nieder, dass er zerschmettert in den Abgrund sank.

Das hatte er nun davon. Er hätte ein geruhsames Leben in Eintracht mit Gämsen, sich und den Zwergen führen können, aber nein! Der Zwerg, um das einmal klarzustellen, war keineswegs »böse«. Er beschützte und behütete die Tiere »seiner« Bergregion unter anderem vor den willkürlichen Übergriffen durch einen seiner Ansicht nach Unbefugten. Ein guter Förster hätte auch nicht anders gegenüber einem Wilderer gehandelt, wenigstens, was den ersten Teil der Geschichte angeht. Was allerdings das In-den-Abgrund-Stürzen betrifft, so ist das natürlich schon ziemlich arg, aber aus der Sicht des Zwerges durchaus nachvollziehbar. Welcher Förster hätte andererseits einem Wilddieb jede Woche eine Gämse vors Haus gehängt? Das Abkommen als solches war also mehr als großzügig gewesen. Ganz schön dumm vom Gamsjäger, den unheimlichen Verteidiger seines Reviers dermaßen zu verärgern.

Derlei Geschichten gibt es mehr als genug. Immer wird der Jäger zunächst einmal gewarnt. »So hat der alte Landammann Heinrich Immlin von Obwalden selbst erzählt, wie er einmal am Pilatus den Gemsen nachgegangen und ein Bergmanndli dahergekommen sei, das ihm verboten habe, weiter heraufzusteigen. Er hab als starker Mann dieser Warnung spotten wollen, da sei aber das Manndli auf ihn losgesprungen und habe ihn mit großer Gewalt die Felsen hinunter geworfen.« Dieser dreiste Mann überlebte die Verletzungen, und ein anderer, der immer Forellen fischen ging, wo er nicht durfte, ebenfalls. Ihn drückte ein Zwerg mit Gewalt in den Bach, wozu er sagte: »Du bist auch einer von denen, die mir meine Tierlein schon viel geplagt und zerstreut haben.«

Die Waldzwerge verteidigen, wie man sieht, »ihre« Schützlinge mit Klauen und Zähnen und lassen in dieser Hinsicht durchaus nicht mit sich spaßen. Zu diesen glücklichen Wesen gehören neben vielen Tieren, allen voran die Gämsen und die Ziegen der Menschen (eine Ziege im Kuhstall hält daher alles Böse ab), auch die Pflanzen. Die Zwerge sind große Kenner der heimischen Flora und wissen, wie die Elben, um die verborgenen Heilkräfte jedes Kräutleins. Manch einem kranken Menschen haben sie damit schon das Leben gerettet. Auch Bäume stehen unter ihrem Schutz, und willkürliches Fällen wird von ihnen (wie von den Elben) streng geahndet.

Aus dem Jeschkengebirge im nördlichen Böhmen wurde berichtet, dass einst ein paar Holzknechte weit oben im Gebirge aus Geldgier einige schöne Tannen fällen wollten. Ein alter Holzfäller hörte davon und warnte sie. Das Tannenmännlein, sagte er kopfschüttelnd, werde einen solchen Frevel nicht dulden. Die Burschen hörten aber nicht auf ihn und stiegen ins Gebirge hinauf. Als sie im Begriff waren, einen der schönen Bäume zu fällen, verspotteten sie das Tannenmännlein: »So du was dagegen hast, so komm hervor, wir wollen miteinander anbinden und wir wollen sehen, wer stärker ist!«, prahlte der eine. Der andere aber meinte da, das zornrote Gesicht des Zwerges hinter einem Strauch zu sehen, erschrak heftig und forderte den Freund auf, zu verschwinden. Der hörte indes nicht auf ihn, hob die Axt und schlug zu. Die Klinge aber prallte vom Baum ab und drang tief in sein Bein ein.
Lange Wochen musste der Holzfäller das Bett hüten, die Wunde heilte und heilte nicht. Er aber bereute inzwischen sehr, dass er die Tannen hatte fällen

wollen, und gelobte, dem Zwerg Abbitte zu leisten, falls er noch einmal gesund würde. Da erschien eines Tages ein altes Männlein vor der Tür und bettelte. Der Kranke gab ihm einen Groschen, und das Männchen erkundigte sich nach seiner Wunde. Als ihm der Holzfäller seine Geschichte erzählt und beteuert hatte, wie sehr es ihm leid tue, gab ihm der Bettler eine Salbe, und siehe da, das Bein heilte sofort. Der erste Gang des Holzfällers war hinauf ins Gebirge. Er kniete sich neben eine große Tanne hin und bat das Tannenmännlein um Verzeihung. Plötzlich hörte er hinter dem Baum eine Stimme sagen: »Geh nun wieder heim, es ist alles wieder gut!«

Bitte schön, das ist die andere Seite der rabiaten Zwerge! Wo Einsicht ist, verzeihen sie. Armen und Kranken wird all ihr Mitleid zuteil. Hier helfen sie, ohne groß zu fragen. Wir erinnern uns an das Grimmsche Märchen von dem armen Mädchen, das von seiner bösen Stiefmutter mitten im Winter in den Wald geschickt wird, um Erdbeeren zu sammeln. Drei kleine Männlein füllen der Verzweifelten schließlich das Körbchen mit dem verlangten Obst. Auch anderen in einer ähnlich schlimmen Lage halfen die Waldwichtel mit den Früchten des Waldes oder mit Holz für den Ofen aus.

Es waren wohl auch die Waldzwerge, die den Sennen bei dem Vieh an die Hand zu gehen pflegten. Zuweilen war es so, dass sie sich von einem Hirten mit dessen Wissen eine Kuh ausliehen. Der dachte stets, er würde das Tier nie wiedersehen, doch eines Tages erschien es samt mehreren Kälbchen rund und gesund wieder, denn die Zwerge halten (im Gegensatz zu vielen Menschen) stets ihr Wort.

Die Waldzwerge sollen obendrein einen ausgezeichneten Käse zubereiten können. Ihn verschenkten sie früher an Bedürftige mit der ausdrücklichen Weisung, immer ein kleines Stückchen übrigzulassen, weil er dann nachwachse. So sagte einer von ihnen zu einem Buben im besten Hochdeutsch:»Z'ässe muescht ha – es Stümpli la stah!«

Manche hielten sich an diese Mahnung, andere zu ihrem eigenen Schaden nicht. Aber denen geschah es dann ganz recht!

Bergzwerge

Ich mein, in Heldes Hande kein bessers Schwert nit sei
Ich bracht's aus einem Lande, das heißet Almarei
Es würkten kleine Zwerge klar als ein Spiegelglas
Ich bracht's aus einem Berge, der heißet Geigelsass.

Die Bergzwerge sind es, die von Menschen und Göttern am meisten beneidet und hofiert wurden. Wenn wir Bergzwerge sagen, meinen wir diejenigen, die *im* – nicht *auf* – dem Berg wohnen und sich mit den darin enthaltenen Bodenschätzen in mehrfacher Hinsicht hervorragend auskennen. Der berühmte Mineraloge Georg Agricola (1494–1555) wusste bestens über sie Bescheid und erklärte in seinem Werk *Von den Lebewesen unter der Erde:* »Des Weiteren gibt es ungefährliche Geister, die manche Deutsche, wie auch die Griechen, Kobolde nennen, weil sie den Menschen nachmachen. Denn sie kichern, als ob sie sich vor Freude nicht lassen könnten, und es sieht so aus, als ob sie vieles täten, obwohl sie rein gar nichts tun. Andere nennen sie ›Bergmännlein‹ wegen der Statur, die sie meist haben: Sie sind nämlich Zwerge von drei Spannen Länge. Sie sehen aber wie Greise aus und sind nach Art der Bergleute gekleidet …«

Die Menschen wussten früher sehr wohl, wie eng die Verbindung zwischen Erz und Zwerg war, denn sie gaben unter anderem den Metallen Kobalt und Nickel den Namen, der sie an die als böse gedachten Bergzwerge erinnerte, die das Gestein aus Übermut »taub« machten. Unter anderem der *Duden* stimmt dieser Ableitung zu, denn hier heißt es unter dem Stichwort »Kobalt« (wie auch unter »Nickel«): »Ursprünglich glaubte man, das Mineral sei wertlos, und ein Berggeist habe es böswillig unter die wertvolleren Erze gemischt.« (Quarz dagegen ist möglicherweise mit dem Wort »Zwerg«/»Querx« verwandt.)

Daran ist auch ersichtlich, dass die Zwerge durchaus nicht nur als hilfreich angesehen wurden, sondern mit den Bergleuten jede Menge Schabernack oder Schlimmeres treiben konnten. So warfen sie beispielsweise Erdschollen nach den Arbeitern und verwirrten sie auf jede Art und Weise. Allerdings kam dabei selten jemand ernsthaft zu Schaden, es sei denn, er hatte es sich wirklich gründlich mit den Bergmännchen verscherzt.

Die Zwerge sind aber nicht nur die Hüter all der unterirdisch verborgenen Schätze, Gold-, Erz- und Silberadern, sie verstehen sich auch auf deren Verarbeitung. Sie gelten nach uralter Überlieferung als die besten Schmiede, die man sich überhaupt vorstellen kann, und wer klug war, nutzte diese Begabung für seine Zwecke. »Die Bergmännchen bei Iburg«, besagt einer der vielen Berichte, »haben in alter Zeit auch viel Schmiedearbeit getan; die Leute haben ihnen nur das Eisen an einen gewissen Ort legen dürfen, dann hat das Gerät am andern Tage auf derselben Stelle fertig da gelegen, und dafür hat man nur eine sehr geringe Bezahlung hinzulegen brauchen.« Obendrein konnte man ihnen auch die – seltsamerweise vielen auf der Seele brennende – Frage stellen, was es mit dem Kreuz in der Nuss auf sich habe. Die Antwort darauf ist uns aber leider nicht bekannt und so müssen wir uns weiterhin den Kopf darüber zerbrechen.

Zugegebenermaßen ist, neben tradiertem einschlägigem Fachwissen, bei »besseren« Arbeiten auch ein wenig Magie im Spiel, denn mit Geschicklichkeit allein lassen sich keine Zauberschwerter schmieden. Tolkien lässt im *Kleinen Hobbit* die Zwerge über ihre Vorfahren folglich singen:

An silberne Halsketten reihten sie
glitzernde Sterne auf. In Kronen fingen sie
Drachenfeuer ein, in geflochtenen Drähten
verstrickten sie das Licht von Mond und Sonne.

Vielleicht dachte Tolkien bei den Drähten an die blonden Haare der nordischen Göttin Sif, die ihr der böse Loki einst abschnitt – aber davon wird später noch die Rede sein (siehe Seite 105).

Jedenfalls sind die Bergzwerge nicht nur Meister der Schmiedekunst. Sie kennen und beherrschen auf magische Weise die gesamte Natur und alle ihre Lebewesen, und ein wenig Ehrfurcht vor ihnen und ihrem Wissen und Können ist nur zu empfehlen. Sich ohne zu fragen, ohne ausdrückliche Erlaubnis an ihren unter der Erde verborgenen Schätzen zu vergreifen, ist ein Sakrileg, das manch Bergarbeiter schwer bereute. Stellten die Menschen sich aber gut mit den »eigentlichen« Besitzern der Minen, in denen sie arbeiteten, wurden sie von den Zwergen – nicht umsonst mancherorts »Bergklöpferl« genannt –

etwa durch Klopfgeräusche vor Gefahren gewarnt. Man musste diese Geräusche allerdings zu deuten wissen, denn nicht immer waren sie ein schlechtes Zeichen. »Wenn die Grubenleute ein solches Bergklöpferl hören«, sagt ein Chronist, »halten sie es für ein gutes Zeichen zum baldigen Fündigwerden wertvoller Erze.« Erschien das Männlein aber leibhaftig auf der am Eingangsstollen wartenden Tragbahre für Verletzte, stand, soviel war allen klar, unmittelbar ein Unglück bevor.

Noch Mitte des 19. Jahrhunderts glaubten die Menschen felsenfest an dieses besondere Bergwerkszwergenzeichen. Als im Tiroler Alpbachtal eine Alaunfabrik gebaut wurde, hörten sowohl der Besitzer als auch der Geschäftsführer sowie etliche Neugierige mehrmals ein solches Klopfen. »Wassertröpfeln kann es unmöglich sein, wie sich mehrere Beobachter überzeugt haben – es muss das Bergklöpferl sein, meinen die Leute und hoffen auf einen baldigen Fund reicher Gold- und Silberadern.« Einem sächsischen Hauer erschien im Schacht ein hustendes Männlein in einem braunen Kittel, das sein Grubenlicht an eine bestimmte Stelle hängte. Als man später ebendort bohrte, traf man auf eine Erzader. »Und hat man hierauf unterschiedliche Quartale davon gute Lieferungen tun können.«

Die Bergzwerge sollen genau wie die Bergleute gekleidet sein, »mit einer weißen Hauptkappe am Hemd und einem Leder hinten, haben Laterne, Schlägel und Hammer. Sie tun den Arbeitern kein Leid, denn wenn sie bisweilen auch mit kleinen Steinen werfen, so fügen sie ihnen doch selten Schaden zu, es sei denn, dass sie mit Spotten und Fluchen erzürnt und scheltig gemacht werden«, wie es in einer Grimm'schen Sage heißt. So weit, so gut. Weiterhin steht dort allerdings: »Sie schweifen in den Gruben und Schachten herum und scheinen gar gewaltig zu arbeiten, aber in Wahrheit tun sie nichts.« Nichts tun! Das sagte eben schon Agricola. Ausgerechnet die Zwerge! Das behaupteten vermutlich welche, die nie auf eine Erzader stießen und ihr Leben lang arme Hauerlein blieben. Dass so reiche Leutchen wie die Bergzwerge Neider hatten, lässt sich schließlich denken. Übrigens verdanken die Thüringer ihren »Hütchen« zumindest eine kohlensäurehaltige Quelle, nämlich im Hörselberg, wie die Sage zu berichten weiß.

Immerhin dachten wohl etliche Leute, dass die genaue Kenntnis der in den Bergen verborgenen Bodenschätze nicht mit rechten Dingen zuging. Den ominösen *Venedigermännlein* oder *Venezianern*, die in manchen Gegenden mit den Zwergen identifiziert, in anderen als Menschen, und zwar, wie der Name ja nahelegt, als kleinwüchsige Italiener beschrieben werden, unterstellte man übernatürliche Fähigkeiten, wenn es um ihr geradezu unheimliches Wissen in Bezug auf den Bergbau ging. Aber so ganz Genaues weiß nach wie vor keiner:

»Zu den erzgewinnenden Bergmännchen gehören die rätselhaften Venetianer; in weiter Ferne, gegen Süden, ist ihre Heimat«, heißt es über sie in einem oberpfälzischen Sagenbuch. »Sie suchen nach edlen Erzen in den oberpfälzischen Bergen, besonders im Fichtelgebirge, und kehren reich beladen zurück. Einer von ihnen soll einst gesagt haben: ›Wirft mancher einen Stein nach der Kuh, und ist der Stein mehr wert als die Kuh.‹«

Hauszwerge

Bei Hauszwergen denkt vermutlich jeder bei uns zulande als erstes an die Heinzelmännchen: »Wie war in Kölln es doch vordem ...« Allerdings nicht nur dort. Heinzelmännchen gab es im Prinzip allerorten. Die Kölner Zwerglein jedoch wurden durch das Gedicht von August Kopisch so berühmt, dass es dort heute noch einen Heinzelmännchenbrunnen gibt. Die recht lange und umständliche Entstehungsgeschichte des Gedichts braucht uns nicht zu interessieren, wohl aber seine zentrale Aussage: Die Heinzelmännchen waren Experten in zahlreichen Handwerken. Sie halfen (der Reihe nach) den Zimmerleuten, den Bäckern, den Fleischern, den Küfern und den Schneidern.

Da schlüpften sie frisch | in den Schneidertisch
und schnitten und rückten | und nähten und stickten
und fassten und passten | und strichen und guckten

und zupften und ruckten. | Und eh' mein Schneiderlein erwacht,
war Bürgermeisters Rock | bereits gemacht!

Im Prinzip geben Kopisch die vielen Sagen Recht. Allgemein weiß man, dass die Zwerge sich in vielen Berufen gut auskennen, ja kein Geringerer als Robert Louis Stevenson erklärte, die *Brownies* hätten stets die Hälfte seiner Schreiberei für ihn erledigt, während er schlief. Diese Profession mag ja noch angehen – die Metzgerei hingegen gehört sicher nicht zu den Steckenpferden der Zwerge. Schweine »die Kreuz und die Quer« hacken ist eher nicht ihr Ding. Dass sie dagegen gute Zimmerleute sind, ist häufiger zu hören, so hielt man es im Norden Europas beispielsweise für ein gutes Omen, wenn man nachts die kleinen Wichte am Holzgerüst eines neuen Hauses zimmern hörte. Auch von der Schneiderei wird ab und an berichtet. Worin sie aber wirklich Meister sind, ist neben dem Schmieden, Dengeln und Schleifen die Bäckerei. Immer und immer wieder ist davon die Rede, welch hervorragende Backwaren aus Zwergenhand stammen. Eduard Mörike setzte einem dieser Backkünstler, dem Stuttgarter Hutzelmännlein, ein bekanntes literarisches Denkmal. Von seiner Hand soll das bekannte Hutzelbrot ursprünglich stammen.

Ein Kobold gut bin ich bekannt
In dieser Stadt und weit im Land;
Meines Handwerks ich ein Schuster war
Gewiss vor siebenhundert Jahr.
Das Hutzelbrot ich hab erdacht,
Auch viel seltsame Streich' gemacht.

Ein Laiblein davon gab er einst einem Schustergesell, und es hatte die Zwergengabe, immer wieder nachzuwachsen. Man denke auch an den Heidelberger Kirschenjockel, ein Gebäck, das seinen Namen von dem kurpfälzischen Kobold namens Jockel bekam, dem es früher als Opfergabe dargebracht wurde und der es vielleicht auch erfunden hatte. Ja, und selbst das Rezept für den besten Streuselkuchen ganz Schlesiens ist allem Vernehmen nach den kleinen Leuten zu verdanken!

Eine junge Magd jätete um Pfingsten auf einem Weizenacker im Grottkauer Oberkreise; da hörte sie ganz deutlich im Berge ein Geklapper, das konnte nur von aufeinandergeworfenen Kuchenblechen kommen. Die Magd hatte einen Kummer. Ihr Schatz war der einzige Sohn des reichsten Großbauern im Dorfe, und der Alte wollte nichts von der Heirat mit der armen Magd wissen. Jetzt fiel ihr ein, dass die Fenixmännchen große Meister im Kuchenbacken waren. Als die Zwölfnächte kamen, ging sie wieder an den Berg; die Männchen kamen auch und luden sie ein. Da passte sie nun scharf auf und guckte ihnen ihre Kniffe ab, die sie beim Kuchenbacken hatten; und als sie genug wusste, machte sie sich fort. Beim nächsten Fasching buk die Magd einen so ausgezeichneten Kuchen, dass das ganze Dorf nur von dem Streuselkuchen sprach. Auch der reiche Großbauer und seine Frau waren davon so bezaubert, dass sie das arme Mädel nun gern als Schwiegertochter annahmen. Das Rezept des Streuselkuchens verbreitete sich aber von da immer weiter und wurde im Laufe der Jahrhunderte dann Gemeingut von ganz Schlesien.

Und für Neugierige und Backwillige folgt hier das Rezept:

Man nehme 650 g Mehl, 35 g Hefe, 1/4 l Milch, 230 g Zucker, 1 TL Salz, 1 TL Zimt, 100–150 g Haselnüsse und 150 g Butter. Aus Mehl, Hefe, lauwarmer Milch, Salz und 80 g Zucker einen Hefeteig bereiten, gehen lassen, ausrollen, auf ein gefettetes Backblech legen, noch 5 Minuten gehen lassen. 150 g Mehl, 150 g Zucker, gehackte Haselnüsse und Zimt mischen. Die weiche Butter in Flöckchen dazugeben, Streusel formen. Teig mit Fett bestreichen, Streusel darüber verteilen und bei mittlerer Hitze ca. eine halbe Stunde backen.

Die Bäckerei der Zwerge (und überhaupt elbischer Wesen) ist ein äußerst beliebtes Thema in Sagen. Mit am häufigsten wird erzählt, wie ein Bauer oder Knecht auf dem Feld ackert oder erntet oder sät, und plötzlich steigen ihm liebliche Essens- oder Backdüfte in die Nase. Er erkundigt sich dann laut, ob er vielleicht ein Stück von dem leckeren Kuchen oder Brot abbekommen könne, und immer hat diese Bitte Erfolg: Irgendwo liegt kurz darauf das Gewünschte, frisch aus dem Ofen, für ihn bereit. Die Gabe muss aber unbedingt mit Respekt behandelt und Teller und Messer müssen stets zurückgegeben werden, sonst folgt die Rache auf dem Fuße. Das Mindeste in einem solchen Fall ist, dass der Beschenkte es sich auf immer mit den Zwergen verdirbt. Weit schlimmer erging es einem Knecht in Thüringen, der eines schönen Tages beim Ackern folgendes leise (und wohlgemerkt, aus dem Stegreif gereimte!) Gespräch vernahm, ohne allerdings irgendjemanden zu sehen:

»Na, Trude, flugs den Kehrbesen her!«
»Geduld, was eilt es euch denn sehr?«
»Will backen!«
»Back heut eben so,
im Ofen brennt's schon lichterloh.«
»Nun gar, was backt ihr denn für Kuchen?«
»Vorbacken!« [Kuchen aus Brotteig]
»Und ich Käsekuchen.«

Als der Knecht das hörte, bat er um je ein Stück Vorbacken und Käsekuchen, schleuderte beides, als er das Gewünschte tatsächlich neben sich liegen sah, erschrocken weit weg ins Gebüsch und lief Hals über Kopf nach Haus. Kurz darauf starb er an einem unbekannten Leiden.

Ganz so hart wurden nicht alle Frevler bestraft. Ihrem Schicksal entgingen sie dennoch selten. Einem anderen Knecht, der ebenfalls vom Gebackenen etwas abhaben wollte und es dann höhnisch verschmähte, ließen die Unterirdischen den weggeworfenen Kuchen zu einem großen Stein werden, der ihm mitten auf dem Feld im Weg lag. Bei dem Versuch, ihn zu entfernen, zerbrach zum einen die Pflugschar, zum anderen zerrissen die Zugriemen der Pferde. Daraufhin wurde der Knecht entlassen, »und der Taugenichts ging nach Oberschlesien an die russische Grenze, wo er durch die Kosaken ums Leben gekommen sein soll«. Wen wundert's!

Neben der Bäckerei kennen sich die Zwerge, wie schon an anderer Stelle deutlich wurde (siehe S. 60), auch mit dem eng damit zusammenhängenden Müllereiwesen aus. Sie sorgen für feines weißes Mehl, und sie erledigen bestens, was es sonst an für Laien hoch komplizierten Arbeiten in einer Mühle gibt. So freute sich ein oberpfälzischer Müller über die Maßen, als er eines Morgens durch die hilfreichen Zwerge »sämtliches Gemalter gemahlen, die Säcke nach Abzug der Maut gehörig gefüllt, die Kleyen abgesondert und alles nach den Gesetzen der Mühlordnung bestellt fand«.

Man muss schon das Gewerbe verstehen, wenn man die Maut abziehen und die Kleie absondern kann! Kurzum, die Zwerge sind gute Bäcker und gute Müller. Manche wollen auch wissen, dass die Wichtlein etwas vom Bierbrauen verstehen. Jedenfalls verliehen sie von Zeit zu Zeit Braukessel, so etwa an Mecklenburger Bäuerinnen, deren eigener Kessel mit der Zeit löcherig geworden war oder die gar keinen eigenen besaßen. Ein sächsischer Zwerg soll in einer solchen Braupfanne seine Gold- und Silberschätze aufbewahrt und gehütet haben. Vom Bierbrauen selbst ist hier nicht die Rede, und von einem superguten Zwergenbier, etwa einem feinherben Wichtelpils oder einem Heinzelmännchen-Hefeweizen schweigen die Annalen gänzlich.

Mit den Feen haben die Zwerge gemein, dass sie spinnen können. Wie das Märchen vom Rumpelstilzchen zeigt, erledigen sie diese Aufgabe gut und obendrein in rasender Geschwindigkeit. Nur in Märchen verwandelten sie dabei Stroh in Gold, zumeist halfen sie – wieder wie die Feen – früher einfach so in den Spinnstuben aus. »Noch vor hundert Jahren«, heißt es in einem Aargauer Sagenbuch, »kamen sie nachts den Bach herunter und machten den Leuten in der Alten Mühle ihren Besuch. Da brachten sie ihre Kunkeln mit und spannen um die Wette. Wenn es Mitternacht wurde, hörten sie auf und gingen heim.«

Auch verstehen sie sich auf das Weben und Tuchmachen. Ein junger Webergeselle, der mit einem Zwerg ein Abkommen getroffen hatte, fand in jeder Vollmondnacht auf seinem Webstuhl ein Stück Seidenstoff, in das jedes Mal aufs Neue ein wunderbares Muster eingewebt war. Dieses Muster nahm er als Vorlage für eigene Gewebe, für die er ihrer Einzigartigkeit wegen viel Geld erhielt.

Für ein weiteres typisches Zwergengewerbe finden sich ebenfalls zahlreiche Belege: die Schusterei. Nicht umsonst werden die Kleinen mancherorts als Schuhmacher bezeichnet und heißen ihre Höhlen »Schuhmacherloch«, »Schusterloch« oder »Schusterstein«. Bei Letzterem (in der Nähe des oberösterreichischen Grein) sieht man, so heißt es, »zuweilen um 12 Uhr nachts 24 Schuster des Weges ziehen. Sie gehen in langer Reihe einer nach dem andern, jeder trägt in einem Kistl sein Werkzeug nebst einer Trage Leisten.«

Schusternde Zwerge sind nicht nur aus Deutschland belegt. Im südschwedischen Schonen wohnte, so wird berichtet, eine Zwergenschusterfamilie unter einem uralten Apfelbaum, und die Anwohner

sahen sie des Öfteren im Baum ihre Wäsche trocknen. Scherze durfte man sich mit ihnen nicht erlauben und auch die Zweige des Apfelbaums nicht anrühren, sonst erging es einem schlecht. In Irland hörte eine Bäuerin zwischen den Bohnenreihen ein seltsames Geräusch, das klang, als ob ein Schuster den Absatz an einen Schuh anschlüge. Als sie vorsichtig nachschauen ging, sah sie ein kleines altes Männchen in erbsenfarbenem Rock und Silberschnallenschuhen, das aus einem

Pfeifenstümpchen rauchte. Als sie es in die Hand nahm, entschlüpfte es ihr »wie ein Nebel oder Rauch«.

In dem gleichfalls aus Irland stammenden Märchen *Die kleinen Schuhe* hämmert ein mit Nachtmütze und Schurzfell bekleideter *Cluricaun* stillvergnügt im Stall Schuhe und pfeift dabei munter vor sich hin. Auch aus Finnland werden ähnliche Geschichten berichtet.

Das Töpfern soll übrigens ebenfalls ein typischer Zwergenberuf sein, und mit Gefäßen, die aus ihrer Hand stammen, hat man nur Freude: »In Holstein glaubt man«, heißt es in einem Bericht, »der aus den Urnen der alten Gräber gesäte Same gedeiht auf Äckern und in Gärten besser als irgendein anderer. Die Milch wird fetter, wenn sie in solchen Töpfen steht, und gibt mehr Butter. Lässt man die Hühner aus ihnen trinken, so werden sie nicht krank. Man hüte sich, einen solchen Topf der Unterirdischen mutwillig zu zerschlagen.«

Sehr oft, wenn nicht überhaupt am häufigsten, werden schließlich die Zwerge aber im Zusammenhang mit einer anderen Arbeit genannt, der wir deshalb einen eigenen Abschnitt widmen wollen.

Diener, Magd und Knecht in einem

In Fünen irgendwo lebte ein kleiner, anständiger Niss mit allen in Frieden. Ließ man ihn in Ruhe, war er freundlich und gut, allen behilflich sowohl im Stalle wie in der Scheune und Tenne, er mistete aus, schnitt Häcksel, drosch das Getreide, aber immer während der Nacht, nur selten wurde er von jemand gesehen. Mit dem Futter ist er sehr genau gewesen, dem Viehknecht auf Gaune war es unmöglich, eine einzige Garbe mehr, als die Kühe auf einmal bedurften, hinabzuwerfen, alles wurde augenblicklich zurückgeworfen.

In früheren Zeiten betätigten sich sehr viele Hauszwerge wie dieser Niss als Knechte – ja mehr als das: als buchstäblich guter (wenn auch zuweilen neckischer) Geist auf den Bauernhöfen. Will man den vielen vielen entsprechenden Nachrichten glauben, wimmelte es auf dem Land nur so von ihnen. Man denke etwa an die rivalisierenden Nisse in einer früheren Geschichte (siehe S. 62).

Nicht alle Tätigkeiten, die da so anfielen, mochten sie, doch führten sie alles brav und zuverlässig und zur gänzlichen Zufriedenheit des

Bauern aus – ob es nun Heuen, Holzholen, Torfstechen, Feuermachen, Putzen oder was immer war.

An den Tieren des Hofes hingen sie mit Leib und Seele. Na ja, an *allen* nicht: Schafe können Zwerge auf den Tod nicht ausstehen, und wenn sie irgendwo ihre Dienste anboten, so erklärten sie nicht selten, sie würden sich vor keiner, wirklich keiner Arbeit scheuen – bloß die Schafe, mit denen wollten sie nichts zu tun haben! Pferde dagegen lieben die kleinen Wichte über alles, wobei die einen auch die Schimmel in diese Zuneigung einschließen, die anderen dagegen absolut nicht. So stellte also der Hauskobold beispielsweise dem Bauern das Ultimatum, das betreffende Tier binnen vier Wochen zu verkaufen, so lange sei er bereit, es zu füttern. Hielt der Mensch sich nicht daran, ließ der Kobold das Pferd nach Ablauf der Gnadenfrist verhungern oder warf es kurzerhand in die Jauchegrube.

Andere wandten andere Methoden an: Einst wohnte ein Niss bei einem Mann im norwegischen Homme. »Derselbe tauschte sich ein weißes Pferd, das der Niss nicht litt, für ein anderes ein. Während der Nacht führte der Niss das Pferd hinaus auf die Weide, wälzte dasselbe in einer Pfütze, dass es ganz schwarz wurde, verließ damit das Haus und reiste nach Grötteland.«

Hatte sich ein Wicht einmal seinen Bauernhof ausgesucht und die Farbe der Pferde war nach seinem Geschmack, brauchte sich der jeweilige Knecht um die Tiere (mit Ausnahme der Schafe, versteht sich!) und alle damit verbundenen Aufgaben keine Sorgen mehr zu machen. Und wenn er noch so oft vergaß, sie zu füttern und ihren Stall auszumisten, sie wurden dick und fett, hatten ein glänzendes Fell und bekamen gesunde Kälbchen, Fohlen oder Ferkel ohne Ende. Der Stall glänzte vor Sauberkeit.

Vollkommen ohne Gegenleistung ging es allerdings auch hier nicht ab. So verlangten die Knechtzwerge zum einen, dass ihr Lieblingstier nie verkauft oder gar geschlachtet wurde. Gelangte es dennoch in fremde Hände, verschwanden die hilfreichen Geister mit ihm an seinen neuen Bestimmungsort; wurde es getötet, starb der unselige Bauer, der dies angeordnet hatte, in der Regel bald danach ebenfalls.

Die eigentliche Belohnung für die Dienste der Hauszwerge, der Nisse und Tomten, bestand oft darin, dass sie zuweilen auf ihrem auserwählten Lieblingstier, Kuh, Pferd oder Schwein, reiten durften. Das war ihr allergrößtes Vergnügen, auf das sie sich immer schon lange freuten – nur der Knecht hatte gehörigen Stress bei solchen Ausritten. Der Bauer wusste nämlich nie um das Helferlein, das sein Untergebener hatte, und wunderte sich natürlich ziemlich, wenn eine seiner Kühe scheinbar mutterseelenallein ein um das andere Mal vergnügt die Dorfstraße entlanggaloppierte.

Irgendwann flog dieser Handel mit dem Unterirdischen also auf, und der jeweilige Knecht wurde gefeuert. Das Nachsehen hatte aber letztlich der Bauer, denn die Zwerge gingen gleichfalls, und von nun an lag kein Segen mehr auf der Wirtschaft.

Die Zwerge identifizierten sich in einem Maße mit dem Hof, auf dem sie lebten, wie es der Besitzer selbst nicht intensiver hätte tun können. Zudem ersetzten sie den Nachtwächter.

»Droht des Nachts, wenn die Leute im Hause schlafen, irgendeine Gefahr, kommt der Niss still und freundlich, leicht und gelinde zu dem schlafenden Hausherrn, flüstert ihm, was die Sache betrifft, ins Ohr, dann erwacht er und kann Abhilfe bringen. Oftmals ist auf diese Weise ein Pferd, das sich ins Spannseil verwickelte und dem Ersticken nahe war, gerettet worden. Kühe sind auf ähnliche Weise auch gerettet worden, und wenn Diebe Einbruch versucht haben, ist der Tomte ihnen hinderlich entgegengetreten.«

Sehr interessant ist in diesem Zusammenhang, dass die meisten Nisse, Tomten oder Heinzelmännchen keineswegs imstande zu sein scheinen, aus Stroh Gold zu spinnen, oder, anders ausgedrückt, Wunder zu bewirken. Sie rackern sich ab, und wenn im Winter das Heu ausgeht, können sie nicht etwa Neues herbeizaubern. Nein, sie müssen zum Nachbarhof schleichen und dort welches »organisieren«, wobei es dann, falls sie vom Nachbarzwerg erwischt werden, ein wenig Zoff gibt. Sie sind nicht allmächtig, und

gegen höhere Gewalt, wie etwa eine Überschwemmung, können auch sie nichts ausrichten, so gern sie es vielleicht auch täten. Als sich bei einer Überflutung eine alte Frau mit knapper Not aus ihrem Haus retten konnte, blieben ihre zwei Kühe im Stall eingeschlossen. Als sie zurückkehren konnte, war die eine ertrunken, »die andere zwar am Leben, aber mittelst ihres Bandes über den Dachbalken gehängt. Da fing die Alte zu weinen an. Eine Stimme aus den Trümmern rief ihr entgegen: ›Freue dich, die eine ist dir übrig geblieben, ich war nicht imstande, mehr zu erretten!‹ Das war der Tomte.«

Abgesehen von seiner großen Stärke, die auch diese Geschichte wieder belegt, erscheinen die Hauszwerge mehr als winzige, überaus fleißige und treue Diener denn als Geister. Treu sind sie dem gegenüber, der sie nicht enttäuscht und ihnen ihre Hingabe mit Freundlichkeit und einem täglichen Tellerchen Grütze lohnt. Mit anderen liegen sie im Clinch, wie übrigens fast ständig mit dem Hofhund – und auch dies oft auf sehr irdische Art und Weise:

Auf einem Hofe dienten einst zwei Knechte; der eine war mit dem Gaardbuk in gutem Einverständnis, der andere benutzte jede Gelegenheit, ihn zu necken. Eines Abends nahm er ihm die Grütze weg. »Das werde ich dir vergelten!«, sprach der Niss, und in der nächsten Nacht hatte er oben auf das Dach eine Egge und auf deren spitze Zähne den Knecht gelegt. »Das werde ich dir gedenken!«, sprach der Knecht bei sich selbst, und so verstrich einige Zeit. Da bat einmal der zweite Knecht, welcher das Schneiderhandwerk gelernt hatte, den Gaardbuk, ihm nähen zu helfen. Ganz willig nahm dieser Nadel und Zwirn, suchte sich oben auf einem Heuschober Platz und fing seine Arbeit an. Plötzlich trat eine Wolke vor den Mond; ungeduldig sprach der Kleine: »Leuchte, leuchte hell!« Unten stand der andere Knecht und hieb ihm in der Dunkelheit einen Schlag mit dem Flegel über die Beine. Der Gaardbuk dachte aber, er habe den Mond beleidigt und sprach ganz kleinlaut: »Leuchte hell, leuchte dunkel, leuchte nur, wie du willst!« Diese Worte sind hier und dort eine Redensart geworden.

Meerzwerge

Der Klabautermann ist ein wackerer Geist,
Der alles im Schiff sich rühren heißt,
Der überall, überall mit uns reist,
Mit dem Schiffskapitän flink trinkt und speist,
Beim Steuermann sitzt er und wacht die Nacht,
Und im obersten Mast, wenn das Wetter kracht.

August Kopisch

Als klein und gedrungen werden sie überwiegend beschrieben, zuweilen mit roten Pausbäckchen, hellen und gutmütigen Augen, zuweilen aber auch mit einem großen feuerroten Kopf, grünen(!) Zähnen und weißem Bart. Mal sind sie wie ein Matrose gekleidet, mal nackt, mal in graue Kleider gehüllt. Die Rede ist von den Klabautermännern, die je nach Region auch Kalfater- oder Klabattermänner heißen, auf Schiffen zu Hause und nicht mit den holländischen *Kaboutermänneken* zu verwechseln sind. Letztere sind nämlich im Wesentlichen den Menschen wohlgesonnene Land- bzw. Hauszwerge, hilfreich, gutmütig und dankbar für kleine Gaben.

Vermutlich, so meint es zumindest der *Duden*, heißen die Klabautermänner so, weil sie durch Klopfgeräusche zum Kalfatern des Schiffes mahnen, falls sich irgendwo eine undichte Stelle zeigt.

Im Allgemeinen wird der Klabautermann als gutartig geschildert, und weitere Informationen gab vor vielen Jahren ein Einwohner der Insel Sylt:

»Solange ein solcher Schiffsgeist auf dem Schiffe und gut Freund mit der Mannschaft ist, geht das Schiff nicht unter und jede Fahrt gelingt; verlässt er es, so steht es schlimm. Alles, was am Tage auf dem Schiffe zerbrochen ist, zimmert er nachts wieder zurecht; er heißt darum auch der Klütermann. Er bereitet außerdem manche Arbeit für die Matrosen vor und verrichtet sie gar für sie. Ist er aber in übler Laune, macht er einen gräulichen Lärm, wirft mit Brennholz, Rundhölzern und andern Sachen umher, klopft an die Schiffswände, verrichtet manches, hindert die Arbeiter, ja gibt den Matrosen unsichtbar heftige Ohrfeigen. Von diesem Lärmen meint man, heißt er Klabautermann.«

Fragte sich manch einer zuvor vielleicht, was der Klabautermann in einem Zwergenbuch zu suchen habe, dürfte diese Charakterisierung als Antwort ausgereicht haben. Wir erkennen wesentliche Zwergeneigenarten wieder: Er ist hilfsbereit, fleißig und treu, solange er (durch Essen am Tisch des Kapitäns!) belohnt wird und die Menschen ihn nicht ärgern. Seine Gegenwart bewirkt Glück, seine Abwesenheit Unglück. Auch seine Necklust teilt er mit seinen Landbrüderchen und ebenso seine rachsüchtige Natur.

Auf einem Schiffe, welches zum Teil mit Sylter Seefahrern bemannt war, hauste einst ein Klabautermännchen. Es neckte auf alle Weise die Matrosen und störte sie nachts in ihrer Ruhe, blieb jedoch gewöhnlich unsichtbar. Nur einmal erschien es dem Schiffszimmermann. Dieser, ein beherzter Mann, ergriff sogleich ein Stück Brennholz und warf dasselbe nach dem Kobolde, welcher ganz die Gestalt eines kleinen dicken Männchens hatte. Er traf denselben so heftig, dass das eine Bein des Klabautermannes zerbrach. Was geschah aber? Tags darauf brach sich der Zimmermann durch eine ihm unsichtbar gestellte Falle ebenfalls ein Bein, und ein Hohnlachen, welches in demselben Augenblick aus dem Schiffsraum heraufschallte, machte es dem Schiffszimmermanne und der übrigen Mannschaft begreiflich, dass der Klabautermann Rache geübt habe.

Matrosen sind, wie jeder weiß, sehr abergläubisch. Noch im Ersten Weltkrieg fuhren, wie Joachim Ringelnatz (der ja selbst jahrelang zur See fuhr) schrieb, Schiffe nach Möglichkeit nicht an einem Freitag aus. Dann, so glaubte manch einer, gehört nämlich das Schiff dem Klabautermann, der wütend darüber ist, dass er an diesem Tag nicht in Ruhe gelassen wird. Also rächt er sich durch schlechtes Wetter und andere Widrigkeiten. Richtet man sich aber nach seinen Spielregeln, warnt er vor kommendem Unglück. Will man den Berichten glauben, stand manch Kapitän plötzlich ohne Mannschaft da, weil sie laute Klopfgeräusche oder starkes Poltern als eine schlimme Vorbedeutung erkannt und Hals über Kopf das Schiff verlassen hatte.

Ein Matrose will das mit feinen Stimmchen geführte Gespräch zweier Klabautermännchen gehört haben, die sich einmal im Hafen von Schiff zu Schiff unterhielten. Der eine erklärte düster auf die Frage des anderen, wie denn seine Fahrt verlaufen sei, er habe wahnsinnig viel um die Ohren gehabt. Und obendrein habe er das Schiff vor dem Untergang bewahren müssen. »Aber ich mag hier nicht mehr sein, der Kapitän und die Matrosen schreiben die schnelle und glückliche Fahrt allein ihrer Tüchtigkeit zu und vergessen mich. Heute Nacht verlasse ich das Schiff.« Der Matrose nahm augenblicklich seinen Abschied – und er tat gut daran. Das Schiff stach bald wieder in See, kam aber nie an seinem Bestimmungsort an.

Nachtaktiv und menschenscheu – Die Eigenheiten der Zwerge

Was tut er noch zum Dank?
Er putzt das Mondhorn blank.
Damit es silberrein
In meine Fenster schein.

Werner Bergengruen

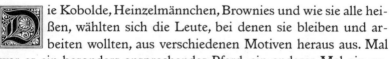ie Kobolde, Heinzelmännchen, Brownies und wie sie alle heißen, wählten sich die Leute, bei denen sie bleiben und arbeiten wollten, aus verschiedenen Motiven heraus aus. Mal war es ein besonders ansprechendes Pferd, ein anderes Mal ein gemütliches Haus, ein freundlicher Knecht oder Hausherr, ein ausnahmsweise netter Hofhund, ein warmer Heuboden oder liebevoll bereitgestellte Gaben (Grütze mit einem Klecks Butter obendrauf!), die sie anzogen. Zwar wurden von Seiten der Menschen zuweilen auch an Voodoo-Zauber erinnernde Beschwörungen mit geschlachteten schwarzen Hühnern ausprobiert, durch die die Zwerge angeblich gezwungen wurden, umgehend zu erscheinen, doch ging es auch einfacher und weit weniger schwarzmagisch. Eine badische Bäuerin lockte die Zwerge mit einer herzlichen, laut ausgesprochenen Einladung zum frisch gebackenen Zwiebelkuchen: »Kommet her, ihr Armen! Esset auch von dem Warmen!« Überhaupt genügte häufig der eigens für sie gedeckte Tisch, um sie zum Bleiben zu bewegen. Aber nicht immer sind sie so materialistisch eingestellt, und oft genug ging der Kobold zu jemandem, der ihn eigentlich gar nicht haben wollte.

Zwerge sind unaufdringliche und – sieht man von ein wenig Poltern und gelegentlichen nächtlichen Tanzfestchen ab – ruhige Untermieter. Da sie zudem im Wesentlichen nachtaktiv sind, wie die Igel, ka-

men sich die großen und die kleinen Hausbewohner auch selten in die Quere. Genau das war eine oft, wenngleich nicht immer ausgesprochene Bedingung der Zwerge: Sie wollten in Ruhe gelassen werden! Sie wollten weder überrascht noch belauscht noch heimlich beobachtet werden. Auf Neugier von Seiten der Menschen reagierten sie – günstigstenfalls! – mit unverzüglichem Abzug. Wer heimlich durch das Schlüsselloch schaute, riskierte es, dass ihm das Augenlicht genommen wurde. »Wie manchem Schuster oder Schneider«, schreibt eine Zwergenkundlerin, »der durchs Schlüsselloch den Zwergen bei der Arbeit zusah, wurde ein Auge ausgeblasen!« Blindheit ist eine der üblichen Strafen für solche Neugier, vor allem, wenn zuvor ausdrücklich ein Verbot ausgesprochen wurde.

Da die Menschen aber von Natur aus neugierig sind, verscherzten sie sich die Gunst der nächtlichen Helferlein allzu oft durch den unbezwingbaren Wunsch, sie zu sehen. Wer nicht durch das Schlüsselloch guckte, bohrte ein Loch in die Zimmerdecke, versteckte sich irgendwo, buk Kümmel ins Zwergenbrötchen oder streute Erbsen:

Neugierig war des Schneiders Weib
und macht sich diesen Zeitvertreib:
streut Erbsen hin die andre Nacht.
Die Heinzelmännchen kommen sacht:
Eins fährt nun aus, schlägt hin im Haus,
die gleiten von Stufen, die plumpsen in Kufen,
die fallen mit Schallen,
die lärmen und schreien
und vermaledeien.
Sie springt hinunten auf den Schall
mit Licht – husch, husch, husch, husch – verschwinden all'.
Oh weh, nun sind sie alle fort,
und keines ist mehr hier am Ort.

Die Neugier ist, wie hier im Gedicht von den Kölner Heinzelmännchen, einer der Hauptgründe, warum die Zwerge eine bestimmte Familie wieder verließen. Ein anderer ist fast ebenso häufig und wirkt auf den ersten Blick durchaus erstaunlich:

In einer Mühle stellten sich Zwerge ein, die dem Müller heimlich des Nachts an die Hand gingen und ihm seine viele Arbeit nicht unerheblich erleichterten. Der Müller wunderte sich zunächst sehr, als er dies und jenes am Morgen meisterhaft erledigt fand. Dann aber legte er sich eines Nachts auf die Lauer, um zu sehen, wer hinter der Sache steckte. Um Mitternacht erblickte er etwa zwölf Männchen, »kleiner noch als Zwerge«, mit grauen Bärten und in zerrissenen Kleidchen. Diese kleinen Dingerchen arbeiteten nun emsig wie die Ameisen, dass es eine Freude war, ihnen dabei zuzuschauen. Der Bauer aber freute sich sehr und fasste augenblicklich den Entschluss, sie mit neuen hübschen Kleiderchen zu belohnen.
Gesagt, getan. Als er wieder genügend Arbeit für sie beisammen hatte, legte er die Kleider deutlich sichtbar auf das Schlafbrett in die Küche und verzog sich wieder auf seinen Horchposten. Wie das letzte Mal kamen die kleinen Leutchen, doch wirkten sie längst nicht so fröhlich wie zuvor. Der Müller dachte bei sich, sie seien vielleicht mit dem Lohn nicht zufrieden und nahm sich vor, ihnen das nächste Mal noch schönere Sachen fertigen zu lassen. Da sah er, dass die Zwerge nach getaner Arbeit ihre alten Kleider aus- und die neuen anzogen und dann laut klagend verschwanden. Der Müller war sehr traurig und ließ sofort neue und weit schönere Kleider anfertigen, die Zwerge aber kehrten nie mehr zurück.

In anderen vergleichbaren Geschichten sagen die kleinen Kerlchen – oft, wie es ihre Art ist, in Reimen – traurig: »Da liegt nun unser Lohn, nun müssen wir auf und davon!« Eichstätter Zwerglein verkündeten hingegen prosaischer: »Ausgelohnt! Ausgelohnt! Haben wir doch so viel gearbeitet, und nun müssen wir schlenkern!« Am häufigsten war ein Kleider- oder Schuhgeschenk der Auslöser für eine solche Reaktion. Mutet das Wehklagen der Zwerge zunächst unverständlich an, wirken manche »Abschiedssprüche« regelrecht undankbar:

Die dänische Hausfrau, die in ihrer Truhe einen ganz außerordentlichen Vorrat feinen Mehles unbegehrt vorfand, bemerkte endlich, dass ihr ein kleiner

Hausgeist die Kiste damit aufs Fleißigste anfüllte, der übrigens mit einem zerlumpten Grankittel bekleidet war. Sie nähte ihm einen schönen neuen und legte ihn auf den Rand des Mehlfasses hin. Der wiederkehrende Hausgeist zog ihn alsbald an und ging wieder an sein Mehlsichten. Als er aber bemerkte, wie das Mehl staubte und sein Kleidchen bedeckte, warf er das Sieb hin und sprach:
»Der Junker ist geputzt, der Mehlstaub beschmutzt, mit dem Sichten ist's vorbei.«

Ein anderer Zwerg, der bei einem Bauern als Senne aushalf, warf sich, sobald er sich neu eingekleidet hatte, in die Brust und erklärte gravitätisch: »Und ein solcher Mann soll hirten gehen!«, und verschwand. Ähnliches äußerte ein Zwerg, der einem Schmied bei der Arbeit treu geholfen und diesen reich gemacht hatte, als er von ihm zum Dank ein goldbesticktes Wämslein erhielt. Ein Dritter schließlich, der in einer Mühle im Oberwallis aushalf, betrachtete sich in seinen neuen Kleidern selbstgefällig und sprach: »Jetzt bin ich ein schöner Mann, dass ich nicht mehr mahlen kann.«

Schließlich sei noch auf das Grimm'sche Märchen von den Wichtelmännern verwiesen. Hier freuen sich die kleinen Männlein sehr über das Kleider- und Schuhgeschenk, das ihnen die mitleidigen Schusterleute machen. »Mit der größten Geschwindigkeit zogen sie sich an, strichen die schönen Kleider am Leib glatt und sangen: ›Sind wir nicht Knaben glatt und fein? Was sollen wir länger Schuster sein!‹«

Derlei Sprüche ließen sich beliebig fortsetzen, doch mögen diese Beispiele ausreichen, um den Zwerg als eitel, undankbar und selbstgefällig abzuurteilen. Doch nein – das wäre ungerecht und verfrüht! Wie nämlich bereits andere vor uns erkannten, ist die erste Version, die der weinend abziehenden Wichtel also, sehr wahrscheinlich die authentischere. Sie wurde übrigens bereits in der Zimmern'schen Chronik (16. Jahrhundert) erwähnt, wo ein »Erdenmendle« in einer Tucherwerkstatt half und – ebenfalls gegen seinen Willen – mit einem schönen roten »Paretle« ausgelohnt wurde. Früher verstand jeder, der gleich den Zwergen in Diensten stand, den Grund für das Weinen sofort. Auch der oberpfälzische Müller, dessen Geschichte wir anfangs erzählt haben, wurde darüber aufgeklärt. »Später erst erfuhr er, wie man ihnen keinen höheren Lohn reichen dürfe, als drei Stückchen Brot auf die Bank hingelegt, damit sie nicht glauben sollen, man habe ihnen den Dienst aufgesagt und zahle sie aus.«

Erika Lindig, die eine Arbeit über die Hausgeister schrieb und dieses Motiv der Auslohnung zu Recht als absolut zwergenspezifisch bezeichnete, erklärt dazu: »Die Aufkündigung eines Dienstverhältnisses durch Kleidergaben hat einen realen sozialgeschichtlichen Hintergrund: Im 16. bis 19. Jahrhundert gab es vor allem im ländlichen Bereich die arbeitsrechtliche Sitte, Bedienstete oder Gesellen nicht nur mit Naturalien und Geld auszulohnen, sondern ihnen dazu auch neue Kleider und Schuhe zu geben. Den Menschen der Erzählungen ist diese Bedeutung nicht mehr bekannt; doch Zwerge sind aufgrund ihres hohen Alters nicht nur wissend und erfahren – sie haben vor allem auch ›altes‹ historisches Wissen.«

Ein weiterer Grund für den Abzug war daneben vermutlich der Vertrauensbruch, der darin bestand, die Zwerge belauscht und heimlich beobachtet zu haben.

In diesem Zusammenhang erwähnt sei noch die Geschichte eines englischen Brownies, weil sie ein wenig von den anderen abweicht. Das einst in Lincolnshire wohnende Zwerglein erhielt für seine treuen Dienste vom Bauern jedes Jahr ein leinenes Hemdchen. Damit war es wohl zufrieden, und alles war gut, so lange bis der Bauer starb. Sein Nachfolger wusste zwar von dem Arrangement mit dem Brownie, doch war er zu geizig, um an dem ausbedungenen Lohn festzuhalten. Er legte also, als das Jahr um war, dem Wichtlein nur ein aus grobem Sackleinen gewebtes Hemdchen hin. Da wurde der Brownie sehr zornig und rief:

»Rauer, rauer Rupfen! / Nie mehr werd ich haspeln, zupfen. / Hättst du Linnen mir gegeben, / Dient ich dir treu ein ganzes Leben. / Wohlstand weiche, komme Not, / Nimmermehr ess ich dein Brot!«

Wohl ebenso typisch für die Zwerge wie das Ausgelohntwerden sind, wie gerade auch hier wieder sehr deutlich, die gereimten Sprüche, die sie bei jeder Gelegenheit von sich geben. Keine anderen Geistwesen sind so fit im Reimen wie sie. Schön, den Nobelpreis würden sie wohl nicht dafür erhalten, dafür aber etliche Lacher. Gleich, in welchem Zusammenhang – ob beim Kuchenbacken, beim Schenken, beim Umziehen oder beim Verlassen eines Hauses – die Zwerge reimen: »Jetzt muss ich fort / Von diesem Ort / Lebt wohl für immer / ich komme nimmer.«

Oder, wie der traditonelle Brownie-Spruch in solchen Fällen lautet: »What have we here, Hempen, Hampen! / Here will I never more tread nor stampen« – etwa: »Was haben wir hier denn: Hanf und Rupfen! / Hier tu ich nie mehr einen Besen lupfen.«

Ein Schwarzwälder Zwerglein sagte bei einer ähnlichen Gelegenheit: »Kaufst du mir einen neuen Rock und einen Degen / Tu ich dir deine Ochsen nimmer pflegen.«

Das war jetzt fast einwandfreies Hochdeutsch, doch sie können auch anders, die Kleinchen, wie der berühmte Hinzelmann von Hudemühlen, der im 16. Jahrhundert auf dem Schloss Hudemühlen an der Aller sein Unwesen trieb und dessen Geschichte unter anderem auch Ludwig Bechstein erzählte. Er sagte also: »Ortgieß (so hieß der Schlossherr) lässt du mick hier gahn, / Gluecke schast du hahn. / Wultu mick aver verdrieven, / Unglueck warst du kriegen.«

Als ein württembergischer Müller einen Prügel nach einem Erdmännlein warf, rief dieses: »Hättst du den einiga Wurf net taun, / Deine Kindeskinder würdets gnossa haun.«

Auch wenn sie mal wieder ein totes Pferd oder trockenes Laub verschenkten und die Menschen diese Kostbarkeiten nicht achteten, setzte es sinnreiche Sprüche mit erhobenem Zeigefinger: »Je meh zerstrast / Je minder d'hast«, was auf gut Hochdeutsch in etwa bedeutet: Je mehr du verstreust, desto weniger hast du am Ende. Wie wahr!

Ebenfalls mit Zwergensprüchen hängt eine recht seltsame Geschichte zusammen, die in verschiedenen Regionen in unterschiedlichen Variationen vorkommt. Die Folgende stammt aus dem Ginanztal im Oberwallis:

In Eischol lebte eine Frau namens Selber, die tagsüber spann, während ihr Mann auf Verdienst ausging. Fast jeden Tag kam zu ihr ein Zwerg, der von ihr verlangte, dass sie ihm den Rücken kratze. Das wurde ihr schließlich so lästig, dass sie es ihrem Manne klagte. Dieser zog eines Tages die Kleider der Frau an und stellte sich hinter das Spinnrad. Das Spinnen aber wollte ihm nicht recht von der Hand, und da erschien der Zwerg und sagte: »Du spinsterlescht und spinsterlescht und windscht wenig a | mir scheint, mir scheint, du sigst e Ma!«

Da erwiderte der Angeredete: »Ich will dir den Rücken kratzen«, ergriff die Hechel mit den eisernen Borsten und kratzte ihm den Rücken auf und ab, dass der Zwerg aufschrie und seine Gefährten zu Hilfe rief. Als sie kamen und fragten: »Wer het der tan?«, da schrie er: »Selber, Selber!« Da sagten die Zwerge:

»Selber ta, Selber ha, blas dir selbst den Schaden ab!« In Zukunft ließ der Zwerg die Frau Selber in Ruhe.

Wir gehen einmal davon aus, dass der Inhalt des ersten kryptischen Zwergenverses ein Hinweis auf das wenig effektive Spinnen des Mannes und die wenig weibliche Identität desselben war. Doch Spruch beiseite: Es ist wahrhaftig eine ungewöhnliche und zu den sonstigen Zwergensagen nicht recht passende Geschichte. Dass Zwerge in dieser Weise etwas verlangen, ist schon sehr ungewöhnlich. Im Allgemeinen nämlich sind sie es, die geben, und zwar großzügiger als manch einer verdient hat.

Die Gaben des kleinen Volkes

Wie treu der Kobold dient als Sklav,
Der hingesetzt den Milchnapf traf,
Die Stuben fegt, die Schüsseln wäscht,
Und Korn mit dunklem Flegel dröscht,
Was zehn Arbeiter nicht vollendet.

umm war es also, ausgesprochen dumm, sich mit den Zwergen anzulegen. Denn abgesehen von ihrem buchstäblich sagenhaften Fleiß und ihren umfassenden Kenntnissen in Sachen schmieden, weben, müllern, schleifen, schneidern, strohflechten, backen, könnten sich die Menschen von ihrem Wissen eine Scheibe abschneiden: Sie kennen sich mit Heilpflanzen bestens aus; sie wissen bei Eheproblemen und Rechtsstreitigkeiten Rat; sie wissen besser als jeder Bauer, wann der richtige Zeitpunkt für Aussaat und Ernte gekommen ist; sie finden verlorene Gegenstände, weisen den Weg zu verborgenen Schätzen, können in die Zukunft schauen und darum rechtzeitig vor einem Unglück – sei es Krieg, Tod oder Unfall – warnen. Abwenden können sie ein solches Unheil zwar nicht, doch kann sich der Gewarnte rechtzeitig in Sicherheit bringen. Die Zwerge sorgen für das Haus, schützen und behüten es. Und als ob das noch nicht genügte, bedachten sie die Menschen in der guten alten Zeit obendrein mit höchst ungewöhnlichen Geschenken.

Fast immer machte solch ein Zwergengeschenk auf den ersten Blick, um es gelinde auszudrücken, nicht viel her. Kohlen und altes Laub gehören zu den häufigsten Zwergengaben, aber beliebt sind auch Glasscherben, Strohhalme, Steinchen oder Schafsköttel. Nichts davon gehört wohl zu den Dingen, die man sich schon immer sehnlichst gewünscht hatte. Aber hier ist – wie wir schon gesehen haben – der Spruch vom geschenkten Gaul, dem man nicht ins Maul schaut, mehr als angebracht. Ein Geschenk ist ein Geschenk und als solches unbedingt in Ehren zu halten, selbst wenn es stinkt, alt und scheinbar wertlos ist. Aber wir Menschen sind zumeist erstens undankbar und zweitens in keinster Weise uneigennützig. Wenn wir für jemanden etwas tun, wollen wir dafür angemessen bezahlt werden, oder wir schmollen eine Runde. Dazu gehört, dass wir die scheinbar nicht ausreichende Entlohnung in die Ecke pfeffern, wenn wir sie schon nicht dem Spender an den Kopf werfen können. Und genau das tun in den entsprechenden Sagen die meisten der von den Zwergen Beschenkten oder Entlohnten – und zwar ausschließlich zu ihrem eigenen Schaden. Die folgende Geschichte aus der Schweiz ist eine von unzähligen ähnlichen Inhalts.

In der Schweiz, im Fricktaler Jura, schnitten einmal zwei Schwestern Gras, da sah die eine, Walburga, eine dicke Kröte und wollte sie mit der Sichel köpfen. Die andere namens Ursula aber hielt sie davon ab. »Wer weiß«, sagte sie, »die ist so dick, vielleicht wird sie noch wollen, dass wir Taufpate werden.«
In derselben Nacht klopfte es bei Ursula ans Fenster. Ein kleines Erdmännchen stand vor ihr und bat sie, ihr Wort einzulösen und bei ihrem neugeborenen Kindchen die Kindstaufe zu halten. Das beherzte Mädchen folgte dem Zwerglein in seine unterirdische Wohnung, tat wie ihm geheißen war und vollzog an dem daumengroßen Baby in Anwesenheit vieler Zwerge die Nottaufe. Als sie das Kind seiner Mutter zurückbrachte, zog diese fünf Strohhalme aus ihrem Bettstrohsack und gab sie dem Mädchen. Außerdem schenkte sie ihr einen kostbaren Gürtel für ihre Schwester mit der Weisung, nur Walburga dürfe ihn tragen.
Kaum war Ursula wieder im Freien, als sie im Zorn über die lumpige Bezahlung vier der fünf Strohhalme fortwarf. Den Gürtel aber band sie um einen Birnbaum. In diesem Augenblick zerplatzte der Baum und zerfiel mitsamt dem Gürtel augenblicklich zu Asche. Erschrocken lief das Mädchen nach Hause und erzählte ihrer Familie, was ihr widerfahren war. Keiner glaubte ihr eine Silbe, bis sie hektisch in ihrer Tasche nach dem letzten Strohhalm kramte und fand, dass er zu purem Gold geworden war.

Immer erweist sich die anschließende reuige Suche nach den restlichen Strohhalmen, Steinchen oder Kohlen als vergeblich – oder aber die Dinge bleiben schlicht das, was sie waren. Ein Käse, ein Brot oder eine Spindel Flachs, die nie alle werden, wenn man stets einen Rest lässt – ebenfalls typische Zwergengeschenke –, werden regelmäßig doch ganz aufgebraucht, und das war's dann. Bleibt es dabei, können die unverdient Beschenkten noch von Glück sagen. In vielen Fällen nämlich erregt eine solche Undankbarkeit den Zorn der Zwerge. Allerdings bezähmen sie sich meist, wenn der oder die Betreffende ihnen zuvor einen Dienst erwiesen hat. Anders ist es, wenn sie von den Menschen um etwas gebeten wurden, wie etwa um ein Stückchen Kuchen, Käse oder ein Brot. Wird das nicht in Ehren gehalten, ergeht es dem Beschenkten anschließend oft ziemlich schlecht, denn Krankheit, Unfall oder gar der Tod sind die Folge.

In diesen eher an die graue Realität gebundenen sagenähnlichen Geschichten sind auch die Geschenke der Zwerge den Bedürfnissen der Menschen angepasst: Was arme Leute am ehesten brauchen, ist etwas zu essen oder Geld, und das bekommen sie, falls sie sich der Gabe würdig erweisen. Der Zwerg unterscheidet sich hier nicht wesentlich von den Menschen selbst, nur ist er reicher und kann ein wenig zaubern, indem er Strohhalme oder Schafsköttel in Gold verwandelt oder besagte nie endende Brot- und Käselaibe verschenkt. Doch hat er selbst zuweilen recht irdische Nöte, wie etwa das Problem mit der Kindstaufe zeigt. Er lässt sich den Bart einklemmen oder fällt in ein Loch und muss gerettet werden, ärgert sich über in seinen Schornstein tropfende Kuhjauche oder benötigt mal eben einen Braukessel von seinen irdischen Nachbarn.

Anders ist es mit eher märchenähnlichen Berichten beschaffen. Hier erscheint der Zwerg als allwissendes, tröstendes, ratgebendes Wesen, das sich, sofern sie es verdienen, der Armen und Bedrängten annimmt. Die jeweiligen »Kandidaten« werden häufig zuvor durch eine Frage oder eine Bitte auf die Probe gestellt. Getestet wird in der Mehrzahl der Fälle ihr Mitleid, ihre Selbstlosigkeit oder Freigebigkeit. Dabei bedienten sich die Zwerge in früheren Zeiten längst nicht immer ein und derselben Methode, und auch die »Größe« ihrer Bitte an die Testperson variiert außerordentlich. Manch Wunsch war mehr als einfach zu erfüllen. Ein Stückchen Brot, ein paar Erdbeeren abgeben oder ein Bündel tragen helfen stürzt einen nicht gerade in Existenznöte. Anders ist es schon, wenn man eben den Lohn für drei Jahre Arbeit in der Tasche froh nach Haus zum wartenden Mütterlein trägt, und da kommen auf einmal nacheinander Zwerge und verlangen das mühsam Verdiente. Oder man hat überhaupt nur ganz wenig Geld und soll das hergeben. Auch wenn man ein wirklich sehr guter Mensch ist, überlegt man es sich in der Regel doch dreimal, ob man einer solchen Bitte nachgibt.

In einem Märchen wird ein Müller durch den Grundbesitzer derart geschröpft, dass er schließlich auch noch seine letzte Kuh verkaufen muss, um das Pachtgeld aufzutreiben. Als er sie traurig zum Markt treibt, begegnet ihm ein Zwerg und fragt ihn, was er denn für Kummer habe. Der Müller klagt ihm sein Leid, und der Zwerg verlangt, er solle ihm seine Kuh geben. Dafür würde er von ihm ein kleines Fläschlein erhalten. Das brauche er nur auf den Tisch zu stellen und dazu zu sagen: »Fläschlein, tu deine Pflicht!«, dann würde er schon sehen. Auch wenn der Müller den Handel anschließend nicht zu bereuen hat, ist wohl verständlich, dass er zunächst der Sache nicht recht traut und erst nach einigem Hin und Her zu dem unvorteilhaft aussehenden Tausch bereit ist. Wenn das Männchen ein Betrüger gewesen wäre, hätte der Müller schließlich alles verloren.

Einfacher ist es da, wenn es lediglich gilt, eine Frage zu beantworten. Häufig erkundigt sich der Zwerg in dieser Art von Geschichten schlicht nach dem Wohin oder Woher und verlangt nichts weiter als eine wahrheitsgemäße höfliche Antwort. Kommt man ihm aber pampig oder herablassend oder tischt man ihm gar eine Lüge auf, hat man sich seine Gunst ein für allemal verscherzt, und in der Regel folgt die Strafe auf dem Fuß. In einem Grimm'schen Märchen versuchen drei Bauernbuben einer kranken Prinzessin Äpfel zu bringen, damit sie wieder gesund wird. Dem ältesten begegnet unterwegs ein kleines Männchen, das ihn fragt, was er denn in seinem Korb habe. »Froschbeine«, entgegnet der Rüpel, und für diese Lüge verwandelt der Zwerg seine schönen roten Äpfel in eben das genannte. Der zweite Bruder ist ähnlich unhöflich und erklärt auf die Frage, er habe Sauborsten im Korb – und genau das hat er anschließend auch. Der dritte aber gibt eine ehrliche Antwort, und der Zwerg wünscht ihm daraufhin, dass seine Äpfel wirklich die Prinzessin gesunden lassen – was natürlich prompt in Erfüllung geht.

Die Gaben solcher Märchenzwerge beschränken sich nicht auf lediglich Lebensnotwendiges, oft genug handelt es sich um richtige Zauberdinge, wie das erwähnte kleine Fläschlein, das stets einen mit allen nur erdenklichen Köstlichkeiten gedeckten Tisch hervorbrachte, magische Schlüssel oder Zauberbücher. In einer böhmischen Geschichte befreit ein Bergarbeiter ein Bergmännlein aus einem Stollen und bekommt dafür ein goldenes Hämmerlein geschenkt. Wann immer er damit gegen Gestein klopfte, fand er Gold.

Nach Art der Feen erfüllen die Zwerge gegebenenfalls auch drei Wünsche, die alles nur Vorstellbare betreffen können, wie beispielsweise einen Bogen, der alles trifft, oder eine Flöte, nach der jeder tanzen muss. In einem englischen Märchen wird neben den genannten beiden Wünschen auch ein doch sehr seltsamer dritter erfüllt: Die Stiefmutter von Jack soll von nun an immer krähen, wenn sie ansetzt, mit ihm herumzukeifen.

Eine krähende Stiefmutter ist vielleicht ein niedlicher, gewiss aber ein eher kleiner Wunsch, schließlich hätte Jack sie ja auch auf den Mond versetzen lassen können. Manch einer war aber noch weit bescheidener und wollte überhaupt nichts haben für einen geleisteten Dienst. In einer nordischen Saga begegnet der Held Thorstein einem urhässlichen Zwerg, der ihm verzweifelt erklärt, er werde »bersten und sterben«, falls Thorstein nicht seinen Sohn aus den Klauen eines Drachen errette. Ein Held ist kein Held, wenn er nicht mit einem solchen Problemchen fertig werden würde, und Thorstein kann dem Zwerg sein Kindchen lebendig rückerstatten. Als der Zwerg ihm überglücklich Gold und Silber anbietet, wehrt Thorstein stolz ab mit der Begründung, er sei es nicht gewohnt, sich für seine Dienste entlohnen zu lassen. Der Zwerg aber erklärt seinerseits, es sei »nicht hübsch«, wenn er ihm seine Hilfe nicht vergelten könne, und drängt ihm ein Hemd aus Schafswolle auf, das ihn nie ermüden ließe und vor jeder Verwundung schütze. Damit nicht genug, verehrt er ihm einen Stein, der ihn unsichtbar macht, und schließlich einen Feuerstein, mit dem er je nach Wunsch einen Hagelsturm, Sonnenschein oder aber Feuer herbeizaubern kann. Abschließend sagt er ein wenig betrübt, dass er nun nichts mehr habe, was er ihm noch schenken könnte. Thorstein bedankt sich bei dem Zwerg und kehrt nach Hause zurück. Der Bericht endet mit der lakonischen, man könnte auch sagen, typisch saga-coolen Bemerkung: »Es war besser für ihn, diese Reise gemacht zu haben, als zu Hause geblieben zu sein.« Wie wahr.

Häufig gab es seltsame – meist anschließend verschlampte – Zwergengeschenke, wenn ein Mensch einer Zwergin bei der Entbindung beistand oder die Nottaufe vollzog. Aber es kam auch umgekehrt vor, dass jemand einen Zwerg bat, bei einem neugeborenen Menschenkind Pate zu stehen. Hielten die frischgebackenen Eltern das unweigerlich gegebene Taufgeschenk, so seltsam es auf den ersten Blick auch erscheinen mochte, in Ehren, folgte irgendwann die freudige Überraschung.

In einer Sage aus dem Oberwallis erhält das Ehepaar von dem Zwergenpaten eine schlichte Wurzel. Wenn einst die Ernte missrate, so sagt der kleine Gast dazu, sollten sie dem Vieh jede Menge Futter hinwerfen, und jedes Familienmitglied sollte dann ein Stückchen von der Wurzel essen. Anschließend müssten sie im Heu ein Loch buddeln und sich darin warm zudecken und gemütlich schlafen legen. Jahre später gab es tatsächlich eine Missernte, und die Familie tat wie geheißen. Als sie endlich wieder aufwachten, war der Winter vorbei und die Wiesen grünten längst. So hatte sie der Zwerg vor dem Hunger bewahrt.

Solche Zwergengeschenke werden eher selten missachtet, denn der Zwerg weiß ja, entweder kraft seiner übersinnlichen Fähigkeiten, aufgrund eines zuvor durchgeführten Tests oder aber wegen freiwilliger, aus Mitleid geleisteter Hilfe, dass der Beschenkte »gut« ist. Daher wird sein Schicksal zuweilen weiterhin von seinem winzigen Gönner im Auge behalten oder gelenkt, indem er ihm in der Not beisteht oder ihn mit seinen magischen Fähigkeiten aus einer Notlage errettet oder ihm in einer schwierigen Situation mit seinem vorausschauenden weisen Rat den richtigen Weg weist.

Anders als die Elfen, die es auch dann ernsthaft übelnehmen, wenn man eines ihrer Geschenke rein zufällig verliert oder sich stehlen lässt, sind die Zwerge offenbar gerechter, wenn man das so sagen kann. Ein Bergmann aus Clausthal erhielt einmal von einem Zwerg eine »Goldzacke«, mit der Weisung, ihm Bescheid zu geben, falls sie ihm jemand klauen sollte. Als eines Tages genau das passierte und der Bergmann dem Zwerg davon berichtete, drehte dieser dem Dieb kurzerhand den Hals um und brachte seinem Schützling die Zacke zu-

rück. »Davon ist er denn so reich geworden, dass er sein Leben lang genug gehabt.«

Im Allgemeinen genügt aber das richtige Geschenk zum richtigen Zeitpunkt, um einem Menschen oder einer Familie dauerhaft wieder auf die Beine zu helfen. Der Zwerg übernimmt hier die Funktion einer guten Fee, die immer dann in das Schicksal der Menschen eingreift, wenn es unbedingt Not tut, wenn man einfach nicht mehr weiterweiß. So erging es auch einem flämischen Mädchen, das Kräuter für den kranken Bruder erhielt, und in der folgenden Geschichte einer Schweizerin:

Der Vater der jungen Magdalena war gestorben, und ihre Mutter lag gichtkrank zu Hause im Bett. Die Tochter ging, als sie nicht mehr ein und aus wusste und nichts mehr zu essen im Haus war, endlich zu einem Verwandten und bat um Hilfe, doch der wies ihr schlicht die Tür, und so musste sie bei schwerem Unwetter durch den Wald zurücklaufen. Unterwegs kehrte sie traurig bei einem jungen Mann ein, den sie schon lange liebte. Er schenkte ihr mitleidig seinen letzten Käse, und als der Regen aufhörte, machte sie sich wieder auf den Weg nach Hause. Auf dem glitschigen Gras rutschte sie aber aus, und der Käse rollte ihr aus der Hand in den Abgrund. Verzweifelt suchte und suchte sie danach, bis die Nacht hereinbrach und plötzlich ein kleines graues Männchen vor ihr stand. Es hielt in der einen Hand ein Stück von dem ver-

lorenen Käse und in der anderen ein Bündel Kräuter. »Fürchte dich nicht«, sagte der Zwerg freundlich zu Magdalena und erzählte ihr, wie er sie habe weinen sehen. Er gab ihr die Kräuter mit der Weisung, sie ihrer Mutter zu verabreichen, und auf den Käse solle sie ebenfalls gut aufpassen und keine Sprünge mehr machen. Damit verschwand das Männchen. Als Magdalena zu Hause ankam, war der Käse zu Gold geworden, sie konnte nun ihren Liebsten heiraten, und die Mutter wurde wieder ganz gesund. Das Haus des hartherzigen Verwandten aber wurde kurz darauf bei einem Unwetter verschüttet, er selbst schwer verletzt und er musste fortan bettelnd im Land umherziehen.

Sie lieben den Adel

> Doch siehe! da stehet ein winziger Wicht,
> Ein Zwerglein so zierlich mit Ampelen-Licht,
> Mit Redner-Gebärden und Sprecher-Gewicht,
> Zum Fuß des ermüdeten Grafen,
> Der, schläft er nicht, möcht er doch schlafen.

Johann Wolfgang von Goethe

Die vielen, vielen Geschichten um Gaben der Zwerge vermitteln im Allgemeinen das Bild eines allen Schichten des Volkes gleichermaßen gewogenen Wesens. Ob nun Schuster oder Schmied, Schneider, Bäcker oder Hirte, ihnen allen hilft der Zwerg mit seinen Geschenken – oder versucht es wenigstens.

Es ist allerdings auffallend, dass unter den Beschenkten recht viele Adlige sind, die nicht mal eben nur ein paar Kohlen oder einige Strohhalme verehrt bekommen, sondern meist gleich mehrere Gaben, von deren respektvoller Behandlung das Glück ihres Geschlechts abhängt.

Das Interessante an diesen Geschichten ist, dass sie einerseits ganz klar in den Bereich der Sagen gehören, da es sich fast immer um ein namentlich genanntes Adelshaus oder Geschlecht dreht; oft wird sogar der genaue Wohnort erwähnt. Andererseits handelt es sich bei den Geschenken des jeweiligen Zwerges sehr oft nicht etwa um Goldstücke oder ähnlich handfeste Dinge, mit denen sich eine Burg oder eine

Schafherde oder was ähnlich Konkretes kaufen ließe, sondern um wunderbar zauberumwobene Gegenstände, die – samt der dazugehörigen Rahmenhandlung – eigentlich eher in den Bereich des Märchens gehören.

Um die Mitte des 17. Jahrhunderts lebte in Nievern im Hessischen eine Frau von Marioth. Als eines schönen Tages, gerade vor dem 1. Mai, ihr Mann verreist war, öffnete sich, als sie schlief, ihre von ihr zuvor fest verschlossene Zimmertür, und sie erwachte von einer großen Helligkeit. Neben ihrem Bett stand eine Zwergenfrau mit einer Laterne in der Hand. Sie bat sie inständig, bei der Geburt eines Fürstenkindchens zu helfen.

Frau von Marioth zog sich daraufhin rasch an und folgte dem kleinen Frauchen in einen unterirdischen Palast, wo sie der Zwergenfürstin erfolgreich dabei half, ihr Kind zur Welt zu bringen. Es war aber, wie sie feststellte, ein urhässliches Baby mit einem greisenhaften Gesichtchen. Die Fürstin bedankte sich herzlich bei ihr und gab ihr einen kleinen Ring. Dazu sprach sie: »Am nächsten Johannisabend, wenn die Sonne eben untergehen will, findet Euch zu Weinähr am Fuß des Silberberges ein mit dem Ringlein am Finger und steigt den Pfad hinauf bis zur Stelle, wo Ihr einen Raben und zwei Habichte im Streit um eine tote Taube treffen werdet. Diese Stelle merkt Euch wohl, denn sie birgt Euer Patengeschenk. So lange der Ring unverletzt in Eurem und Eurer Nachkommen Gewahrsam bleibt, so lange wird das Glück euch begleiten.«

Frau von Marioth und ihr Mann, dem sie nach seiner Rückkehr von der seltsamen Begebenheit erzählt hatte, waren zwar sehr skeptisch, was diese Verheißung anging, dennoch gingen sie am Johannisabend zu dem bezeichneten Ort. Als sie dort tatsächlich einen Raben mit zwei Habichten um eine Taube streiten sahen, steckten sie an genau der Stelle einen Stock in die Erde und kehrten am nächsten Tag mit geeignetem Werkzeug dorthin zurück, um zu graben.

Zu ihrem großen Erstaunen stießen sie auf eine Silberader, die sich als so ergiebig erwies, dass sie ein halbes Jahrhundert lang in Reichtum schwelgen konnten. Nach ihrem Tod aber teilten sich drei Kinder in das Erbe, und als wider den ausdrücklichen früheren Wunsch der Eltern der Jüngste auch den Ring teilen ließ, war es mit dem Glück der Familie vorbei. Die Silberader versiegte, und die von Marioths verarmten.

So wie hier handeln viele andere Erzählungen davon, dass der Rat des Zwerges nicht beherzigt und das Unglück eines Geschlechts mit einer solchen Verbaselung des Geschenks erklärt wird. Auch ist der Auslöser einer Zwergengabe, wie bei Frau von Marioth, häufig eine Gefälligkeit, die zuvor von den kleinen Wesen erbeten worden war. Ein Graf zu Hoya wurde beispielsweise von einem kleinen Männlein ersucht, ihm und den Seinen für die Nacht seinen Saal zum Feiern zur Verfügung zu stellen und die Diener schlafen zu schicken, damit niemand etwas davon mitbekäme. Der Graf wurde für seine Großzügigkeit mit einem Schwert, einem »Salamanderlaken« und einem goldenen Ring mit einem eingravierten roten Löwen belohnt. Diese Dinge müssten, damit sie dauerhaft Glück brächten, aber stets beieinander bleiben und verwahrt werden. Der rote Löwe, hieß es, würde jedes Mal erbleichen, wenn einer seines Geschlechts sterben sollte. Nach einer langen Zeit des Wohlstands kommen zwei der Gegenstände mit traurigem Resultat für die gräflichen Nachkommen eines Tages abhanden, und wo sich der Ring jetzt befindet, so schließt die von den Brüdern Grimm aufgezeichnete Sage, weiß man nicht.

Auch beim Wohl und Wehe eines holsteinischen Adelsgeschlechtes spielten Zwergengaben eine Rolle. Die Ahnfrau derer zu Ranzau erhielt nämlich, weil sie einer Zwergin bei der Geburt beistand, drei hölzerne Stäbe, mit denen eine Auflage verbunden war. Sie sollte sie zunächst unter ihr Kopfkissen legen, woraufhin sie sich in Gold verwandeln würden. Aus diesem Gold sollte sie dann fünfzig Rechenpfennige, einen Hering und eine Spindel fertigen lassen. Sie dürfe aber mit niemandem außer ihrem Mann darüber sprechen.

Sie werde drei Kinder gebären. Dasjenige, welches den Hering erhalte, werde, samt seiner Nachkommenschaft, so sagte die Zwergin weiter, viel Kriegsglück haben, der Sohn mit den Pfennigen und die Seinen würden hohe Ämter bekleiden, und die Tochter mit der Spindel würde viele Kinder bekommen. Wie sie gesagt hatte, so geschah es auch. Und solange die Nachkommen ihre Geschenke gut bewahrten, war das Geschlecht gesegnet.

Von der Burg Scharfels im Harz heißt es, ein Kobold habe mit großer Zuneigung an der dort wohnenden gräflichen Familie gehangen. »Wenn derselben irgendein fröhliches Ereignis bevorstand, sah man den Kleinen in hellgrauem Gewande auf den Zinnen, Dächern und Treppen lustig herumtanzen. Drohte aber ein Unglück den Burgbewohnern, so schlich er trübe und finster durch die Gänge des Schlosses.«

Schon im 14. Jahrhundert wird von der engen Beziehung zwischen dem Zwergenkönig Goldemar und dem Grafen Neveling von Hardenberg auf der Burg Hardenstein berichtet. Der Kleine trank (siehe Abb. S. 100) und würfelte mit dem Grafen, schlief oft bei ihm im Bett und spielte für ihn auf der Harfe. »Neveling pflegte er Schwager zu nennen und ihn oft zu warnen, er redete mit allen Leuten und machte die Geistlichen schamrot durch Entdeckung ihrer heimlichen Sünden.« Außerdem half er dem Grafen drei Jahre lang mit Rat und Tat, woraufhin er – »ohne jemanden zu beleidigen«, wie es bei Jacob Grimm in einer der zahlreichen Versionen der Geschichte heißt – auf Nimmerwiedersehen verschwand.

Von derlei Geschichten ließen sich noch beliebig viele anführen, doch dürften diese genügen, um die Beziehung zwischen Adligen und Zwergen zu belegen.

Betrachtet man die Sache zunächst von der adligen Seite aus – und geht man einmal davon aus, dass solche Sagen nach rationalistischem Verständnis ohnehin größtenteils erstunken und erlogen sind –, könnte man sich fragen, warum man ausgerechnet Zwerge dafür bemühte. Wäre es aus der Sicht eines mehr oder weniger blasierten, jedenfalls auf sich und sein Geschlecht stolzen Grafen nicht naheliegender gewesen, in einem solchen Fall zu Feen oder Engeln zu greifen, die der Ahnherrin etwa bei der Geburt ihres Erstgeborenen drei Wünsche gewährten? Es würde sich doch weit besser machen, wenn man später erzählen könnte, das Glück der Familie beruhe auf einem Feengeschenk als auf der Gabe eines hässlichen kleinen Zwerges – oder?

Und die Seite der Zwerge ist auch nicht recht zu verstehen, denn sie wirken doch ziemlich volkstümlich. Außerdem dürften sie doch so gescheit sein zu wissen, dass eine Hebamme oder eine tüchtige Bäurin mehr von der Geburtshilfe versteht als eine vornehme Dame, die nicht einmal ihr eigenes Kind selbst säugt. Andererseits waren aber in früheren Zeiten adlige Damen oft wegen ihrer Mildtätigkeit bekannt. Sie halfen den Armen ihres Kirchspiels mit Rat und Tat und kannten sich daher vielleicht auch mit hochschwangeren Frauen aus. Außerdem waren, wie berichtet, etliche der schwangeren Zwergenfrauen gleichfalls adlig und legten vielleicht deshalb Wert auf blaublütige Ammen. Genaues aber weiß man nicht, und so sollte und muss man sich mit der Feststellung der Tatsache begnügen, dass Zwerge und Adlige aus welchem Grund auch immer offenbar eine Affinität zueinander hatten – früher jedenfalls.

DIE ZWERGE UND DIE GÖTTER

Zürnt und brummt der kleine Zwerg,
Nimmt er alles überzwerch.

ienstag, der Tag des Ziu, Donnerstag, der Tag des Donar oder Thor, und Freitag, der Tag der Freija, erinnern uns im Grunde ständig daran, dass es in unseren Breiten früher um die Oberwelt anders bestellt war als heutzutage. Die Götter der damaligen Zeit waren durchaus nicht immer lieb und freundlich, sondern, will man den vielen Geschichten über sie Glauben schenken, oft rachsüchtig, eitel, herrschsüchtig, hinterfotzig und eifersüchtig. Und manche von ihnen hatten noch etliche weitere höchst unerfreuliche Eigenschaften. Allen voran Loki, der kleine nordische Stinkstiefel.

Und hier sind wir wieder bei den Zwergen angelangt, denn die Götter, allen voran Loki, hatten eine ganze Menge mit ihnen zu tun. Erinnern wir uns zunächst daran, dass der *Edda* zufolge die Zwerge wie Maden aus dem Fleisch des Urriesen Ymir, das heißt aus der Erde, entstanden und fortan eine Zeitlang eine nicht unwesentliche Rolle spielten. Einige von ihnen, die kräftigsten, müssen sogar bis ans Ende der Schöpfung die Himmelskuppel tragen. Die übrigen aber lebten von nun an in Mitteierde, wo sie sich mit ihren Künsten, vor allem dem Schmieden von Waffen und Schmuck, befassten.

Anders als in späteren Zeiten, wo sie guten Menschen freiwillig von ihren magischen Schätzen abgaben, waren sie damals offenbar nicht ohne weiteres geneigt, andere, das heißt konkret die Götter, an ihren Wunderwerken teilhaben zu lassen. Wollte man etwas, so musste man ihnen, und das passt eigentlich überhaupt nicht zum Charakter der Zwerge, wie er uns späterhin überliefert ist, regelrecht und buchstäblich um den Bart gehen. Oder aber, und das war natürlich die Methode des kleinen Stinkstiefels, sie austricksen, nachdem man sie zuvor mit Wetten-dass-Spielchen zu Höchstleistungen angespornt hatte.

Loki also hatte eines Tages zufällig die schlafende Sif gesehen, Thors wunderschöne, goldblonde Gemahlin, und sofort war ihm eingefallen, wie er hier ein wenig Unheil stiften könnte. Er zog seinen Dolch und schnitt ihr ratzfatz die Locken ab, und zwar bis an die Kopfhaut. Dann zog er sich diskret zurück und feixte dämlich vor sich hin, bis Thor auf der Bildfläche erschien, sich den Bösewicht griff und ihn gründlich durchschüttelte. Loki (der sich das vorher hätte denken können) brüllte um Gnade und versprach, den Schaden umgehend wieder gutzumachen. Die Einzigen aber, die in einer solch heiklen Angelegenheit wirklich helfen konnten, waren die Zwerge.

Loki beschritt die regenbogenartige Brücke, die Asgard, das Reich der Götter, mit dem der Zwerge und Menschen, Midgard oder Mittelerde, verband und suchte sich seinen Weg durch Höhlen und finstere Gänge, bis er die zwei kunstreichsten Schmiede, Ivaldis Söhne, fand. Die jedoch hatten keinerlei Interesse an der Arbeit, die Loki ihnen vorschlug, und lehnten gleichmütig ab. Nun musste er also dazu übergehen, ihnen Honig ums Maul zu schmieren, so à la: Die Götter würden begeistert sein, Ruhm und Ehre und so weiter. Na, und die Zwerge waren auch nur Menschen und ließen sich schließlich breitschlagen. Sie fertigten also Fäden aus feinstem Gold, so dünn wie Haar und obendrein mit magischer Kraft gesegnet: Als die Zwerge sie schließlich Loki übergaben, erklärten sie ihm, auf die Kopfhaut gelegt, würden sie sofort Wurzeln schlagen und wachsen.

Die eitlen Zwerge freuten sich über Lokis Sprachlosigkeit und wollten ihm nun zeigen, wozu sie außerdem noch fähig wären. So schmiedeten sie ein Kriegsschiff mit Masten, Segeln und allem Drum und

Dran, Skidbladnir genannt, das sämtliche Götter einschließlich deren Waffen aufnehmen konnte. Doch auch das Schiff hatte seine magische Seite, wenn man so will, denn es konnte zusammengefaltet werden, bis es so klein war, dass es in die Hosentasche passte. Damit nicht genug, fabrizierten die beiden Zwerge auch noch einen Speer, Gungnir mit Namen, den weder Wind noch Geister von seinem Ziel ablenken konnten.

Als Loki diese Schätze sah, überschlug er im Geiste rasch, welchen Erfolg er damit bei den Göttern haben würde, und vermutlich machte er sich insgeheim über diese einfältigen Zwerge lustig, die ihm nur aufgrund von Schmeicheleien solche Kostbarkeiten verehrten. Außerdem beschloss er, die einen gegen die anderen kleinen Schmiede auszuspielen, damit er vielleicht noch etwas Hübsches mit nach Haus bringen könnte; denn genug ist schließlich nie genug.

Er nahm seine Schätze und machte sich auf zu einem weiteren Zwergenbrüderpaar, Brokk und Sindri, die in einer anderen Gegend lebten. Ihnen zeigte er Haare, Speer und Schiff und sagte großspurig: »Ich verwette meinen Kopf, dass ihr es nicht fertigbringt, drei ebenso schöne Dinge zu schmieden.«

Die beiden Zwerge, die das, selbstbewusst, wie sie waren, natürlich nicht auf sich sitzen lassen konnten, nahmen die Wette an. Aus Eisen, Gold und einer Schweinshaut schufen sie einen Eber mit goldenem Fell, der – o Wunder der Magie! – zum Leben erwachte und schnaubend am Feuer stand. Außer seinen goldenen Borsten hatte Gullinbursti noch andere Qualitäten. Seinen späteren Besitzer trug er so schnell wie der Wind über Land und Wasser und leuchtete dabei selbst im Dunkeln hell wie der lichte Tag.

Noch während der Eber in Arbeit war, wurde es Loki ein wenig mulmig zumute. Er fürchtete, er könnte wider Erwarten seine Wette verlieren, und hielt es für besser einzugreifen. So verwandelte er sich unauffällig, während die beiden Zwerge versunken arbeiteten und nicht auf ihn achteten, in eine dicke fette Pferdebremse und fiel den nichtsahnenden Brokk an, um ihn abzulenken. Der fluchte allerdings nur und setzte seine Arbeit am Blasebalg unbeirrt fort.

Als die Brüder ihr zweites Kunstwerk in Angriff nahmen, versuchte Loki noch einmal sein Glück als Bremse und stach Brokk kräftig in den Nacken. Auch diesmal hatte seine hinterfotzige Tat keinen Erfolg, und im Feuer entstand ein wunderschöner Armreif, Draupnir, dem die Schmiede die Gabe verliehen, in jeder neunten Nacht weitere identische Armreifen zu »gebären«.

Loki, immer noch als Bremse, war inzwischen recht verzweifelt. Sein Kopf war ihm lieb und teuer, und er hätte ihn eigentlich nur höchst ungern verloren. So flog er, als das nächste Eisen für das dritte Zwergenkleinod im Feuer war, entschlossen auf Brokk zu und stach ihn mit aller Kraft in ein Augenlid. Der Schmied fuhr sich automatisch mit der Hand ins Gesicht und ließ dabei den Blasebalg los. Sein Bruder schnauzte ihn wütend an und erklärte, nun sei die Arbeit verdorben. Zufrieden nahm Loki wieder seine wahre Gestalt an und lächelte, als Sindri einen klobigen Hammer aus dem Feuer zog.

Brokk wandte sich an den Gott und warnte ihn, diese Waffe, Mjöllnir, geringzuschätzen, auch wenn, einer lästigen Bremse wegen, der Stiel etwas zu kurz geraten sei. Sie würde alles, aber auch absolut *alles* zerschmettern, auf das sie träfe; sie würde niemals entzweigehen, könne nach Belieben verkleinert werden und würde außerdem immer in die Hand dessen zurückkehren, der sie geworfen hätte.

Zusammen mit Loki, der die Schätze der anderen Zwerge trug, ging Brokk nun nach Asgard, um festzustellen, welche von allen geschmiedeten Kostbarkeiten die Götter am höchsten schätzen würden. Odin, Thor und Freyr saßen auf ihren Richterstühlen und ließen sich beschenken. Odin erhielt Gungnir und den Ring, Freyr das Schiff und den Eber und Thor das Haar für Sif und den Hammer. Die Götter beratschlagten untereinander und kamen dann überein, der Hammer sei eindeutig das beste Geschenk. Damit hatte Loki seine Wette verloren und für ihn hätte es jetzt heißen müssen: Kopf ab!

Aber Loki wäre nicht Loki, wenn ihm nicht ein Ausweg eingefallen wäre. Als Brokk schon seinen Dolch zog, um ihm den Kopf abzuschneiden, rief er: »Halt! Du hast nur den Kopf gewonnen, nicht aber meinen Hals!«

Das stimmte leider, und der Zwerg hatte das Nachsehen. Ganz ungeschoren kam Loki allerdings nicht davon, denn Brokk nähte ihm wenigstens, damit er ein für allemal den Mund hielt, die Lippen zusammen.

Wie man sieht, schufen die Zwerge ihre magischen Wunderwerke nicht um irgendeines materiellen Lohnes willen – sie taten es ausschließlich, um von den Göttern gelobt zu werden. Gold und Geld hatten sie in ihren Höhlen genug. Vielleicht langweilten sie sich auch dabei, einfach so auf Vorrat vor sich hinzuschmieden. Jedenfalls waren die kostbaren Geschenke, die Loki mit seinen Schmeicheleien an Land zog, kein Einzelfall.

Wenn Not am Mann war, vertrauten die Götter auf die Zwerge – auf ihre Kunstfertigkeit und ihre Weisheit und darauf, dass sie beides bereitwillig in ihre Dienste stellen würden.

Ein solcher Notfall trat ein, als der Fenriswolf – ein gigantisches, heimtückisches, blutrünstiges Vieh, das Loki mit einer Riesin gezeugt hatte – herangewachsen war. Die drei Nornen, düstere Feen, weissagten, dass das Raubtier einst die ganze Schöpfung vernichten werde. Die höchst beunruhigten Götter versuchten den Wolf daraufhin vergeblich mit schweren Ketten (die übrigens sämtlich einen Eigennamen erhielten) zu fesseln. Der Wolf dachte (wie es in der jüngeren *Edda* heißt) bei sich, dass er schließlich, wenn er berühmt werden wolle, einige Gefahren auf sich nehmen müsse, und ließ sich jedes Mal freiwillig einwickeln: ein Ruck, und er war wieder frei. Die Götter verzweifelten allmählich und schickten endlich einen Abgesandten zu den Zwergen nach Schwarzalfenheim. Die hörten sich das Problem an und machten sich unverzüglich an die Arbeit. Was dabei herauskam, war ein Band, Gleipnir mit Namen, das aus sechs geheimnisvollen Dingen bestand: »Dem Schall eines Katzentritts, dem Bart der Weiber, den Wurzeln der Berge, den Sehnen der Bären, der Stimme der Fische und dem Speichel der Vögel.«

Dieses Band nun, das sich weich anfühlte wie Seide, wollte sich der Wolf nicht mehr so einfach umlegen lassen, denn er hatte was geschöpft? Genau, Argwohn. Solch ein feines Ding *musste* ja magisch unterfüttert sein, sonst hätten die Götter gar nicht erst versucht, ihn damit zu fesseln. Erst als sie ihn der Feigheit bezichtigten und der heldenhafte Tyr – der einzige der Götter, der sich traute – sich erbot, dem Wolf als Pfand solange seine Hand in den Rachen zu legen, willigte das Ungeheuer schließlich ein.

Das Band wurde ihm umgelegt, und sobald er damit gefesselt war, wurde es hart wie Stein, und so sehr sich der Wolf auch anstrengte und herumtobte, er konnte es nicht zerreißen. »Da lachten alle«, heißt es in der *Edda* lakonisch, »außer Tyr, denn er verlor seine Hand.«

Wir sagten schon zu Anfang des Kapitels, dass die germanischen Götter nicht unbedingt Engel waren, durchaus nicht lieb im Sinne unseres »lieben Gottes« (der allerdings auch nicht immer diesem Attribut gerecht wird). Thor beispielsweise, an und für sich einer der anständigen, aufrecht-mannhaften unter ihnen, konnte zuweilen ein rechtes Biest sein. Er trieb mit dem armen Zwerg Alwis, der seiner Tochter als Mann versprochen war, ein böses Spiel. Jeder ehrliche, menschliche oder göttliche Vater hätte den Dingen ihren Lauf gelassen und den Kleinen, dessen Name »Allwissend« schon darauf hinweist, wie klug er war, die Tochter zur Frau gegeben. Nicht so Thor. Er vertraute darauf, dass Zwerge, mehr noch als weise, vor allem ehrgeizig sind. Fordert man sie heraus, müssen sie unbedingt zeigen, was sie können.

Thor verlangte also innerlich zornig, nach außen aber vermutlich schleimig freundlich von seinem kleinen hässlichen Gast, der just angekommen war, um seine Braut zu holen oder (nach einer anderen Überlieferung) mit ihr sogar soeben Hochzeit feierte, er möge ihm doch zuerst ein paar Fragen beantworten. Wenn er auf alles eine Antwort wüsste, würde er die Tochter bekommen. Alwis setzte sich – begierig zu zeigen, was er draufhatte – zu seinem Schwiegervater in spe, und sie fingen an zu plaudern. Der eine fragte ihn über Gott und die Welt aus, der andere konnte ihm über alles, was er wissen wollte, Auskunft geben. So verbrachten sie Stunde um Stunde, und der Zwerg vergaß vollkommen, dass dabei die Nacht verrann. Dazu muss man nun wissen, dass – wenigstens die nordischen – Zwerge, wie schon die *Edda* berichtet, erstarren, sobald ein Sonnenstrahl sie trifft. Noch heute ist dieser Glaube (insbesondere in Bezug auf die Trolle) weit verbreitet und hat sich in die Fantasy hinübergerettet. Daher gibt es in Island und Skandinavien auch Felsformationen, von denen man früher glaubte, sie seien ehemalige Zwerge, die von der Sonne getroffen worden waren. Darauf also hatte Thor spekuliert, weil er nicht die geringste Lust hatte, seine schöne Tochter einer derart hässlichen Kreatur zu geben. Als nun Alwis gerade mit einer Antwort fertig war und Thor ihn für seine Weisheit ausgiebig lobte, kam der allererste Sonnenstrahl über den Horizont, und der unglückliche Zwerg erstarrte zu Stein.

ECHTE GIFTZWERGE

Bei einem alten Bäuerlein
Da wohnt ein kleiner Kobold ein
Derselbe sinnt bei Nacht und Tag,
Wie er den Alten plagen mag.

ordwestlich von Bodenstein erhebt sich der klippenreiche Steinberg. Dort war sonst am Ostersteine eine Höhle. Darin hausten in uralter Zeit viele Zwerge, deren König Wehrkop hieß. Sie waren aber voll Bosheit und trieben allerlei Schabernack. Wenn sie des Nachts aus ihren Spalten und Löchern hervorkamen, so setzten sie ihre Hüte auf und machten sich unsichtbar. Dann gingen sie auf das Feld der Bodensteiner, mit denen sie in der größten Feindschaft lebten, und zertraten und vernichteten den Dorfleuten die Feldfrüchte.

Es gibt eine ganze Reihe von Sagen, die Ähnliches über die Zwerge zu berichten wissen. Auch über die Hauskobolde sind früher teilweise recht schlimme Geschichten in Umlauf gewesen. Häufig soll es so gewesen sein, dass sie es auf bestimmte Menschen oder auch Tiere abgesehen hatten und ihre Opfer dann unausgesetzt mit ihrem Hass verfolgten, der sich in psychischen wie in physischen Angriffen äußern konnte.

Etliche solcher Zwerge sind sogar aktenkundig geworden. Einer von ihnen war das so genannte Walsermännle, das im Walsertal lange Zeit sein Unwesen trieb. Im Jahr 1772 nahm es bei einer Witwe seinen Aufenthalt, stahl ihr die Milch, störte alle bei der Arbeit, blies in die Pfannen, dass das Essen nur so herausspritzte, und bewarf die Leute, wenn sie sonntags in die Kirche gingen, mit Sand und Steinen. Bei anderen zerbrach es Fensterscheiben und versetzte Hausbewohner durch lautes Klappern mit den Fensterläden in Angst und Schrecken.

Ganz besonders aber hatte es ein Kind auf dem Kieker, das bei seinen Pflegeeltern wohnte. »Es packte dasselbe«, wie es in einem Bericht heißt, »an einem Abend unbarmherzig an, verkrümmte, verunstaltete es dermaßen, dass es wegen seiner zerrauften Haare, seinem bleichem Angesicht und den eingefallenen Augen mehr einer Leiche als einem Menschen glich.«

Erst war das Walsermännchen stumm, dann fing es an zu reden, und zwar mit Vorliebe mit der Stimme eines Kindes. Und schließlich begann es mit »raupischen« Reden und Gesängen. Über die ins Haus geholten Exorzisten, darunter den Pfarrer des Dorfes, lachte es nur, und Neugierigen, die es hören wollten, verpasste es kräftige Ohrfeigen. Schließlich gaben die Pflegeeltern das Kind an seine rechtmäßigen Eltern zurück, und das Walsermännchen gab endlich Ruhe.

Zu diesem und anderen Berichten passt auch folgende Strophe eines Gedichts:

Mein Kobold in der Scheuer macht stündlich mir Verdruss,
Dass ich den Schalk mit Feuer vom Hals mir schaffen muss.
Er macht mir scheu die Lämmer, und stockig Rind und Ross.
Zerbricht der Mühl' die Hämmer, verdreht mir Schraub' und Schloss.

Wie in diesen beiden Fällen ist keineswegs immer ersichtlich, warum ein Kobold einen bestimmten Menschen nicht leiden mag, auch wenn man im Fall des Kindes argumentieren könnte, es sei nur durch die scheinbar bösartigen Handlungen des Wichtes wieder zu seinen richtigen Eltern zurückgekommen. Dennoch erscheinen die Handlungen eines Kobolds oft genug wie die schiere grundlose Bosheit eines echten Giftzwerges. Auch wenn ein Niss, wie überliefert, nachts Stunden vergnügt damit zubringt, zwei unterschiedlich große Mägde gleich lang zu ziehen, wirkt das doch recht biestig.

Besonders deutlich wird der schlechte Charakter einzelner Zwerge in manchen Märchen. Wie wir uns erinnern, helfen in

Schneeweißchen und Rosenrot die beiden lieben Mädchen mehrfach einem langbärtigen Zwerg aus einer Notlage. Interessant ist dabei, dass der Zwerg genau das tut, was Menschen in Märchen Zwergen gegenüber nie ungestraft tun dürfen: Patzige Antworten geben! Auf die freundliche Frage von Rosenrot etwa, wie sich der Kleine denn seinen Bart in einer Baumspalte eingeklemmt habe, beschimpft er sie zunächst einmal als dumme neugierige Gans. Als die Mädchen dann über seine Geschichte zu lachen anfangen, bezeichnet er sie als »glatte Milchgesichter« und fügt hinzu: »Pfui, was seid ihr garstig.« Als sie Hilfe holen wollen, sind sie »wahnsinnige Schafsköpfe«, und sobald er befreit ist, flucht er: »Ungehobeltes Volk, schneidet mir ein Stück von meinem stolzen Barte ab! Lohn's euch der Kuckuck!« Ähnliche Tiraden müssen die Mädchen auch bei anderen Gelegenheiten, wo sie dem Zwerg aus der Klemme helfen, über sich ergehen lassen. Von einem Lohn ganz zu schweigen, hält er es nie für nötig, sich bei den Schwestern auch nur zu bedanken – im Gegenteil: Immer findet er anschließend einen Grund, sich über sie aufzuregen.

Man könnte sagen, hier haben wir es in der Tat mit einem echten Giftzwerg zu tun, der am Ende des Märchens denn auch nicht seiner gerechten Strafe entgeht. Ein Hieb mit der Pranke des in einen Bären verzauberten Königssohns, und aus ist es mit ihm. Zuvor muss der Wicht noch eine Bosheit loswerden, indem er dem Bären die beiden Mädchen statt seiner schmackhaft zu machen versucht: »Da, die beiden gottlosen Mädchen packt, das sind für Euch zarte Bissen, fett wie junge Wachteln, die fresst in Gottes Namen.«

Selbstverständlich haben die herzensguten Mädchen dem Zwerg nie etwas zuleide getan; er hatte also keinen Grund, sich derart rüpelhaft und undankbar zu verhalten.

Noch sehr viel schlimmer treiben es ein paar Zwerge in der *Edda*. Ihre Tat war so heimtückisch, so furchtbar, dass man sie eigentlich verschweigen müsste. Um aber kein einseitig positives Bild der Zwerge zu zeichnen, müssen wir sie, schaudernd zwar, dennoch erwähnen.

Die Asen und die Wanen, zwei germanische Göttergeschlechter, waren sich spinnefeind und führten permanent Krieg gegeneinander, bis sie irgendwann beschlossen, endlich damit aufzuhören. Zur Besiegelung des Friedens spuck-

ten alle, wie man das eben so macht, gemeinsam in einen Kessel. Dabei kam eine gehörige Menge Speichel zusammen und, um diese hochmagische Substanz, obendrein Symbol des Friedens, nicht verkommen zu lassen, formten die Götter daraus einen Mann, den sie Kwasir nannten und der so klug war, dass er jede ihm gestellte Frage beantworten konnte.
Dieser Kwasir reiste nun in der Welt herum, um die Menschen ein wenig Weisheit zu lehren. Dabei kam er auch zu zwei Zwergen, Fjallar und Gallar, die ihn in ihr Haus einluden und ihn fürstlich bewirteten. Anschließend baten sie ihn um seinen Rat und lockten ihn dazu in eine abgelegene Kammer ihrer Höhle. Dort stachen sie mit ihren Dolchen auf ihn ein, bis er starb. Sobald er tot war, fingen sie sein Blut in zwei Gefäßen auf und mischten es mit Honig. Dieses Getränk aber war fortan, man darf es kaum sagen, der berühmte Göttermet. Jeder, der davon trank, wurde ein Weiser und ein Dichter.
Die Zwerge behielten den magischen Bluthonigsaft allerdings nicht lange. Auf Nachfragen der Götter, wo denn ihr Kwasir geblieben sei, redeten sie sich zwar damit heraus, der sei an seinem eigenen Verstand erstickt. Doch mussten sie den Met bald, um ihr Leben zu retten, einem Riesen überlassen. Dessen Vater hatten sie ertränkt, die Mutter, weil sie das Gejammer um den toten Ehemann nicht mehr ertragen konnten, mit einem Mühlstein erschlagen. Dem Riesen wiederum wurde der kostbare Trank später mit List und Tücke von Odin abgejagt.

So die Version der jüngeren *Edda*. Hier lässt sich in der Tat herzlich wenig zugunsten der beiden Zwerge ins Feld führen. Kwasir hatte ihnen bestimmt nichts getan, was sein schlimmes Schicksal in irgendeiner Weise gerechtfertigt hätte. Die Zwergenbrüder waren schlicht und einfach gierig auf einen Schatz, den sie nicht selbst herstellen konnten. Was aber die beiden Riesen anbelangt, so erübrigt sich ohnehin jedes Wort zugunsten der kleinen Mörder.

Bei den zuerst angeführten Beispielen von der Bosheit der Zwerge besteht immerhin noch die Möglichkeit, dass die jeweiligen Personen es sich irgendwie selbst zuzuschreiben hatten, dass die kleinen Unterirdischen oder Kobolde sauer auf sie waren. Wer weiß denn, ob die Bodensteiner im Braunschweiger Land den Zwergen nicht in früheren Zeiten etwas missgönnt, ihre Behausungen zerstört oder sonst etwas getan hatten, was deren Zorn erregte. Und vielleicht hatte sich ja das malträtierte Pflegekind ebenfalls irgend etwas gegenüber dem

Walsermännchen zuschulden kommen lassen – vielleicht sogar ohne jede böse Absicht.

Es wurden schon ausreichend Geschichten angeführt, die zeigen, wie irrational heftig Kobolde und Zwerge reagieren konnten, wenn ihnen was zuwider lief. Wenn ein fehlendes Kleckschen Butter auf dem Brei ausreicht, eine Kuh umzubringen, lässt sich leicht vorstellen, wie man als Mensch rein zufällig voll in ein Zwergen-Fettnäpfchen trampeln – und fortan mit Rachsucht verfolgt werden kann.

In einem Märchen aus Norddeutschland lockt ein Zwerg ein Mädchen in seinen Berg, um ihm seine Reichtümer zu zeigen, und als es wieder hinauf auf die Erde möchte, erklärt er ihm: »Nein, das geht nicht. Wähle: Willst du meine Frau werden oder deinen Kopf auf den Klotz legen?« Sie zieht Letzteres vor, und schon hat er ihr den Kopf abgehauen. Die jüngere Schwester des Mädchens wählt in der gleichen Situation lieber die Ehe, und erst nach vielen Jahren darf sie zu einem Besuch auf die Erde. Das Ende vom Lied ist, dass der böse Zwerg dran glauben muss – diesmal, indem er in seiner Höhle verbrannt wird.

In Kärnten wurde winzigen, nackten, hässlichen Männchen mit struppigen Haaren nachgesagt, sie würden durch Messerwerfen Menschen töten und anschließend auffressen. Derart brutale Verhaltensweisen von Seiten der Zwerge sind in Märchen und auch in Sagen allerdings ungewöhnlich und, wie schon eine Zwergenforscherin feststellte, vermutlich oft nachträglich unter dem Einfluss des Christentums »interpoliert«.

Solche Beispiele betreffen vor allem Geschichten, in denen »böse« Zwerge den Bau einer Kirche verhindern möchten. So ist aus Sachsen überliefert, ein riesiger Felsblock bei Weißig sei den kleinen Leutchen zuzuschreiben. Sie hätten sich nämlich vor langer Zeit derart darüber geärgert, dass am Ort eine Kirche gebaut wurde, dass sie den Stein eines Nachts in Richtung Kirchturm geschleudert, aber »Gott sei Dank« verfehlt hätten.

In der mittelalterlichen Dichtung wird der Zwerg teils aus christlichen, teils aus anderen Motiven zuweilen denkbar schlecht behandelt und verunglimpft, wie man im nächsten Abschnitt, über den Zwergenkönig Laurin, noch sehen wird. Doch trotz dieser negativen Beispiele kann ein Forscher, der sich gut damit auskennt, sagen: »In der deut-

schen Heldendichtung überwiegt der gutmütige Zwerg, und es lassen sich wenige Beispiele von tückisch-diebischen Zwergen anführen.«

Was die Sagen angeht, so kommen auch hier des Öfteren unberechenbare Zwerge vor, doch ist ihre »Launenhaftigkeit« zumeist in irgendeiner Weise motiviert. Bei anderen bösen Zwergen handelt es sich einer Forscherin zufolge um die »Verkörperung von feindlichen Naturkräften«, so beispielsweise, wenn in den Alpen von einem zwergenhaften Wesen mit großem Kopf und feurigen Augen erzählt wurde, dessen giftiger Atem Menschen und Tieren Verderben bringt.

Der giftige Atem, der für Zwerge in jeder Hinsicht untypisch ist, erinnert an Drachen, und so wirkt es in vielen Geschichten auch so, als ob Zwerge an deren Stelle getreten (worden) wären. So ganz unverständlich ist das natürlich nicht, wenn man die typisch wissenschaftliche Ansicht vertritt, weder die einen noch die anderen gebe es wirklich oder habe es jemals wirklich gegeben. »Tatsächlich« seien es Lawinen, Erdbeben, Überschwemmungen und herabstürzende Felsblöcke gewesen, die unsere unaufgeklärten Vorfahren zu derlei abergläubischen Annahmen verleiteten. Wir haben uns mit diesen und ähnlichen Spekulationen bereits im Rahmen unseres *Drachenbuches* auseinander gesetzt und möchten hier nur festhalten, dass keine einzige von ihnen wirklich befriedigend ist und zur Erklärung des Phänomens – Drache oder Zwerg – ausreicht. Also zurück zu unserem eigentlichen Thema.

Allgemein ist festzustellen, dass Zwerge in der Mehrzahl weder im Märchen noch in der Sage ohne triftigen Anlass bösartig sind. Selbst Rumpelstilzchen, der bei uns zulande wohl berühmteste (nichtmenschliche!) Giftzwerg, verdient diese Bezeichnung eigentlich nicht. Er hatte schließlich der armen Müllerstochter ein klares Tauschgeschäft vorgeschlagen und seinen Teil des Handels erfüllt. Und nicht nur das: Er gab ihr sogar die Möglichkeit, sich davon »freizuraten«. Nein, ihm ist eigentlich nicht der geringste Vorwurf zu machen.

Mithin kann man dieses unerfreuliche Kapitel doch mit der Erklärung beenden, dass es – von wenigen Ausnahmen abgesehen – nicht eigentlich in der Natur der Zwerge liegt, grundlos giftig zu sein. Und auch der *Duden* schreibt unter dem Stichwort Giftzwerg »boshafter, gehässiger Mensch, insbesondere jemand, der seine körperliche Kleinheit durch Boshaftigkeit, Gehässigkeit kompensiert«. Damit sind wir auf die Ebene der Menschen gelangt, deren Charakter, wie man weiß, durchaus nicht frei von Mängeln ist. Die Zwerge dagegen, die *richtigen* Zwerge, braucht man im Allgemeinen bloß nicht zu ärgern, und schon sind sie die reinsten Lämmchen, gutmütig, hilfsbereit und freundlich. Meistens jedenfalls.

»HEHE IHR NICKER, WIE SEID IHR NIEDLICH« – ZWEI BERÜHMTE ZWERGENKÖNIGE

Die Önnerbänkischen sind kleine Leut
Und wohnten sonst vom Strand nicht weit
In grünen Dünen.
Sie kamen hervor, wenn das Wetter klar,
Bald sichtbar und bald unsichtbar,
In Sternennächten.
Sie planschten und wuschen im Wässerlein
Und bleichten die Wäsche wie Schnee so rein
Im Mondenscheine.
Man sah sie nicht kochen, doch blauen Rauch,
Und hörte im Berg ihre Stimmchen auch,
Musik und Singen.

August Kopisch

Der Ring des Alberich

Der Urheber des obigen stabreimenden Ausrufs (die angesprochenen »niedlichen Nicker« sind übrigens die Rheintöchter: Woglinde, Wellgunde und Flosshilde) dürfte einer der bekanntesten deutsch-germanischen Zwerge überhaupt sein – und gleichzeitig einer, über den sehr widersprüchliche Nachrichten in Umlauf gesetzt wurden. Die Rede ist vom Zwergenkönig Alberich, der bei uns erstmals um 1200 ins Rampenlicht trat. Um diese Zeit nämlich entstand von unbekannter Hand das *Nibelungenlied*, das seinen Namen einem Zwerg verdankt. Nibelung bzw. Niflung war in der germanischen Heldensage ein Zwerg, und zwar nicht irgendeiner, sondern der Sohn des (gleichnamigen) Nibelungenkönigs. Der konnte sich mit seinem Bruder Schilbung nicht darüber einigen, wie der von ihrem Vater ererbte Schatz gerecht zu teilen wäre. Als Siegfried auf der Bildfläche erschien, baten die beiden Kleinen ihn, als Schiedsrichter zu fungieren, doch als er ihrer Bitte nachgab, waren sie mit dem Resultat auch wieder nicht zufrieden. Im *Nibelungenlied* hört sich das so an:

> *Sie gaben ihm zum Lohne König Nibelungs Schwert.*
> *Doch ward der Dienst ihnen gar übel gewährt,*
> *den ihnen da leisten sollte der vielkühne Mann:*
> *er bracht es nicht zustande. Da griffen sie den Helden an.*

Der wehrte sich natürlich und erschlug mit seinem nicht gerade ehrlich verdienten Schwert Balmung außer ihnen auch noch 700 weitere Recken aus Nibelungenland.

Als der Hüter des Schatzes, der Zwerg Alberich, sah, was mit seinen beiden Herren geschehen war, wollte er sie rächen und drang – unsichtbar – auf Siegfried ein, um ihn zu töten; dieser stahl ihm aber seine Tarnkappe und konnte ihn nun mühelos besiegen. Der Schatz gehörte also Siegfried, und er befahl Alberich, ihm Treue zu schwören und ab jetzt in seinen Diensten auf den Hort aufzupassen.»Er musste ihm Eide schwören. Er diente ihm als Knecht; jeder Art Dienste leistet' er ihm recht.«

Diese ganze Geschichte erfährt der Leser oder Hörer in einem Rückblick im *Nibelungenlied*, genauer gesagt im »3. Abenteuer«, in dem Hagen in Worms von Siegfrieds früheren Heldentaten berichtet. Doch auch später ist noch von Alberich die Rede. Siegfried will in einer brenzligen Situation Verstärkung holen und kehrt deshalb (dank seiner Tarnkappe) inkognito zu seinen Recken ins Nibelungenland zurück. Dort muss er zunächst einen Kampf mit dem Riesentürwächter bestehen. Der Lärm ruft Alberich herbei, der mit der typischen Waffe des höfischen Zwergs, einer goldenen Geißel mit sieben »schweren Knöpfen«, auf ihn losgeht und seinen Schild zertrümmert. Erst als er von Siegfried heftig am Bart gezogen wird, gibt er klein bei.

Da fasst er bei dem Barte den altersgrauen Mann.
Er zog ihn so gewaltig, dass laut schrie der Zwerg.
Gar wehe tat dem Alberich da des jungen Helden Werk. (8. Abenteuer)

Alberich ist in dieser mit vielen volkstümlichen Zutaten angereicherten Sage ein typischer Zwerg, ein echter »*wilder getwerg*« oder, wie es in einer Übersetzung des *Nibelungenliedes* heißt: »Alberich, der starke, der tapfere Zwerg«. Er ist alt, bärtig, bewacht einen Schatz und ist im Wesentlichen »gut« (so lange man ihn und seinen Schatz nicht anrührt). Ja, und er besitzt natürlich eine Tarnkappe. Hat er einmal sein Wort gegeben, ist er unbedingt treu. Kurz, an seinem Charakter ist eigentlich nichts auszusetzen – und an seiner Identität auch nicht. Gleiches lässt sich, nebenbei bemerkt, auch von dem Zwerg Egwald im *Volksbuch von dem gehörnten Siegfried* behaupten, der dem Helden treu zur Seite steht und, nicht zuletzt mit Hilfe einer Tarnkappe, ihn aus verschiedenen Nöten errettet.

Um aber auf Alberich zurückzukommen, so ist sein Zwergencharakter auch in der etwas später (um 1220) entstandenen Heldendichtung *Ortnit* noch klar zu erkennen. Allerdings gleicht Alberich (Zwergenkönig und Vater des titelgebenden Helden Ortnit) hier vom Aussehen her »einem schönen vierjährigen Kind«, was zu einem würdigen alten Zwerg nicht recht zu passen scheint.

Was kann er aber dafür, dass er in anderen literarischen Werken eher zu einer halb komischen, halb lächerlichen Mixtur aus Elfe und Zwerg umgemodelt wurde? Ob nun im *Huon de Bordeaux*, einem französischen Epos des 13. Jahrhunderts, oder in einer sehr viel späteren Nachdichtung dieses Werks, Christoph Martin Wielands *Oberon*, oder auch in Shakespeares *Sommernachtstraum*, Alberich ist nicht mehr das, was er einmal war. Allerdings sind auch die mit ihm verbundenen Abenteuer alles andere als solche, die man einem Zwerg landläufig unterschieben würde, und insofern sind Oberon und Alberich einfach zu zwei verschiedenen Personen geworden.

Schließlich gab es einen, der Alberich seinen Namen, nicht aber seinen guten Charakter beließ: Richard Wagner. Er hielt sich, was die Geschichte angeht, in seinem 1876 erstaufgeführten *Rheingold* im Großen und Ganzen eng an die nordische Sagentradition. Bei ihm ist Alberich geldgierig, habgierig, listig und Bruder des als Siegfrieds

Lehrmeister bekannten Mime. Lüstern ist Alberich obendrein, und so versucht er, wie wir schon eingangs hörten, die niedlichen Rheintöchter eine nach der anderen anzubaggern. Sie schäkern zurück und machen ihm im Scherz Avancen, um ihn anschließend gehörig zu verspotten. Sie haben eigentlich die Aufgabe, das Rheingold zu bewachen, von dem es heißt, dass »wer der Liebe Macht entsagt«, sich daraus einen Ring schmieden könne, der ihm unendliche Macht sichere. Die Nixen können sich etwas derart Absurdes, wie auf Liebe zu verzichten, natürlich nicht vorstellen und nehmen es also mit dem Bewachen nicht sehr genau.

Dergestalt gedemütigt und zornig wie Alberich nun aber ist, verflucht er tatsächlich lautstark die Liebe, raubt den Schatz und schmiedet daraus einen Ring, der ihn zum Weltenherrscher macht. Allerdings bekommen auch die Götter Wind von diesem höchst interessanten Machtobjekt, und so reißen es sich Wotan (Odin) und Loki, die damit eine Rechnung begleichen wollen, schon bald unter den Nagel. Alberich ist aber nicht umsonst ein Zwerg: Er belegt (die Geschichte kommt jedem Tolkien-Fan zu Recht bekannt vor) den Ring und seine künftigen Besitzer mit einem todbringenden Fluch!

Wie durch Fluch er mir geriet, verflucht sei dieser Ring!
Gab sein Gold mir Macht ohne Maß, nun zeug' sein Zauber Tod dem,
der ihn trägt!

In der jüngeren *Edda* wird die Sache mit dem Ring etwas anders erzählt. Und da auch hier ein Zwerg eine Rolle spielt und damit jeder selbst entscheiden kann, welche Version ihm besser gefällt, sei die Begebenheit kurz eingeschoben. Der Ausgangspunkt ist ähnlich: Odin und Loki mussten eine Rechnung begleichen und sich durch eine große Menge Goldes Frieden erkaufen. Odin schickte also Loki nach Schwarzalfenheim zu den Zwergen. Dort schwamm einer von diesen, Andwari, in Gestalt eines Fisches munter im Wasser herum, bis er von dem kleinen Götter-Stinkstiefel gefangen wurde. Als Lösegeld sollte er alles Gold herausrücken, das er besaß.

Andwari blieb nichts anderes übrig, er gab alles her, bis auf einen kleinen Ring, den er in der Flosse behielt. Loki hatte jedoch gut aufgepasst und forderte: »Her damit!« Der Zwerg bettelte, er solle ihm

Henry Meynell Rheam, *Once upon a time*

Weihnachtsgrußkarte

Otto Kubel, *Die Heinzelmännchen*

Archiv Günter Griebel, Schneewittchen

Archiv Günter Griebel, Zwerge tragen einen Frosch

Sven Nordqvist, Bierkrug (oben), Bitteschön! (unten)

Neujahrsgrußkarte

Isländische Briefmarke

Harald Wiberg, *Tomte und der Fuchs*

John Bauer, Trolle

John Bauer, Ein Waldtroll

Archiv Günter Griebel, Reklamezwerge

Harald Drös, Bergarbeiterzwerg

F. Schenkel, Heinzelmännchen

Ida Bohatta, Schneckenpost

Jan Patrik Krasny, Zwergenkrieger

diesen Ring lassen, denn damit könne er sein Gold wieder vermehren. Loki, gierig, wie er war, nahm ihm natürlich nun gerade das kleine Dingelchen ab. Der Zwerg verfluchte zornig den Ring, indem er erklärte, er solle jeden, der ihn (und den Schatz) besitze, das Leben kosten.

Doch wie die Sache mit dem Ring auch gewesen sein mag: Mit Wagners Alberich ist jedenfalls nicht zu spaßen. Er ist bei all seiner Eitelkeit ein gefährlicher, nicht zu unterschätzender Gegner, dessen Fluch letztlich zum Verderben der Götter führt.

Weiche, Wotan! Weiche! Flieh' des Ringes Fluch!
Rettungslos dunklem Verderben weiht dich sein Gewinn.

Tja, und so kommt es ein paar Opern später zur allbekannten Götterdämmerung ...
Ein ganz anderer Kerl ist da der Zwergenkönig Laurin:

Laurin und sein Rosengarten

Hoch oben in den Bergen Südtirols lebte einst ein Zwergenkönig, Laurin mit Namen. Er war ebenso klug wie gerecht und weise, und er liebte Blumen über alles. Von allen Blumen aber hatten es ihm am meisten die Rosen angetan, und so ließ er sich in seinem luftigen Reich einen Rosengarten anlegen, dessen Glanz und Duft und Schönheit alles übertraf, was die Menschen an Gärten kannten. Er ließ ihn nicht etwa mit einer dicken Mauer umhegen, sondern lediglich symbolisch mit einem von Baum zu Baum gewickelten seidenen Faden.

Seine Untertanen lebten in Frieden und Eintracht mit ihrem König, und alles wäre gut gewesen, wenn sich Laurin nicht eines Tages in den Kopf gesetzt hätte, eine Menschenprinzessin, die schöne Kunhild, zu heiraten. Da er, ein kleiner hässlicher Zwerg, sie auf ehrlichem Weg mit einem Aufgebot an Geschenken und einer ordentlichen Werbung nicht erhielt, musste er sich in seiner großen Sehnsucht nach ihr magischer Methoden bedienen. Er reiste also eilig den langen Weg zu ihrem Schloss, verwandelte sich, dort angelangt, mithilfe seiner zau-

Koenig Laurin

berischen Fähigkeiten in ein Bündel Distelflusen und flog in dieser Gestalt in den Palastgarten. Hier nahm er wieder seine gewöhnliche Gestalt an, streifte aber seine Tarnkappe über und machte sich, nunmehr unsichtbar, auf die Suche nach seiner Angebeteten. Sobald er sie entdeckt hatte, nahm er sie mithilfe eines weiteren Zaubers in die Arme, verwandelte sie und sich in Distelflusen und zitierte einen sanften Wind herbei, der sie beide über die Palastmauer nach draußen und in sein Reich beförderte.

Kunhild war anfangs traurig über diese Entführung und sehnte sich zu den Ihren zurück. Mit der Zeit aber gewöhnte sie sich in der zauberhaften Umgebung ein, und sie lernte ihren kleinwüchsigen, großherzigen Mann so lieben, wie er es sich gewünscht hatte. Kurzum, die beiden waren ausgesprochen glücklich miteinander – und wären es auch geblieben, wenn nicht die Verwandten der Prinzessin nach langem Forschen ihren Aufenthaltsort herausgefunden hätten. Kunhilds Bruder bat den berühmten Dietrich von Bern um Hilfe, und mit einer großen Streitmacht trafen sie bald darauf an der Grenze zu Laurins Reich ein.

Staunend blieben sie stehen, als sie auf das friedliche, duftende Blütenmeer schauten, und keiner wollte zunächst den Seidenfaden zerhauen, der es umgab. Wie immer fand sich aber auch hier schließlich einer, der sich zu einem solchen Frevel bereit erklärte. Die Schnur wurde zerschnitten, die Rosen zertrampelt, und es entbrannte bald ein wütender Kampf zwischen den Truppen des Zwergenkönigs und dem Heer Dietrichs. So sehr die Krieger auch auf ihn einhieben, Laurin blieb unverletzt, bis Hildebrand, der auch mit von der Partie war, Dietrich darauf aufmerksam machte, dass der Zwerg einen Zaubergürtel trug. Gemeinsam drangen sie nun auf ihn ein und entrissen ihm diesen magischen Schutz, und der Zwerg ergab sich.

Sein edles, stolzes Verhalten rührte Dietrich von Bern aber so sehr, dass er Frieden mit ihm schloss und, von ihm eingeladen, sein Reich besichtigte und sich selbst davon überzeugte, wie glücklich Kunhild in ihrer neuen Heimat geworden war. So weit, so gut, und eigentlich hätte die Geschichte wunderbar mit diesem Happy End beschlossen werden können.

Leider folgt aber noch ein weniger rosiger, traurig süßer Nachspann, der allerdings zum Glück, wie überhaupt die ganze Sage, nicht eindeutig überliefert ist und von dem wir also die weniger üble Version wählen. Es soll also so gewesen sein, dass bei dem anschließenden Versöhnungsfest einer von Dietrichs Mannen mit den Zwergen Streit anfing, woraufhin ein wüstes Gemetzel stattfand und Laurin abermals gefangen genommen wurde. Der Zwergenkönig konnte sich zwar wieder mit seinem Gegner versöhnen, doch die Gattin war ihm auf immer verloren. Einsam und gebrochen kehrte Laurin in sein Reich zurück. Als er das inzwischen wieder wie früher blühende Blütenmeer seiner Rosen sah und ihren Duft einatmete, übermannte ihn derart die Trauer um seine geliebte Kunhild und der Zorn darüber, dass dieser Garten durch Blut und Schrecken entweiht worden war, dass er die armen unschuldigen Blumen verfluchte: Niemals wieder sollten sie blühen – genauer gesagt, weder bei Tag noch bei Nacht! Vergessen hatte Laurin in seinem Eifer aber die Dämmerung. Und so blühen die Rosen seitdem während dieser kurzen Zeitspanne am frühen Morgen und späten Nachmittag, und manch Sterblicher, der in diesen Augenblicken zu den Bergen aufschaut, kann sie sehen – unerreichbar fern, still und himmlisch schön.

Die prosaische Menschheit bezeichnet diesen Zauber als Alpenglühen, ja, Wissenschaftler wollen diese Sage überhaupt als »ätiologisch« abtun, womit sie meinen, sie sei überhaupt nur zu dem Zweck entstanden, das Phänomen des Alpenglühens zu erklären. So sollen sich also wenigstens zwei verschiedene Sagenkreise miteinander vermischt haben, zum einen eine Tiroler Lokalsage, zum anderen aber der Stoffkreis um Dietrich von Bern.

Bereits aus dem 13. Jahrhundert ist uns von einem Tiroler Spielmann ein Gedicht namens »Laurin« überliefert. Interessanterweise zeichnet das Werk den Charakter des Laurin keineswegs so edel, wie wir ihn eben kennen lernten und wie man ihn sich in noch früheren Zeiten vermutlich auch im Volk vorgestellt hatte. Ganz unter dem Einfluss des Christentums und der höfischen Zeit, in der der Dichter lebte, sollte hier der Zwerg als treuloser Heimtücker hingestellt werden, die Menschen aber als edle Helden. Da der Dichter jedoch die Episode mit der geraubten Jungfrau an dieser Stelle überhaupt nicht erwähnt und Dietrich von Bern und seine Mannen also anscheinend völlig grundlos, rein um des Abenteuers willen in das Reich des Zwergenkönigs eindringen und seine Blumen zerstören, wirkt diese Schwarz-Weiß-Malerei ausgesprochen unglaubwürdig. Wie es ein Forscher ausdrückt: »Der Dichter wusste also genau, dass im Volksmärchen das moralische Recht auf Seiten Laurins war, und er hat das, trotz aller Umbiegungen, nicht ganz aus der Welt schaffen können.«

Ein anderer, der sich mit diesem Thema befasste, sagt recht schnoddrig: »Das ist gar nicht so leicht, diesem Dingsda, diesem König, das Image zu versauen, immer mitten rein in die blühenden Rosen ...«

Unglücklicherweise für die Wirkung seines Opus lässt der Dichter Laurin auch noch zwei Mal beteuern, er habe dem Dietrich »kein Leid getan«, was die Sympathien gänzlich dem Zwergenkönig entgegenströmen lässt. Auch tritt der Bruder der Kunhild, von der mit einem Mal, allerdings *ziemlich* nachträglich, doch die Rede ist, für Laurin als den rechtmäßigen Ehemann seiner Schwester ein. Damit wird diese »Befreiung«, um es freundlich auszudrücken, zur *nicht* rechtmäßigen Tat.

Die Laurinsage wurde später in vielen vielen unterschiedlichen Versionen nacherzählt und ausgeschmückt. Und je nachdem, wie der Verfasser gemäß seinem persönlichen Hintergrund auf Zwerge zu sprechen war, fiel das Bild des Zwergenkönigs mal so, mal so aus. Der eine machte ihn, ganz wie der Spielmann, zum Bösewicht: Kunhild war bei und mit ihm natürlich erzunglücklich, er meuchelte heimtückisch die mittels Zaubertrank (oder so) im Schlaf liegenden vertrauensvollen Mannen Dietrichs und wurde dafür anschließend ermordet oder musste, noch besser, wie ein Äffchen angebunden zur Gaudi der Leute auf einem Fass herumtanzen.

Andere, die es mehr mit der Volkssage hielten, ein weiches Gemüt hatten und den Zwergen gewogen waren, stellten sich ganz auf die Seite des Laurin. Vor allem Frauen dichteten dann etwa:

> *Aber eines Tages kommen fremde Ritter bös und wild,*
> *die zertreten und verheeren all das blühende Gefild!*

Natürlich trieben auch die Interpretationen dieser Geschichte jede Menge zum Teil recht absurde Blüten. Da ist Laurin etwa ein grausamer Herrscher, der sein Volk unterdrückt, während der edle Dietrich die Welt von ihm befreien möchte. Für einen anderen symbolisiert das Ganze »das Anringen des nach Hohem strebenden Menschen gegen die bald heimliche und tückische, bald offenbare und grobe Gewalt des Nächtlichen und Schlechten«. Der duftende Rosengarten eines still zufrieden lebenden Zwergleins das Nächtliche und Schlechte??? Derlei zwergenverunglimpfende Äußerungen bedenken wir mit einem kategorischen: Auf den Müll damit! und meinen überhaupt, man sollte sich solcher deutenden und nie zu beweisenden Wertungen enthalten. Einer Sage auf diese Weise ihren Zauber nehmen zu wollen, ist wie einer schönen Frau ins Gesicht zu sagen, sie bestehe schließlich auch nur zu 70 Prozent aus Wasser, und der Rest sei Fett und Knochen.

Gert Rydl, einer der Laurin-Forscher, mag hier das letzte, nicht ganz ernst gemeinte Wort haben. Er zitiert (und kommentiert abschließend) folgende auf die Laurin-Sage gedichteten Verse:

> *Wenn ich an dem Söller lehne oder an des Fensters Rand,*
> *weilt mein Blick auf jener Höhe, traumverloren, unverwandt:*
> *Das ist Laurins Rosengarten, der im Abendschein erwacht –*
> *eine Welt voll Prunk und Schimmer, eine Welt voll toter Pracht.*

»Da lehnt man am Söller und keine Sau entführt einen. Die Zwerge sind auch nicht mehr das, was sie im Mittelalter waren ...«

ALLES ANDERE ALS
SCHÖNHEITEN – DIE TROLLE

Das Haus hab ich erbaut
Vom Keller bis zum Dach.
Wer hat den Kobold eingesetzt,
Der unter der Treppe wohnt?

rolle sind schreckliche Fleischfresser, die man in allen Klimaten antrifft, von arktischen Öden bis hin zu tropischen Dschungeln. Die meisten Wesen meiden diese Bestien, da Trolle keine Furcht kennen und immer angreifen, wenn sie hungrig sind, was die meiste Zeit über der Fall ist.«

Diese Informationen über die Trolle entstammen der Spielanleitung für ein Rollenspiel (AD&D). Dank der gegenwärtigen Fantasywelle sind wie die Drachen und die Feen auch die Trolle wieder ausgesprochen populär geworden. Sie sind als Geistwesen geradezu beliebt, und zwar überwiegend, wie man hier sieht, als echte Monsterchen, abstoßend hässlich und schrecklich, ausgestattet mit Hörnern und etlichen furchterregenden Details wie die »stinkigen« Trolle im Film *Die Unicorn und der Aufstand der Elfen* oder groß, dumm, schwerfällig und ungeschlacht wie im *Herrn der Ringe* oder im *Kleinen Hobbit*. Bei Terry Pratchett besitzen sie als interessante weitere Zutat Zähne aus Diamanten und sind (ausgerechnet) große Zwergenhasser. Andererseits gibt es aber auch Darstellungen dieser Wesen, wie im dänischen Spielfilm *Tolle Trolle,* wo sie, mit Knubbelnasen und spitzen Ohren, eigentlich recht nett wirken. Gleiches gilt für die isländische Trollfrau Gryla und ihren Ehemann Leppaludi, die sogar auf isländischen Briefmarken abgebildet werden (siehe Abb. rechts). Und gleichfalls – trotz ihrer verfilzten Haare, oft langen Nase und runzligen Gesichtchen – freundlich wirkende Trolle finden sich in Ambienteläden einträchtig neben niedlich-süßen Elfchen und in diversen Kinderbüchern wie beispielsweise in den von Rolf Lidberg illustrierten. Wie ist dieser Widerspruch zu erklären? Wer würde sich freiwillig einen kleinen Teufel auf den Schreibtisch stellen, wenn nicht doch irgendetwas Nettes an ihm wäre? Interessanterweise durchzieht genau dieser Zwiespalt auch den »echten«, traditionellen Trollglauben.

Die Heimat der Trolle ist der hohe Norden. Tropische Dschungel dürften sie – entgegen der obigen Beschreibung – von rechts wegen eigentlich gar nicht kennen. Wohl fühlen würden sie sich dort jedenfalls nicht. Sie sind Geschöpfe des nordischen Winters, des nebligen Dämmerlichts, der Dunkelheit. Sie wohnen in Hügeln, Bergen, unter Steinblöcken und in Höhlen, oft an ominösen, unheimlichen Orten, die Menschen in der Regel lieber meiden. Ebenso furchterregend wie manche ihrer Schlupflöcher sind die Trolle selbst, wie auch das Wort *troll* zu belegen scheint, das etwas Plumpes, Ungeschlachtes, Unheimliches bezeichnet.

Darüber, dass Trolle hässlich sind und dass im Umgang mit ihnen unbedingt Vorsicht geboten ist, ist man sich im Wesentlichen einig.

Allerdings ist es so, dass es einen »einheitlichen nordischen Trollglauben« gar nicht gibt. Klare Kategorien existieren ohnehin höchst selten, wenn es um Geistwesen geht. Mit gewissem Neid liest man daher die Beschreibungen in Rollenspielanweisungen, wo von der Körpergröße bis hin zu Haarfarbe und Essensgewohnheiten jedes Detail festgelegt ist. Alle nur denkbaren Arten von seltsamen Wesen sind hier so glasklar durchleuchtet, porträtiert und definiert, dass es einem schwer fällt, überhaupt noch von übernatürlichen Wesen zu sprechen. Die gelebte Wirklichkeit sieht dagegen etwas anders aus. Hier gehen die Beschreibungen eines Wesens oft vollkommen auseinander, zumal ja nicht einmal sicher ist, ob wirklich jedes Mal das gleiche Wesen gemeint ist.

Im westlichen Skandinavien, also vor allem in Norwegen, denkt man sich die Trolle überwiegend als riesenhafte Geschöpfe. Als solche hätten sie in einem Zwergenbuch also eigentlich nichts verloren – und müssten die kleinen Trolle in den Esoterikläden schleunigst umgetauft oder aber entfernt werden. Allerdings sieht die Sache, wenn man in andere Teilen Skandinaviens zieht, schon ganz anders aus, denn die Dänen und erst recht die Schweden denken sich die Trolle in der Regel als den Elfen nahe verwandte Zwergenwesen.

Die Verwirrung rührt zum einen daher, dass sich verschiedene Glaubenstraditionen vermischten und zum anderen daher, dass *troll* früher eine Sammelbezeichnung für alle Arten von mehr oder weniger unheimlichen übernatürlichen Wesen war – und teilweise noch heute ist. Jeder konnte sich im Prinzip darunter vorstellen, was er wollte, und schließlich sollte man nicht vergessen, dass Geister in der Regel mit übernatürlichen Fähigkeiten begabt sind. Sie könnten also theoretisch ihre Größe nach Belieben ändern und dem einen als Riesen, dem anderen als Zwerg erscheinen. Immerhin ist die geographische Abgrenzung zwischen den riesen- und den zwergenhaften Trollen bemerkenswert, zumal in dem Zusammenhang auch weitere Unterschiede zu beobachten sind. So sollen die westlichen Riesentrolle im Allgemeinen eher Einzelgänger sein, und sie tragen weit eher märchenhafte Züge als etwa die Trolle des südlicheren Schwedens. Die norwegischen Märchentrolle (und auch die in der *Edda*) reißen Bäume aus, haben Augen wie Zinnteller, einen Mund wie ein Wasserkübel und Arme so lang und dick wie Holzbalken. Zehn Mal so groß wie Menschen sollen sie sein und die Irdischen, wenn sie des Nachts in den Häusern auftauchen, um Weihnachtsbier zu stehlen, in dieser Gestalt zu Tode erschrecken.

Nicht so die Trolle Schwedens und Dänemarks – wie schon die Redensart »zu klein für einen Menschen, zu groß für einen Troll« belegt. Manchmal allerdings werden sie auch als so groß wie Menschen vorgestellt. Sie stehlen zwar ebenfalls gern Bier, ansonsten sind sie aber wesentlich zivilisierter als ihre gigantischen westlichen Artgenossen, und es gibt durchaus Geschichten, in denen sie den Menschen in der Not beistehen – wie etwa im Märchen vom Troll, der einem Bauern beim Mähen half, damit dieser eine Wette gewinnen konnte. Auch leben sie eher in Gruppen oder Familienverbänden und verhalten sich den Menschen sehr ähnlich.

Hässlich sind sie zwar, und zwar so sehr, dass man als geflügeltes Wort sagt: »Hässlich wie ein Troll«. Was aber unter hässlich zuweilen verstanden wird, ist je nach Weltgegend recht verschieden. Für manch großen, blonden, hellhäutigen Skandinavier ist hässlich gleichbedeutend mit schwarzhaarig, klein und dunkelhäutig. Und genau so sollen die Trolle nach Ansicht angeblicher Augenzeugen ausschauen. Obendrein aber, und das rückt sie wieder sehr in die Nähe der Zwerge, sind sie uralt und damit runzlig. Das hohe Alter ist, so erklärt Elisabeth Hartmann, die ein Buch ausschließlich über diese Wesen geschrieben hat, ein »für die Trolle kennzeichnender Zug«. Immer wieder wird auch in Geschichten darauf angespielt. In einer halländischen, also südschwedischen Sage versichert ein Troll einem Bauern, er wohne schon seit 600 Jahren in einem bestimmten Berg. Der Bauer ist wütend über diese, wie er meint, unverschämte Lüge und will den Troll deshalb verprügeln. Der Kleine aber bittet inständig, er möge ihn schonen. Er hätte schon genug Prügel an diesem Tag bekommen, weil er seinen alten Großvater fallen gelassen habe.

Dennoch zweifelte, wie bei den anderen Zwergen, niemand daran, dass auch die Trolle sterblich seien. Sehr interessant ist in diesem Zusammenhang, dass die übliche Todesart der Trolle sein soll, vom Blitz oder vom Donner erschlagen zu werden. Daher fürchteten sich die Trolle unmäßig vor Gewittern. In einer Geschichte wird eine Frau aus der Gewalt der Trolle befreit und darf bei ihrem Mann bleiben unter der Bedingung, dass dieser nie den Donner beim Namen nennt.

Wie die Zwerge hämmern und werkeln und weben und spinnen und backen und brauen die Trolle unentwegt in ihrem Berg – oder wo sie nun gerade wohnen. Kein Wunder also, dass sie bei diesem Fleiß steinreich sind. Ihre Schätze lieben sie sehr und gönnen ihnen bei schönem Wetter auch mal ein Sonnenbad. Das ist dann, nebenbei gesagt, der Zeitpunkt, wo kluge Sterbliche sich etwas davon aneignen können, indem sie einen eisernen Gegenstand, etwa ein Messer oder eine Schere, darüber werfen. Auf dieses Metall reagieren die Trolle nämlich ebenso allergisch wie alle anderen Geistwesen.

Von ihren goldenen Tellerlein, die manch ein Mensch gesehen haben will, essen sie, wie schon Gervasius von Tilbury berichtet, allerlei Schweinereien – Dinge, um die sie kaum jemand beneiden würde: Kröten, Schlangen und Frösche beispielsweise – falls es sich hier nicht um üble Nachrede handelt. Dazu gibt es ihr köstliches Brot (das sie oft genug mit geklautem Mehl gebacken haben) und leckere Trollbutter. Aus was Letztere besteht, wissen wir nicht, da in früheren Zeiten etwa mit »Feenbutter« nicht wirkliche Butter, sondern ein bestimmter Pilz gemeint war. Aber apropos geklautes Mehl: Die Esswaren der Menschen scheinen auf viele Arten von Geistwesen, so auch die Trolle, eine magische Anziehungskraft auszuüben. Ganz besonders gefragt sind das bereits erwähnte Bier und Mehl. Es ist auch nicht immer so ganz klar, ob die fraglichen Nahrungsmittel überhaupt »leibhaftig« gestohlen werden oder nur deren Kraft oder Würze – weshalb übrigens ein bestimmter Troll auch als »Würzsau« bezeichnet wurde. Von Letzterer, der *vörtasuggan,* wird erzählt, dass sie einmal gerade beim Klauen war, als man eine Stimme rufen hörte: »Sage der Würzsau, ihr Kind sei ins Feuer gefallen.« Da rannte die Trollin Hals über Kopf davon und hinterließ einen großen Kessel voll wunderbarer Würze.

Zu ergänzen ist hier, dass die Trolle oft genug für Menschen unsichtbar sind und dass in dieser Geschichte die Hausbewohner den stehlenden Gast erst sahen, als er – bzw. sie – vor Schreck Gestalt annahm. Aber noch aus einem anderen Grund ist die kurze Erzählung von Bedeutung. Sie rückt die Trollfrau nämlich wegen des Spruches (»Sage der Würzsau ...«) wieder ganz in die Nähe der Zwerge, über die ja Ähnliches berichtet wurde (siehe S. 90 f.). Auch wird die zeitweilige Unsichtbarkeit der Trolle – ebenso wie die der Zwerge – oft genug durch eine »Nebelkappe« oder einen »Unsichtbarkeitshut« erklärt, und es werden völlig identische Geschichten um eine solche Kopfbedeckung von den einen wie von den anderen erzählt. Aber die Trolle und Zwerge weisen auch wesentliche Gemeinsamkeiten mit anderen Wesen auf, die hier der Vollständigkeit halber nicht verschwiegen werden dürfen, wenngleich sie teilweise nicht eben rühmlich sind.

ELBISCHE UNTATEN UND RIESENZWERGE

War je ein Kobold lobenswerth,
So war es dieser hier: er stund für Stall und Herd.
Doch durfte man durch Spott es nicht mit ihm verderben,
Sonst folgten Schläge, Beulen, Scherben.

ie schwer es zumeist ist, ein Geistwesen vom anderen zu unterscheiden, sagten wir schon. Gibt es nicht ein ganz wesentliches Charakteristikum – wie etwa beim Werwolf die Verwandlung von Mensch in Wolf und umgekehrt, oder beim Vampir die langen Zähne und das Blutsaugen, ist man oft ähnlich ratlos wie im November beim Pilzesammeln im Wald. Wer kann schon etwa den ungenießbaren Rasigen Rübling mit Sicherheit vom essbaren Rotbraunstieligen Büschel-Rübling unterscheiden? Während in diesem Fall aber der Experte einer Pilzsammelstelle sichere Auskunft geben könnte, gibt es bei den Geistern keine solche Instanz.

Daher überschneiden oder überlagern und vermischen sich etwa die nordischen Troll- beziehungsweise Zwergenvorstellungen vor allem im Osten Skandinaviens mit denen der dortigen Elfen oder Feenwesen, und Entsprechendes lässt sich aus Irland, Deutschland und Frankreich berichten.

Insbesondere in Bezug auf eine bestimmte Verfehlung ist man sich aber überhaupt nicht einig, wem sie nun »eigentlich« zuzuschreiben sei. Von allen Genannten heißt es nämlich, sie würden die Kinder der Menschen stehlen und dafür ihre eigenen zurücklassen. Diese so genannten Wechselbälger sind abgrundtief hässlich und fast immer in irgendeiner oder sogar mehrfacher Weise missgestaltet: Sie haben überlange Arme, sind behaart wie ein Affe, schielen, haben einen Wasserkopf oder einen Kopf so lang wie der eines Pferdes oder Beine wie ein Schaf und einen Körper »wie vorjähriges Pökelfleisch«. Obendrein sind sie meist geistig zurückgeblieben, können nicht sprechen, laufen oder stehen, lallen nur oder schreien ununterbrochen. Kurz: Sie sind eine wahre Freude für ihre unfreiwilligen Pflegemütter.

Ein wesentliches Charakteristikum ist, dass ihre Gesichter meist uralt ausschauen, und alt sollen sie auch sein, wie sie selbst bekennen, wenn man sie nur richtig austrickst.

Nicht jede Frau sah nämlich mit eigenen Augen, wie ihr süßes rosiges Baby gegen eine hässliche Missgeburt ausgetauscht wurde. In der Regel schaute die Mutter vielmehr eines Morgens ahnungslos in die Wiege und prallte entsetzt zurück – oder wurde auch lediglich durch ununterbrochenes Gebrüll darauf aufmerksam gemacht, dass irgendetwas ganz gewaltig nicht stimmte. Bevor sie aber drastische Maßnahmen ergriff, um Zwerg, Elbe, Troll oder Elfe dazu zu zwingen, das gestohlene Baby wieder herauszurücken, musste sie sicher sein, dass sie tatsächlich einen Wechselbalg vor sich hatte.

Dazu bedienten sich Menschenfrauen von Estland bis Irland, vom Nordkap bis zum Absatz des italienischen Stiefels einer ebenso simplen wie raffinierten Methode: Sie bestand darin, in Gegenwart des seltsamen Kindes etwas vollkommen Absurdes zu tun. Das Erstaunlichste ist, dass die Mütter dabei fast immer auf dieselbe, doch nicht eben naheliegende Idee verfielen, nämlich Bier in einer Eier- oder einer Nussschale zu brauen. Unweigerlich schaute das hässliche Baby da aus seiner Wiege, riss die Augen auf und sprach mit einem Mal: »Nun bin ich schon so alt wie der Böhmerwald, aber so etwas habe ich mein Lebtag noch nicht gesehen.« Das skandinavische Trollkind sprach natürlich nicht vom Böhmerwald – aber die Grundaussage war stets dieselbe. Ein italienischer Zwerg etwa erklärte bescheiden: »Ich bin Großvater und Urgroßvater, aber ...« Vor einem nordischen Wechselbalg wurde ein Hund mit Haut und Haaren gekocht, und daraufhin sprach das Trollbaby: »Nun bin ich so alt, dass ich mich von achtzehn Müttern habe säugen lassen, aber noch nie habe ich Hundepudding gesehen.« Ein weiteres Trollkind wurde ungewöhnlicherweise dadurch entlarvt, dass man ihm und seinem Menschenschwesterchen eine lebende Schlange in einen Teig gehüllt vorsetzte. Während das Menschenkind fürchterlich erschrak, redete der Wechselbalg die Schlange freundlich mit »Bruder Gras-Aal« an.

In dem Augenblick weiß die »Mutter«, mit wem sie es zu tun hat und prügelt das untergeschobene Kind so lange, bis die richtige Mutter es wieder umtauscht. Oder sie schiebt es eben mal kurz in den Ofen, legt es draußen in die Kälte oder auf den Misthaufen und was solcher freundlichen Maßnahmen mehr sind. Meist lässt sich die Troll-Elben-Zwergen-Mutter dadurch erweichen und oft erklärt sie beim Umtausch vorwurfsvoll, *sie* habe das Menschenbaby längst nicht so unfreundlich behandelt. Wer allerdings auf solche brutalen Methoden verzichtete und das untergeschobene Kind wie sein eigenes pflegte, wurde dafür von der richtigen Mutter oft dauerhaft belohnt.

Die Frage, warum Trollen, Elben und Zwergen derart an einem Kindertausch gelegen war, wurde früher, als man von medizinischen Ursachen der »Verwandlung« eines Kindes, wie Rachitis und anderen Krankheiten noch nichts wusste, natürlich immer wieder gestellt. Die einen behaupten, die Menschenkinder seien einfach hübscher als die der übernatürlichen Wesen und daher so begehrt. Andere meinen, Menschenbabys dienten zur Auffrischung des Geisterblutes. Dritte sagen, nur durch Vermischungen mit Menschen könnten sich die Zwerge (oder Elben oder Trolle) überhaupt fortpflanzen oder eine Seele erhalten. Und schließlich heißt es auch, der einzige Zweck der Übung sei gewesen, die geraubten Menschenkinder später mit einer Tarnkappe auszuschicken, damit sie Lebensmittel stahlen, an die sie selbst anders nicht herangekommen wären.

Schützen konnte man seine Kinder mit allerlei Dingen, die Geister nicht ausstehen können, allen voran mit Eisen. Geöffnete Scheren, Messer, Nägel und Schlösser wurden früher oft an und in den Wiegen befestigt. Eine brennende Kerze im Fenster, Mobiles im Zimmer, blaue und rote Bändchen am Arm oder um den Hals des Babys waren (und sind teilweise im Orient auch heute noch) beliebte Mittel, um solche unerfreulichen Vorkommnisse zu vermeiden. Auch mussten Türen und Fenster des Hauses durch entsprechende »Geisterhindernisse« geschützt werden, darunter etwa einen mit hölzernen Bändern umflochtenen Reisigbesen. Die Wirkung eines solchen »Türwächters« illustriert die folgende Geschichte:

> *Auf einem Hof kam spätabends, als die Leute schon zu Bett gegangen waren, ein Bergtroll herein in den Flur. Man hörte jemand sagen: »Besen mit drei Bändern gebunden, mach auf!« Der Mann im Haus sprang auf und schnitt das eine Band am Besen ab, der deshalb nicht öffnen konnte. Da hörte man's wieder vom Gang herein: »Kehrwisch, mit zwei Bändern gebunden, mach auf!« Da schnitt der Mann das andere Band am Besen ab, und so konnte er wieder nicht öffnen. Auf diese Weise gelang es dem Bergtroll nicht, das Kind zu tauschen.*

Man könnte sich zwar fragen, warum der Troll nicht schließlich den »Besen ohne Bänder« aufgefordert hatte, die Tür zu öffnen – aber es wird schon einen triftigen Grund dafür gegeben haben.

Doch nicht nur Neugeborene waren bei den kleinen Naturgeistern sehr begehrt, auch Kinder und Erwachsene waren vor ihnen nicht sicher. Diese unrühmliche Menschenräuberei, in Skandinavien *bergtagning* genannt, wird sowohl den Zwergen wie den Trollen, den Elfen und anderen Feenwesen nachgesagt. Potenzielles Opfer ist im Prinzip jeder, wenngleich Männer und alte Leute insgesamt weniger bedroht zu sein scheinen. Auch gibt es bestimmte Zeiten, in denen die Gefahr besonders groß ist – so die Tage um Weihnachten und Neujahr und die Zeitpunkte, an denen die Geister sich besonders gern auf der Erde herumtreiben, also vor allem die Nächte zum 1. Mai, zum 24. Juni und zum 1. November.

Die betroffenen Menschen werden meist nur eine Zeitlang im Reich der Zwerge oder Feen behalten, dann dürfen sie zu den Ihren zurückkehren. Oft allerdings sind sie dann an Leib und Seele völlig zerrüttet. Sehr typisch ist etwa die folgende Aussage aus Bohuslän: »Mein Vater wurde in den Berg entführt und verlor die Sprache. Er war im Wald gewesen, um Holz zu holen, und so kam er gegen Mittag heim mit einem Stecken in jeder Hand. Mutter fragte ihn, wo er gewesen sei: ›Der Berg, der Berg‹, sagte er bloß.«

Derartige Vorkommnisse, die offenbar keineswegs selten waren, wurden von den Rationalisten einfach damit erklärt, dass die betroffenen Personen sich in der weiten Landschaft, in Wäldern oder Heide verirrt hätten. Schließlich seien die Rückkehrer sehr oft ausgemergelt oder psychisch wie physisch krank und ihre Kleider seien zerrisssen oder verschlissen gewesen. Unberücksichtigt bleibt hierbei allerdings die Tatsache, dass sich die Menschen früherer Zeiten zwangsläufig sehr viel besser im Gelände auskannten als wir modernen Stadtmenschen. Wir müssen uns weder Holz noch Nahrung aus Wald und Feld beschaffen, keinen Torf stechen und nicht die Kühe oder Schafe auf die Wiesen oder zurück in den Stall treiben oder was dergleichen frühere Pflichten mehr waren. Wir, die wir vielleicht allenfalls in entsprechender Kleidung einen Sonntagsspaziergang im nahen Stadtwald absolvieren, sind nicht mehr imstande, uns an den Sternen oder anderen Zeichen zu orientieren – und sind aus all diesen Gründen vielleicht nicht gerade dazu berufen, auf die entsprechenden Fähigkeiten früherer Landbewohner rückzuschließen.

Nicht so einfach zu erklären dürfte ferner die Tatsache sein, dass viele der »Entführten« liebend gern in den Berg zurückgekehrt wären, mit Sehnsucht an ihn dachten und sich in der richtigen Welt nicht mehr zurechtfanden. Auch ist es vielleicht ein wenig zu simpel, ausschließlich Halluzinationen für häufig erzählte Begebenheiten wie die folgende verantwortlich zu machen: »Ein Mann ist aus dem Berg befreit, aber die *huldra* folgt ihm nun auf Schritt und Tritt, und bisweilen ruft er plötzlich aus: ›Gyri Adlerkopf, ich seh dich wohl!‹ und: ›Seht ihr sie denn nicht?‹, fragt er erstaunt die andern.«

Bleibt man bei den überlieferten Aussagen, stehlen Zwerge, Feen und Trolle Erwachsene in der Hauptsache, weil sie sich in sie verlieben. Offenbar wirken Bräute besonders attraktiv auf sie, was kein Wunder ist, da sie ja an ihrem Ehrentag möglichst schön zurechtgemacht sind. Es gibt also eine Reihe von Berichten, die davon erzählen, wie die Braut nur kurz auf den Hof zum Luftschnappen geht und dort von einem Troll oder Huldermann entführt wird. Eigentlich unnötig zu sagen, dass es für den menschlichen Bräutigam höchst selten ein Happyend gibt. Gesetzt den glücklichen Fall, dass er seine Braut irgendwann doch wiederbekommt, wird er mit ihr, die fortan schwermütig oder entrückt oder jedenfalls völlig daneben ist, seines Lebens nicht mehr froh. Auch ob das Kind in der folgenden kurzen Geschichte wieder glücklich wurde, kann niemand sagen.

Ein kleines Mädchen ist von den Trollen geraubt worden. Eines Weihnachtsabends, als der Vater am Hügel vorbeireitet, sieht er diesen auf Pfeilern stehen, und darunter seine Tochter im Trolltanz mit offenem Haar. Rasch reitet er hinzu, ergreift sie bei ihrem Haar und zieht sie zu sich aufs Pferd. Der Trollbräutigam verfolgt sie und ruft: »Kleine Birte, kleine Birte, die sieben Silberschalen sind noch ungetrunken!« Aber der Mann reitet quer über das Roggenfeld, und so gelangen sie glücklich nach Haus.

Riesenzwerge

Auf die Idee, einen Riesen mit einem Zwerg zu verwechseln, käme wohl niemand. Und doch! Wir hörten schon, dass in der *Edda* nicht immer klar zwischen den Riesen und Trollen unterschieden wird. Und die Trolle ihrerseits stellt man sich teilweise als riesengroß und andernorts als zwergenwinzig vor. Auch gibt es diverse Geschichten, die den Zwergen buchstäblich Riesenkräfte zuschreiben, wie etwa in einem Märchen aus der Walachei in Rumänien.

Ein armer Holzfäller ging einmal zum Arbeiten in den Wald und legte sein armseliges aus einem Stückchen Brot bestehendes Mittagsmahl auf einen Baumstumpf. Doch als er erschöpft eine Rast einlegte und essen wollte, war es verschwunden. Er aber fluchte nicht, sondern sagte nur: »Gott hat's gegeben, Gott hat's genommen.« Da erschien mit einem Mal ein kleines schwarzes Männlein vor ihm, hielt ihm das Brot hin und erklärte, weil er nicht geschimpft habe, müsse er es ihm zurückgeben. Obendrein bot er sich ihm als Knecht an. Als der arme Mann antwortete, er könne sich keinen Knecht leisten, bestand der Zwerg auf seinem Wunsch, bis der Holzfäller schließlich einwilligte. Sofort schlug der Wicht ihm einen großen Baum, spaltete und hackte das Holz in unglaublicher Geschwindigkeit klein und erklärte anschließend, er werde jetzt zu einem Bauern gehen, um ihnen beiden etwas zum Essen zu verdienen.
Gesagt, getan. Das Männlein drosch dem Bauern sein gesamtes Getreide und sortierte es auch noch auf verschiedene Haufen. Darüber war der Bauer

derart erfreut, dass er den Zwerg fragte, was er zum Lohn verlange. »Nur so viel Getreide, wie ich auf den Schultern heimtragen kann«, versetzte der bescheiden. Als der Bauer damit einverstanden war, verschwand das Männlein kurz und nähte sich aus vieler Leinwand, die zum Bleichen auslag, rasch einen großen Sack; in den füllte er nicht nur das gesamte Getreide, das er gedroschen hatte, sondern auch noch alles, was er sonst noch herumliegen sah. Der Bauer, der dem Unternehmen zuschaute, lachte und lachte, bis ihm die Tränen die Backen herunterliefen. Als er allerdings merkte, dass der Zwerg sehr wohl imstande war, sich den riesigen Sack auf den Buckel zu laden, verging ihm die Fröhlichkeit, und er hetzte seinen wildesten Hengst auf den Kleinen. Der aber packte das Tier einfach obenauf und geradeso erging es dem Stier, der hinterherkam. So hatten er und sein Herr ausgesorgt.

Das christianisierte Ende der Geschichte wurde hier ausgelassen. Danach nämlich war der kleine Mann niemand anderer als der Teufel, der sich das Leinen und später auch noch eine große Menge Butter nur deshalb aneignen konnte, weil die faulen Mägde – einmal beim Buttern, einmal beim Weben – im Zorn erklärt hatten: »Hol's der Teufel.« Da die gesamte Anlage der Geschichte aber die Teufelsidentität des kleinen Männleins überhaupt nicht rechtfertigt, der Zwerg vielmehr als uneigennütziger Helfer auftritt, erklären wir hiermit, dass er sich die Leinwand auf legale Weise beschafft hat und ignorieren die Butter vollständig.

Im doch recht weit von der Walachei entfernten Indien gibt es eine vergleichbare, allerdings diesmal einem Gott, Vishnu nämlich, unterstellte Geschichte, die ihrer Berühmtheit wegen kurz erzählt werden soll. Vishnu, soviel sei vorausgeschickt, nahm im Laufe seines langen Lebens immer wieder verschiedene Inkarnationen oder *Avataras* an, um die Welt von dem einen oder anderen Übel zu befreien. Unter diesen Avataras waren unter anderem ein Fisch, eine Schildkröte, ein Eber – und eben auch ein Zwerg, Vamana. Und das kam so:

Ein Dämon namens Mahabali hatte einst die drei Welten – Himmel, Erde und Unterwelt – in seine Gewalt gebracht und übte seitdem eine wahre Schreckensherrschaft über alle Lebewesen aus, einschließlich der Götter. Diese wussten nicht mehr ein noch aus, bis Vishnu sich erbot, dem Dämon entgegenzutreten. Da ihm klar war, dass er in Göttergestalt gegen ihn keine

Chance gehabt hätte, ging er in den Leib einer frommen Brahmanin ein und wurde als zwergenwüchsiges Kind namens Vamana wiedergeboren.
Als Mahabali eines Tages ein großes Opferfest abhielt, ging der kleine Zwerg zu ihm und wurde mit der einem Brahmanen gebührenden Ehre empfangen und gefragt, was er als Geschenk wünsche. »Oh König«, sagte da Vamana, »deine Worte sind süß. Gib mir so viel Land, wie ich mit drei Schritten ausmessen kann. Mehr verlange ich nicht.«
Mahabali willigte lächelnd ein und wusch ihm sogar eigenhändig die Füße. Wie erstaunte er aber, als mit einem Mal aus dem winzigen Zwerg ein Riese wurde, so groß, dass er mit einem Schritt den Himmel und mit dem zweiten die Erde umspannte. Dann aber sprach Vishnu-Vamana zu dem Dämon: »Du hast mir drei Fuß Grund versprochen. Zeig mir also den Platz, auf den ich meinen dritten Schritt setzen kann, oder du hast dein Wort nicht gehalten und verkriechst dich besser in die Unterwelt.«
Mahabali, der irgendwo doch ein aufrechter Charakter war, der stets sein Wort hielt, bot daraufhin dem Riesenzwerg seinen eigenen Kopf als dritten Auftrittpunkt an. Vamana nahm huldvoll an – und stampfte den Dämon geradewegs in die Unterwelt. Und aus war es mit der Schreckensherrschaft der Dämonen!

Hier, wie in der vorigen und vielen ähnlichen Geschichten sind die Zwerge gewissermaßen mit den Riesen identisch. Dass Zwerge sich in Riesen verwandeln können, besagt auch eine Sage aus der Gegend von Lauenburg. Hier gab es ein Hünengrab, genannt der Köpfelberg, aus dem sah einst ein Ehepaar nachts einen Zug Zwerge hervorkommen, die allesamt »nicht größer als ein Stuhlbein« waren. An der Spitze ritt offensichtlich deren Herrscher auf einem winzigen Pferdchen. Die beiden Leutchen waren natürlich höchst verwundert. »Sie sagten: ›Alle guten Geister loben den Herrn‹, und sogleich fing der Kleine, der voranritt, an zu wachsen und ward immer höher und höher und war zuletzt ein Riese.«

In der gewaltigen Hügelgrabanlage, dem Königsgrab zu Seddin, soll König Hinze ruhen – ein Name, der eindeutig auf einen Zwerg verweist, obgleich die Anlage eher auf einen Riesen deutet.

Umgekehrt erzählt eine polnische Geschichte, ursprünglich seien die Menschen so groß wie Riesen gewesen, nun aber würden sie immer kleiner, und bald würden sie so groß wie ein Finger sein. »Schon jetzt kann man manchmal fingergroße Zwerge sehen, die gewöhnlich hinter dem Ofen wohnen.«

Auch gibt es genügend Berichte, die Zwerge und Riesen zumindest in eine sehr enge – sei's freundschaftliche, sei's feindliche – Beziehung zueinander setzen. Oft werden dabei die Zwerge als klug und geschickt und die Riesen als dumm und ungeschlacht dargestellt. Im *Straßburger Heldenbuch,* einer der wichtigsten Sammelhandschriften der deutschen Spielmanns- und Heldendichtung aus dem 15. Jahrhundert, heißt es, dass Gott »zu dem ersten« die Zwerglein werden ließ, und zwar, weil so viel Land und Gebirge wüst und unbebaut war und so viel Silber und Gold in den Bergen lag. Anschließend erschuf er die Riesen, damit die zum Schutz der fleißigen Zwerglein die Drachen und wilden Tiere erschlugen. Große Leibwächter also gewissermaßen. Dabei allerdings hatte sich der liebe Gott ein wenig verrechnet, denn die Riesen erwiesen sich bald als bös und »ungetrü«. Deshalb blieb Gott nichts anderes übrig, als drittens die Helden zu erschaffen, damit die wiederum den Zwergen gegen die Riesen und die wilden Tiere zu Hilfe kamen.

Zur geistigen Überlegenheit der Zwerge passend, soll Goldemar, ein bereits im 13. Jahrhundert erwähnter Zwergenkönig, auch Herrscher über die Riesen gewesen sein. Andererseits erhellt aus einem norwegischen Märchen, dass das Verhältnis zwischen Riesen und Zwergen auch genau umgekehrt sein konnte, da Letztere hier einem Riesenpaar mit unzähligen kleinen Fackeln ihre Ehrerbietung erweisen.

Bei Kleptow in der Nähe von Pasewalk gab es einen Felsen, in dem ein Riese hauste, der in ständigem Streit mit den im benachbarten Stein wohnenden Zwergen lag. Er zermatschte bei passender Gelegenheit einen Teil der Wichte mit großen Felsbrocken, woraufhin er bei einer anderen Gelegenheit selbst von ihnen mit einem Stein erschlagen wurde.

Beziehung und Kräfteverhältnis zwischen Riesen und Zwergen sind also keineswegs eindeutig definiert, und über ihre »enge mythische Verwandtschaft« haben sich schon etliche Forscher die Köpfe zerbrochen und Theorien aufgestellt, von denen, wie sich denken lässt, keine einzige beweisbar ist. So reicht es wohl aus, den lakonischen Satz eines von ihnen, der eine Dissertation über Zwerge und Riesen in der altfranzösischen Dichtung schrieb, zu zitieren: »Über die Einteilung ihrer Riesen und Zwerge sind sich die Germanisten nicht ganz einig.«

Die Zwerge und das Christentum – oder: der Klügere gibt nach

Will ich in mein Gärtlein gehn,
will mein Zwiebeln gießen,
steht ein bucklicht Männlein da,
fängt als an zu nießen.
Liebes Kindlein, ach, ich bitt',
Bet fürs bucklicht Männlein mit!

s hilft alles nichts. Kein Beschönigen und kein Drumherumreden lässt Zwerge und Christen zu dicken Freunden werden. Sie sind sich nun einmal nicht grün oder vielmehr: Sie waren es vor allem in früheren Zeiten nicht. Wohl gibt es etliche rührend zaghafte Versuche, die Sache ein wenig anders darzustellen und die Zwerge entweder zu eifrigen Christen zu machen, die elend lange Wege nicht scheuen, um rechtzeitig zum Gottesdienst zu erscheinen, oder doch wenigstens zu Stützen dieser Religion werden zu lassen. So wird mancherorts behauptet, Zwerge oder (im Norden) Trolle hätten einst beim Bau der einen oder anderen Kirche geholfen. In einer Kirche in Groß Vahlberg (Landkreis Wolfenbüttel) wird ein Relief als Darstellung eben eines solchen Zwerges gedeutet. In Dänemark soll es sogar einen Kirchen-Niss geben, den so genannten *kirkegrim*, der dafür sorgt, dass die jeweilige Kirche, in der er wohnt, stets sauber und ordentlich ist, und alle vertrimmt, die sich darin auf irgendeine Weise schlecht betragen.

Ob sich der Kirkegrim nun tatsächlich mit dem Christentum verbunden fühlt oder nach Hausgeistart lediglich mit dem netten Haus als solchem, lassen wir dahingestellt sein. Fest steht aber, dass derlei Geschichten doch eher die Ausnahme darstellen. Von den Zwergen ist insgesamt seltener als von den Feen und Elfen zu hören, sie wollten unbedingt bekehrt werden, um endlich eine unsterbliche Seele zu erhalten.

Immerhin gibt es ein paar in diese Richtung gehende Geschichten. In einer von diesen bewahrte ein Niss sämtliche Geschenke, Essen und alles, was er im Laufe der Zeit in Diensten eines Bauern erhalten hatte, sorgfältig auf. Und als ihn ein Priester nach dem Grund fragte, erklärte er, dass all dies am Tage des Gerichts Zeugnis ablegen solle, wie er treu seine Pflicht erfüllt habe und daher hoffe, selig zu werden.

Der aufmerksame Leser wird an dieser Stelle einwenden, dass schließlich in genau diesem Buch schon wiederholt von Nottaufen die Rede war, die Christenmenschen an Zwergenbabys vornahmen. Ergo muss der Zwerg anschließend Christ gewesen sein. (Und dessen Eltern, die ja um die Taufe gebeten hatten, doch zumindest Sympathisanten.)

Zugegeben. Allerdings ist das Motiv weit verbreitet und durchaus nicht auf die Zwerge beschränkt. Außerdem ist bei solchen Aussagen und angeblich furchtbar taufwilligen Geistwesen, ob es nun Elfen, Feen oder Zwerge sind, Folgendes zu bedenken: Das Christentum musste sich mit einer Unmenge an Göttern und Geistern auseinander setzen, die angesichts des alleinigen Gottes, den es ins Land brachte, eigentlich samt und sonders zu vertreiben oder für nicht existent zu erklären waren. Wie schwierig sich dieses Unternehmen gestalten würde, war von Anfang an klar. Tief eingewurzelter Glaube ist nun einmal nicht von jetzt auf gleich auszurotten, zumal es konkret darum ging, viele dem Menschen buchstäblich nahe stehende Wesen durch einen erhabenen, entrückten, unnahbaren Gott zu ersetzen. Einen Gott, der sich nicht eben mal ein Schälchen Milch unter den Holunder hinstellen ließ, damit er das Haus beschützte, oder an Weihnachten auf dem Dachboden vom Breischüsselchen aß. Kurzum: Die Missionare taten sich sehr schwer mit dem Missionieren im Heidenland, und die Klügeren bedienten sich der langsameren, aber sichereren Methode des konsequenten Vermiesens. Bestehende Sagen wurden also nach und nach umgeformt, wie man etwa schon bei dem Zwergenkönig Laurin sehen konnte. Da wurden dann die Zwerge zu Menschenfressern, die sich nach prallen Buben alle Finger leckten und mit ihren Gefangenen ganz wie die böse Hexe in *Hänsel und Gre-*

tel verfuhren. Eine solche Geschichte etwa erzählte man sich nicht nur von dem verwöhnten Zwergenkönig Goldemar, der einen Küchenjungen des Grafen aus Zorn gebraten und aufgegessen haben soll, sondern auch allgemein von Kärntner und Oberwalliser Zwergen. So heißt es, die alpenländischen Knirpse hätten gern Knaben eingefangen, sie gemästet und dann geschlachtet. Eines Tages brachten sie wieder einen Knaben aus dem Tal herauf. Er wurde in die Wohnung eines alten Zwerges gebracht, der ihm das beste Essen aufstellte und ihn von Zeit zu Zeit in den Finger schnitt, um zu sehen, ob er fett sei. Jedes Mal wandte er sich ab und sagte: »Zu wenig fett, zu wenig fett!«

In den Kalklöchern zwischen Sachsa und Walkenrieth im Harz sollten gleichfalls Zwerge hausen. Von ihnen wurde viel erzählt, vor allem, dass sie wie die Raben stahlen: »Die haben den Menschen die Kinder gestohlen und sie dann gebraten, und ihnen auch sonst vielen Schaden sowohl an den Feldern als am Vieh getan.«

Derart drastische, die Zwerge auf gemeinste Art anschwärzende Geschichten sind zwar zugegebenermaßen eher selten, aber dass diese Wesen auf die eine oder andere Weise bewusst schlecht gemacht wurden, ist leider keine Ausnahme. Gleichfalls im Oberwallis wurde von einer Zwergenfamilie, den *Gotwergini,* erzählt, die stillzufrieden in enger Nachbarschaft mit den Menschen lebte. Wenn das Vieh sich verirrte, dann brachten es die Gotwergini wieder zum Hof zurück, und überhaupt erwiesen sie sich zu jeder Gelegenheit als wohltätige Freunde – bis eines Tages ein fahrender Schüler ins Land kam und zu sticheln und hetzen begann. »Warum duldet ihr das Zwergvolk bei euch«, sagte er ganz entrüstet, »das sind Leute, die nur Böses im Schilde führen; sie gehören nicht zu unserm Geschlecht und sind aus unbekannten Gegenden zu uns eingewandert. Und habt ihr die Zwergenfüße noch nie näher beschaut, sie sind ja nach rückwärts gedreht!«

Fast unnötig zu sagen, dass der fahrende Schüler mit seiner Anti-Zwerg-Kampagne auf die Dauer Erfolg hatte. Die Leute mieden allmählich ihre ehemaligen kleinen Freunde, und eines Morgens waren die Zwerge verschwunden, »und niemand weiß, wohin sie gezogen sind.«

Nicht immer werden die Zwerge auf so direkte Weise verunglimpft. Es ist aber interessant festzustellen, dass von ihnen oft Ähnliches erzählt wird wie vom Teufel. Mehrere solche Geschichten wurden etwa von dem pommerschen Kobold *Rodbüksch* erzählt, der so hieß, weil er stets rote Hosen trug. Er soll nur anderthalb Schuh groß und sehr nützlich gewesen sein, denn er brachte seinem Herrn Glück in Form von Korn oder Geld. Seit einiger Zeit aber sind diese Zwerge, so erfährt man aus einem volkskundlichen Werk des 19. Jahrhunderts, nur noch selten zu finden, da die Polizei »gar zu arg« hinter ihnen her ist, und außerdem sei die Seele desjenigen, der einen solchen Kobold besitze, rettungslos dem Teufel verfallen, es sei denn, dass er den kleinen Wicht vor seinem Tod noch durch List oder Verkauf loswürde.

Ein Bauer setzte mit dem Rodbücksch einen schriftlichen Kontrakt auf und unterschrieb ihn mit seinem eigenen Blut. Darnach war der Kobold verpflichtet, bis an sein Lebensende treu dem Mann zu dienen und jede Arbeit, die ihm aufgetragen würde, voll und ganz auszuführen. Hielte der Rodbücksch den Vertrag ein, so verfiele ihm seines Herrn Seele nach dem Tode, könnte er jedoch seinen Verpflichtungen nicht nachkommen, so sollte der ganze Handel null und nichtig sein.
Der Bauer aber war ein Schalk und dachte gar nicht daran, dem Rodbücksch seine Seele zu lassen. Als im Frühjahr die große Scheune leer stand, machte er oben in dem Strohdach ein Loch, steckte einen Stiefelschaft hinein und befahl dem Kobold, den Stiefel mit Geld zu füllen. Der machte sich auch sofort an die Arbeit und schleppte immerfort, drei Tage und drei Nächte lang, Geld herbei und schüttete es in den Schaft hinein; doch der Stiefel war unergründlich und wollte sich nicht füllen. Als der dritte Tag zu Ende gegangen war, riss dem Rodbücksch die Geduld: »Jetzt trage dieser und jener noch länger«, rief er aus und verschwand. Der Bauer aber musste das Geld aus der Scheune in Karren wegschaffen und war ein steinreicher Mann.

Ebenfalls in Pommern hielten sich zwei andere Bauern einen solchen Kobold, dem ihre Seele nach Ablauf einer bestimmten Zeit verfallen sollte. Dafür musste der Wicht jederzeit jede beliebige Arbeit innerhalb von fünf Minuten erledigen. Der eine Bauer trug ihm zuletzt eine Aufgabe auf, die der Kleine, wie er hoffte, nicht in der kurzen Zeit würde bewältigen können. Natürlich war der Kobold doch dazu imstande, und anschließend drehte er dem Bauern das Genick um. Der andere Bauer war zu verzweifelt, um sich etwas auszudenken, und ließ in seiner Herzensangst einen Wind fahren. Da kam ihm die Erleuchtung, und er beauftragte den Rodbücksch, den Furz wieder einzufangen. Das aber vermochte der Rodbücksch nicht, und die Seele des Bauern war gerettet.

Beide Geschichten passen nicht recht zu dem, was ansonsten von Hauswichten oder etwa auch dem Niss erzählt wird. Die Kleinen sind rachsüchtig, das schon, und drehen, wenn sie der Zorn packt, auch mal einer Kuh den Hals um. Aber nach Teufelsart die Seele eines Menschen zu verlangen, gehört nicht in das Repertoire ihrer doch sehr bescheidenen Forderungen. Ihre Wünsche sind höchst irdischer und sehr schlichter Natur – mit einer Seele könnten sie nicht das Geringste anfangen. Mit Blut geschriebene Verträge sind ebenfalls etwas, das man landläufig mit dem Teufel in Verbindung bringt, nicht aber mit anderhalb Schuh großen rotbehosten Hauswichtlein.

Die prompte Erfüllung jeden Wunsches ist gleichfalls nichts, was man normalerweise von einem Hauskobold erwarten würde. Er hilft, wie früher jeder Landmann wusste, wenn ihm der Sinn danach steht und sein Schüsselchen mit Brei und einem Kleckschen Butter gefüllt ist. Befehlen aber lässt er sich höchst ungern etwas, und die Arbeiten, die er verrichtet, sind ganz alltäglicher Natur, wie etwa die Kühe zu melken, die Pferde zu striegeln, das Haus zu fegen oder Kleider zu nähen.

Gold zu beschaffen ist dagegen eher die Aufgabe des Hausdrachen, der mit feurigem Schweif durch den Schornstein seines Herrn aus und ein fliegt – und liebend gern Brände legt. Dieses Wesen weist zwar in manchen Punkten gewisse Ähnlichkeiten mit einem Hauskobold auf, so vor allem darin, dass es furchtbar schnell beleidigt ist, wenn die Grütze oder der Brei zu heiß oder zu kalt geraten sind. Aber von einer *Identität* der beiden kann doch nicht so ohne weiteres gesprochen werden.

So oder so kann man sagen, dass Geschichten von seelenlüsternen Zwergen in der Hauptsache wohl dazu dienten, den Menschen ihre lieb gewordenen heidnischen Geisterchen zu vermiesen. Sie nach und nach dazu zu bringen, ihnen kein Essen mehr hinzustellen, dem Hausholunder keine Milch mehr zu opfern und überhaupt jeden derartigen »abergläubischen Unsinn« fortan tunlichst zu unterlassen. Auf die Dauer hatten die Erfinder solcher Schauermärchen einen durchschlagenden Erfolg – denn wer schließlich tut das eine oder andere heutzutage bei uns noch?

Und so sank, wie es die Brüder Grimm ausdrücken, der »alte trauliche und getreue Hausfreund des Heidentums allmählich zum Schreckbild und Gespötte der Kinder« herab.

Martin Luther betrieb übrigens, vor allem in seinen Tischreden, eine wahre Verleumdungskampagne gegen die Zwerge. Er setzte sie wortwörtlich mit dem Teufel gleich. So erzählt er etwa von einer Magd, die ein Heinzlein, also einen Wichtel besaß: »Sie hatte alle Zeit einen Teufel bei ihr am Herde sitzen, da er ein eigen Stättlein hatte, das er sehr rein hielt, wie es der Teufel denn gerne pflegt rein zu halten, wo er ist, wie die Fliege auch gerne aufs Reine scheißt, als auf weiß Papier.« Luther erzählt übrigens davon nur, weil er darauf hinauswill, dass besagte Magd ihr Kind ermordet habe. Der Kobold aber sei der Anstifter zu dieser Untat gewesen.

Der Mittelalterforscher Will-Erich Peuckert weist Luther sogar ausdrücklich den schwarzen Peter in Sachen Wichtelschlechtmachen zu. Im Zusammenhang mit einer Geschichte, in der gute, »menschliche« Kobolde, die *Gütel*, eine Rolle spielen, sagt er: »Erst Luther machte sie zu bösen Wesen. Er hat ›sie zerstört, die schöne Welt‹, so wird man wohl behaupten müssen; er hat die alte und im letzten doch unschuldige Vertraulichkeit vernichtet; es gab nun keine ›Gütel‹ mehr, auf deren Hilfe sich der Mensch verlassen konnte.«

Interessant scheint uns, dass in einer Geschichte aus Thüringen nur der Scharfrichter – nicht der Pfarrer! – mit einem kleinen Kobold fertig wird. Er brauchte ihn bloß scharf anzusehen, und schon verlor er seine »Keckheit«. Der Scharfrichter hielt daraufhin einen Sack auf, das Zwerglein kroch willig hinein, und die Leute hatten wieder Ruhe im Haus. Der Kobold, heißt es, wurde von dem Scharfrichter anschließend an eine geheime Stelle im Wald gebannt.

Die Verteufelung der Zwerge brachte es im Laufe der Zeit mit sich, dass man sich gegen sie (und Feen, Elfen, Elben usw. usw.) der gleichen Abwehrmaßnahmen bediente wie gegen die Hexen. »Es ist«, so heißt es in einer Sammlung von Sagen aus den westlichen Alpen, »in der Gegend noch üblich, über dem Brotteig drei Kreuze zu machen. Das ist eine alte Sitte, die auf den Glauben zurückgeht, dass Zwerge oder Hexen den Teig fortnehmen können, wenn er nicht bekreuzt ist.«

Auch kursierten etliche seltsame Geschichten über die große Macht, die geweihte Dinge auf diese »elenden heidnischen bösen Wichte« ausüben sollten. Die folgende ist aus Rügen überliefert und wurde von dem Schriftsteller Ernst Moritz Arndt aufgezeichnet, der selbst von der Insel stammte.

Es war einmal ein Bauer auf der Insel Rügen, der fand, als er eines Morgens zu seinem Felde ging, einen schönen blanken Wurm, der immer auf dem Kreuze hin und her lief, als wenn er große Angst hätte, und gern fort wolle und doch nicht könne. Nachdem das der Bauer eine Zeitlang voll Verwunderung angesehen hatte, fiel ihm ein, dass die kleinen Zwerge des Landes, wenn sie zufällig an etwas Geweihtes geraten, daran festgehalten werden und nicht von der Stelle können. Er dachte also, dass der Wurm ein solcher Zwerg sei, der nicht von dem Kreuze könne, und er hoffte, dadurch sein Glück zu machen. Und so geschah es auch. Denn wie er nun den Wurm einfing, da verwandelte sich der auf der Stelle, und der Bauer hatte wirklich einen kleinen schwarzen Zwerg in der Hand. Der krümmte sich nun gewaltig, und wollte dem Bauern entschlüpfen, und wie er sah, dass das nicht anging, gab er gute Worte und bat jämmerlich um seine Freiheit. Der Bauer aber war klug und sagte zu ihm: »Nur still, du kleiner Gesell; umsonst kommst du nicht los. Ich werde dich nicht eher wieder zu den deinigen lassen, als bis du mir versprichst, dass du mir einen Pflug machen willst, der so leicht ist, dass ihn auch das kleinste Füllen ziehen kann.«

Die schwarzen Zwerge sind böse und tückisch und gönnen den Menschen nichts. Der Gefangene antwortete daher dem Bauern gar nicht und schwieg mausestill und dachte, dem anderen werde die Zeit schon lang werden und endlich müsse er ihn denn doch wieder frei geben. In dem eigensinnigen tückischen Schweigen blieb er lange so. Es half selbst nicht, als der Bauer ihn prügelte und geißelte, dass ihm das Blut von dem kleinen Leibe floss. Zuletzt aber, als ihn der Bauer in einen schwarzen eisernen Grapen [dreibeinigen Kochtopf] steckte und ihn so in eine kalte Kammer setzte, wo der Kleine frieren musste, dass ihm die Zähne klapperten, kroch er zu Kreuze, und er versprach nun, den Pflug zu liefern. Darauf ließ ihn der Bauer flugs los, denn auch diese bösen schwarzen Zwerge müssen alles halten, was sie versprochen, und man hat kein Beispiel, dass einer sein Wort gebrochen hätte. Am andern Morgen stand vor der Tür des Bauern ein schöner eiserner Pflug, aber so leicht, dass ein Hund oder ein Kind ihn ohne alle Beschwerde ziehen, und das schwerste Land damit pflügen konnte. Dadurch wurde denn der Bauer bald der reichste Mann auf der Insel.

Es ist traurig, aber nur zu wahrscheinlich, dass die Leser oder Zuhörer solcher Erzählungen dank jahrhundertelanger Indoktrinierung vermutlich ganz auf der Seite des zwergenschindenden Bauern standen. Und das, obgleich der kleine Wicht ganz offensichtlich niemandem etwas zuleide getan hatte und sein Wort hielt, obwohl er derart gequält worden war; ja, dass die »bösen« Zwerge stets ihr Versprechen halten, wird sogar ausdrücklich betont. Der wahre Übeltäter der Geschichte aber, der Bauer, steht am Ende als strahlendes Beispiel dafür da, dass unrecht Gut bisweilen (oder meist?) eben doch gedeihet.

Zum Glück gibt es auch unzählige Berichte, Sagen und Geschichten, in denen die Zwerge lediglich in harmloser, freundlich gemeinter Weise als »Heidenkinder«, »Heidemännle« oder »Heidenleute« bezeichnet werden. Und hier erhebt sich die Frage, wie sich denn die kleinen Wichte eigentlich selbst zum Christentum stellten und wie sie ihrerseits mit den Christen umgingen, die sie doch oft genug grundlos verunglimpften.

Sehr entschieden erklärt ein norddeutscher Heimatforscher in Plattdeutsch: »Christen sünd de Ünnerierdschen nich.« Anschließend führt er etliche von ihm gesammelte Belege für diese Behauptung an. Ihnen ist zu entnehmen, dass die Zwerge – anders als die eifernden Christen früherer Zeiten – zwar mit der neuen Religion nichts am Hut hatten, aber keineswegs versuchten, gegen sie vorzugehen. Sie fühlten sich von ihr schlicht und einfach gestört und zogen es vor, sich an einen gemütlicheren Ort zu begeben. Näheres werden wir darüber im letzten Kapitel dieses Buches erzählen.

Angemerkt sei allerdings schon hier, dass zwischen dem Niss und unserem »christlichen« Nikolaus eine recht enge Verbindung zu bestehen scheint. Das Wort *Niss* ist nämlich die Abkürzung von »Niels«, was wiederum auf »Nikolaus« zurückgeht. Der heilige Nikolaus avancierte im Mittelalter zum Schutzheiligen des heimatlichen Lebens, und, so mutmaßt ein Forscher, »nach und nach verdrängte seine Gestalt die der alten Hausgeister, oder man gab ihnen wenigstens seinen Namen.«

Und erinnert sei schließlich daran, dass unser Weihnachtsmann, abgesehen von der Größe, dem klassischen Zwerg zum Verwechseln ähnlich sieht. Zugegebenermaßen stammt das uns allen wohlbekannte Bild erst von einem Zeichner des 19. Jahrhunderts, Thomas Nast. Dass aber bei der Figur des Weihnachtsmanns, bei seinen Rentieren und den Geschenken, die er bringt, nordische Traditionen mit hineinspielen, von Wichteln, die an der Wintersonnenwende herumspuken, liegt nahe, und so hat Thomas Nast das Bild richtig getroffen.

NEBENDARSTELLER UND HAUPTPERSON

*Wir sind die sieben Zwerge
und wohnen hinterm Berge
wir fahren tief ins Bergwerk ein
und suchen beim Laternenschein
Silber, Gold und Edelstein.*

Im Verlauf des Buches dürfte klar geworden sein, dass die Sage mit dem Zwerg ganz anders umgeht als das Märchen; und so erscheint es lohnend, den teilweise doch sehr markanten Unterschieden zwischen den beiden »Zwergengattungen« einige Worte zu widmen.

Märchenzwerge

Man könnte sagen, dass der Zwerg im Märchen eher ein Statist als ein lebendiges, individuelles Wesen ist. Das beginnt schon damit, dass er sehr selten näher charakterisiert wird. Es würde im Grunde ausreichen, als Beleg dafür die bekannten Grimm'schen Zwergenmärchen vom *Rumpelstilzchen,* den *Drei Männlein im Walde, Schneeweißchen und Rosenrot,* den *Wichtelmännern* und nicht zu vergessen natürlich *Schneewittchen* zu nennen. Nur in zwei Märchen werden die Zwerge überhaupt »eingeführt«, also in irgendeiner Weise beschrieben. Im *Rumpelstilzchen* geht einfach die Tür auf und ein »kleines Männchen« tritt herein. In *Schneewittchen* kommen schlicht die sieben Zwerge nach Hause; in den *Drei Männlein im Walde* gucken die drei kleinen Haulemännerchen zum Fenster heraus, und von den *Wichtelmännern* wird

immerhin gesagt, dass es sich um »zwei kleine, niedliche nackte Männlein« handelt. In *Schneeweißchen und Rosenrot* erfährt man, dass der Zwerg alt ist und ein verwelktes Gesicht und einen langen weißen Bart hat. Letzteres wird aber vermutlich nur deshalb hinzugefügt, weil es, wie wir uns erinnern, im weiteren Verlauf der Geschichte von Bedeutung sein wird. Diese Bemerkungen grenzen schon fast an eine Beschreibung, denn in den anderen Märchen bleibt es ganz dem Leser oder Zuhörer überlassen, sich ein Bild von den Zwergen zu machen. Ob sie alt oder hässlich sind, wie sie gekleidet sind, was sie auf dem Kopf tragen, ob sie blond, schwarz- oder braunhaarig sind oder wie sie heißen, bleibt völlig offen. Lediglich im *Rumpelstilzchen* und vergleichbaren Märchen spielt der Name eine wesentliche Rolle und wird deshalb im Lauf der Geschichte genannt.

In kaum einem Märchen wundert sich übrigens der Mensch, der mit den Zwergen in Berührung kommt – anders als man eigentlich annehmen dürfte –, über deren plötzliches Erscheinen. Die Müllerstochter, die in einen Raum eingesperrt ist, zuckt nicht mit der Wimper, als so ein Wichtel zur Tür hereinmarschiert. Auch Schneeweißchen und Rosenrot denken sich nicht das Geringste dabei, als sie im Wald auf einen Zwerg mit eingeklemmtem Bart treffen, und benehmen sich so, als komme derlei alle Tage vor.

Das Märchen will zur Sache kommen; es beschränkt sich daher nach Möglichkeit auf die Handlung, und der Zuhörer findet das völlig normal. Die meisten Kinder nehmen ungewöhnliche Situationen genauso gleichmütig hin wie Schneeweißchen und Rosenrot oder Schneewittchen – die es schließlich auch kein bisschen wundert, in ein Zwergenhaus geraten zu sein.

Apropos Zwergenhaus. Der Geschichte wegen war es notwendig, davon zu sprechen, und Gleiches gilt etwa für Rumpelstilzchen. Das Häuschen, in dem Letzteres wohnt, wird nur deshalb als »kleines Haus« erwähnt, weil der Zwerg vor demselben um ein Feuer hüpft und dabei seinen Namen verrät. Besteht keine solche Notwendigkeit, erfährt man im Märchen auch rein gar nichts über den Wohnort der Zwerge. Wesentlich ist, dass der Kleine im entscheidenden Augenblick da auftaucht, wo er für den weiteren Gang der Handlung benötigt wird. Wie er das anstellt, ist seine Sache. Niemand macht sich darüber Gedanken, denn alles, was im Märchen geschieht, ist selbstverständlich und auf ein bestimmtes Ziel hin ausgerichtet. Das Märchen ist »eine Dichtung, die den Zufall nicht kennt«.

Weiter fällt auf, dass sich im Märchen Übernatürliches und Natürliches auf ein und derselben Ebene abspielen: Sämtliche »Geistwesen« sehen im Prinzip genauso aus und benehmen sich auch genauso wie die Menschen. Diese »Eindimensionalität«, wie ein Forscher es nannte, erstreckt sich folgerichtig auch auf die vorkommenden Men-

schen, die das Eingreifen eines Zwerges als nichts Besonderes empfinden und es anschließend nicht einmal für nötig halten, sich für Rettung oder Geschenk zu bedanken – um von Ah-und-Oh-Rufen einmal ganz zu schweigen.

So ist der Zwerg eigentlich keine »Person«. Er hat kein soziales Umfeld, keine Familie, keine Frau, keine Kinder oder Freunde. Und dass er fast immer männlichen Geschlechts ist, wird nur dann deutlich (und *braucht* auch nur dann deutlich zu werden), wenn es heißt, dass er eine Menschenfrau begehrt. Mit dem Märchenzwerg verhält es sich wie mit einem Diener oder Lakaien unaufgeklärter Jahrhunderte, der lediglich dann ins Licht der Aufmerksamkeit rückte, wenn er eine Tasse fallen ließ oder mehr Bratensoße beischaffen sollte – ansonsten aber in »der Welt« nicht vorkam.

Im Fall des Zwerges sind es allerdings keine Lappalien wie fehlende Bratensoße, sondern oft genug Rettung aus höchster Not oder aber irgendwelche kostbaren (und oft magischen) Dinge, die er dem Helden des Märchens schenkt. Wie Forscher festgestellt haben, kommt der Zwerg im Märchen am häufigsten in der Funktion des Gabenspenders vor.

Meist weiß der Zwerg von sich aus, ob der Held etwas taugt oder nicht, und erscheint im Bedarfsfall ungerufen, um ihm beizustehen. Gelegentlich geht zwar, wie in einem früheren Kapitel schon erwähnt (siehe S. 94 ff.), eine Testfrage voraus, aber es ist immer von vornherein klar, dass die (meist zwei) älteren Brüder oder Schwestern die falsche Antwort geben; der eigentliche Held, der jüngste Bruder oder die jüngste (bzw. Stief-)Schwester, jedoch die richtige.

Hat er nun geholfen oder geschenkt, was immer er zu schenken hatte, verschwindet der Zwerg wieder im bildlichen Nebel, um fortan keine Rolle mehr zu spielen (falls er nicht noch einmal mit Rat und Tat einspringen muss). Der Zwerg ist also »gleichsam die Verkörperung einer übernatürlichen, hilfreichen Macht, die in das Leben des Helden im rechten Augenblick« eingreift. Dass dem Zwerg übernatürliche Kräfte zur Verfügung stehen, wird im Märchen als selbstverständlich vorausgesetzt. Die Bandbreite dabei ist enorm groß. So kann der Zwerg entweder selbst die unmöglichsten Taten vollbringen, oder aber er verfügt über die Macht, andere (wie etwa Adler oder ein Ameisenheer) für sich tätig werden zu lassen.

Bemerkenswert ist auch, dass es sich bei den Geschenken (wie schon erwähnt) sehr oft um magische Gegenstände handelt und nicht so sehr um praktische Dinge, die man im täglichen Leben benötigt. Da bekommt der in Not geratene Held etwa Zauberkräfte, ein Zauberbuch, einen Zauberschlüssel oder ein Zauberpfeifchen. Noch besser (oder schlimmer, wie man's nimmt!) traf es das arme Mädchen im Märchen der *Drei Männlein im Walde:* Ihr fielen bei jedem Satz, den sie sprach, fortan Goldstücke aus dem Mund, wodurch sie natürlich für jeden unwiderstehlich wurde – zumal sie auch noch Schönheit angewünscht bekam.

Solch ein mächtiges Wesen hat im profanen Leben der Menschen eigentlich nichts verloren – und schon gar nicht als »Diener« im eigentlichen Sinn. Gleichzeitig aber spielt er oft nur eine marginale Rolle, die zwar für den Handlungsablauf durchaus nicht unwichtig sein kann, doch bedeutet der Zwerg für den Helden keine eigentliche Konkurrenz.

Alles in allem erfährt man im Märchen äußerst wenig über *das Wesen* Zwerg. Sein Bild, sofern man überhaupt eines gewinnt, bleibt blass, eindimensional, leblos und letztlich »wirklichkeitsfremd«.

Ganz anders verhält es sich mit der Sage.

Sagenzwerge

In den Königshainer Bergen wohnten in alten Zeiten viele Buschmännchen, in Gestalt, Sprache und Kleidung den Menschen ähnlich, nur viel viel kleiner; hatten auch ganz kleines Vieh, ganz kleine Hausgeräte und ganz winzig kleine Kinderchen. Aber sie besaßen geheime Kräfte, konnten sich unsichtbar machen und kamen und gingen, man wusste nicht woher und wohin. Es waren indessen freundliche harmlose Leutchen, die mit den Bauern in gutem Frieden lebten und ihnen manche Gefälligkeit erwiesen. Nur nach Speise waren sie allzeit sehr begierig, aber wer ihnen gab, dem waren sie auch dankbar und schenkten ihm Laub, das sich dann plötzlich zu Hause in Goldstücke oder blanke Taler verwandelte. Leider waren sie sehr zart gebaut, und als die Glocken eingeführt wurden, konnten sie den Schall nicht vertragen, kamen seltener und seltener, beklagten sich über die Schmerzen, die ihnen das Läuten verursachte, und blieben endlich ganz weg.

Diese Geschichte aus der schlesischen Lausitz zeigt sehr gut, wie anders der Zwerg in der Sage behandelt wird. Zunächst einmal, und das fällt auf den ersten Blick auf, sind die Zwerge hier keine Nebendarsteller. Sie sind diejenigen, um die es eigentlich geht, sie stehen im Zentrum des Geschehens. Allerdings kann man sie nicht als die »Helden« bezeichnen; ebenso wenig lässt sich meist von einer Handlung im eigentlichen Sinne sprechen – auf jeden Fall nicht von einer, bei der einem der Atem stocken würde. Da geht es beispielsweise eher darum, wie gewisse Müllersleute so dumm waren, das Verbot ihrer Hauszwerge zu missachten, und sie bei ihrem nächtlichen Treiben belauschten. Die Zwerge verschwanden und mit ihnen das Glück des Hauses.

Im Verlauf des Buches haben wir derartige Beispiele zur Genüge angeführt. Sie sind interessant, aufschlussreich und manches Mal recht drollig – als spannend aber würde man sie vermutlich nicht bezeichnen.

Dafür bekommt man in der Regel ein recht gutes Bild vom Zwerg geliefert. Man erfährt Näheres über seine Größe, über sein Aussehen und über seine Kleidung. Man erfährt, was er liebt (Sie wissen schon: Brei mit einem Kleckschen Butter obendrauf), was er hasst (Kümmel!), und womit er und die Seinen sich die Zeit vertreiben. Mit einem Wort: Der Zwerg erhält ein Gesicht und oft genug auch einen Namen. Dabei werden auch physische Unzulänglichkeiten des Zwerges nicht verschwiegen: Entenfüße, Hässlichkeit, Runzeln, lange Arme oder überhaupt eine nicht unseren Schönheitsidealen entsprechende Gestalt.

Er wird aus diesem Grund verhöhnt und beispielsweise – wie Laurin – nicht als Schwiegersohn akzeptiert. Interessant ist auch, dass der Faktor Zeit, der im Märchen selten eine Rolle spielt, in der Sage unter anderem darin zum Ausdruck kommt, dass immer wieder vom hohen Alter des Zwerges gesprochen wird.

Ein weiterer »realistischer« Zug der Volkssage ist der Umstand, dass das plötzliche Erscheinen des Zwerges oft genug Erschrecken auslöst. Und Hand aufs Herz: Wer von uns würde nicht zu Tode erschrecken, wenn plötzlich im Wald ein Zwerg vor ihm stünde?

Sagen wollen »wahr« sein, und damit man ihnen das abnimmt, müssen genaue Ortsbezeichnungen vorkommen. »Bei einem Schuster lebten einmal Zwerge, die ...« wirkt auf Zuhörer oder Leser vollkommen anders als etwa: »Zu Heidelberg, in der Kettengasse, wohnte einst ein Schuster, Heinz Himpel mit Namen, bei dem Zwerge hausten ...« Und wenn es gar heißt, der Kurfürst Johann Georg I. habe am 18. August 1644 bei Chemnitz eine Koboldin von einer Elle Stockmaß gefangen, dann glaubt man die Sache doch aufs Wort, oder? Die Kleine weissagte dem hohen Herrn übrigens Frieden, und besonders bemerkenswert sollen ihre »glatten Hände und Füße« gewesen sein, weil der Rest ihres Körpers nämlich sehr rau war. Bei einer so genauen Angabe, denkt man da bei sich, *muss* an der Sache ja was Wahres sein. Zwerge gab es also wirklich. Mit Hilfe alter Kirchenbücher könnte man den Heinz Himpel vermutlich ausfindig machen und die Kettengasse sowieso. Warum also sollte jemand die Geschichte erfunden haben?

Man kann sich den Zwerg nun zwar vorstellen – und man erfährt etliches über ihn –, gleichzeitig aber kann man ihn nicht »festhalten«. Jeder Versuch, ihn in seinem eigentlichen Wesen festzunageln oder bis ins Letzte zu ergründen, muss scheitern. Er bleibt geheimnisvoll, und er zeigt immer, dass er nicht ganz von dieser Welt ist – auch wenn er manches Mal recht kindisch-menschliche Trotzreaktionen, Zornausbrüche oder Vorlieben hat und menschlichen Tätigkeiten nachgeht. Wenn es ihm nicht mehr passt, wenn er vergrätzt oder verärgert wird, verschwindet er kurzerhand. Er entzieht sich durch seine übernatürlichen Fähigkeiten schlicht und einfach dem menschlichen Zugriff.

Er erscheint oft dann, wenn höchst profane irdische Not am Mann ist, die gute Mutter krank in der Hütte liegt und die liebevolle Tochter Medizin für sie benötigt, aber kein Geld hat. Wenn sich die einzige Kuh der armen Familie in den Bergen verstiegen hat und der Hirtenbub deswegen weint; oder wenn die Pferde im Stall einer guten Hand bedürfen, die sie füttert, pflegt und striegelt. Auf die Bedürfnisse des alltäglichen Lebens ausgerichtet sind dementsprechend die Geschenke, die der Sagenzwerg verteilt: Käse oder Kuchen, der nie alle wird; Garn, das kein Ende nimmt; Medizin, die das hoffnungslos kranke Mütterlein heilt; oder schlicht und einfach Gold.

Aber nur, wer mit einem solchen Geschenk umzugehen weiß, darf es auch behalten. Wer die scheinbar geringe Gabe – Stroh oder Laub – nicht achtet, geht leer aus und ist ganz und gar selbst schuld daran.

Der Märchenheld weiß augenblicklich, dass es sich bei der unscheinbaren Feder oder den drei Haaren, die er verehrt bekommt, um Zauberdinge handelt, und wirft sie natürlich nicht hinter den nächsten Busch, sobald der Zwerg außer Sichtweite ist. Wirkliche Menschen aber sind keine Hellseher und keine Heiligen: Wer würde sich, mal ehrlich, wenn er zum Lohn für anstrengende nächtliche Hebammendienste eine Schürze voll trockener Blätter bekäme, freudig bedanken, sie sorgfältig in seinen Rucksack stecken und heimtragen? Wohl niemand.

Hier zeigt sich, dass die Sage auch *erziehen* möchte: Wer (selbst noch so unscheinbare) Geschenke achtet, kann sich hinterher freuen. Wer bescheiden ist und sich über Strohhalme freut oder mitleidig ist (krankes Mütterchen), wird belohnt werden. Wer seine Neugier bezwingt (Heinzelmännchen), gütig gegenüber Geringeren oder uneigennützig ist, dem steht Segen ins Haus oder winkt das Glück. Die Zwerge übernehmen hier oft genug die Funktion der belohnenden Gerechtigkeit – und gleichzeitig die einer guten Fee. Eines Wesens also, dessen Beistand sich wohl jeder im Leben irgendwann einmal sehnlichst wünscht.

Nicht immer sind die Sagenzwerge allerdings »gut« im landläufigen Sinne des Wortes. Ihr Bild und Wesen bleibt stets schillernd und ambivalent. Ihre Rachsucht etwa (wir sprachen schon ausgiebig davon) kennt keine Grenzen, und wer es sich aus Dummheit, Undankbarkeit oder schlichter Bosheit mit ihnen verscherzt hat, kann erleben, wie aus der »guten Fee« eine rasende *Morrigan* wird. Hierin zeigt sich wieder der grundsätzliche Realismus der Sage, die schließlich die Menschen so darstellen möchte, wie sie wirklich sind – mit all ihren Abgründen, die sie lieber verbergen würden. Unziemliche Neugier, Verlogenheit, Wortbruch, Neid und Gier sind Eigenschaften, die das Märchen in der Regel lieber verschweigt. Prinzen und Prinzessinnen, Helden und Sauhirten sind da überwiegend edel, hilfreich und gut. Es gibt zwar zugegebenermaßen die notorischen Bösewichter – Drachen, ältere Brüder und Stiefmütter –, die Ränke schmieden, stänkern und lügen, aber das sind eben Ausnahmen, die lediglich integriert wurden, um die Spannung zu steigern oder überhaupt erst zu erzeugen. Ansonsten werden die Niederungen des menschlichen Lebens im Wesentlichen ebenso konsequent ausgeklammert wie in einem typischen Hollywood-Film.

Und ebenso – das sollte man nicht vergessen – das »Unhappy-End«. Die Sagenzwerge wandern aus. Die Bäche versiegen, Missernten sind die Folge, das Glück der Menschen schwindet: Klappe zu, Affe tot. Im *Märchen* wäre so etwas undenkbar.

Es dürfte klar geworden sein, dass der Sagenzwerg dem Menschengeschlecht wesentlich näher steht als sein Märchenkollege. Er ist sehr viel glaubhafter und natürlicher als dieser. Dass er sein Breichen mit einem Klecks Butter möchte und nicht anders, macht ihn menschlich, liebenswert und verletzlich. Es macht ihn zugleich aber auch gefährlich, denn er ist uns bei all seiner Kleinheit und seinen uns lächerlich erscheinenden Vorlieben in allem letztlich überlegen. Spottet man seiner, ignoriert man seine kleinen Wünsche, hat man »verschissen bis in die Steinzeit« (wie eine Bäurin in unserem Dorf einmal plastisch-deftig meinte). All diese Nuancen, die Facetten im Umgang mit den Zwergen und deren zwiespältigem Charakter spiegelt nur die Sage wider, nicht aber das Märchen.

KINDERBUCH UND FANTASY

Die heile Zwergenwelt im Kinderbuch

Es geht ein Männlein am Morgen aus,
Wagt sich gar keck in die Welt hinaus.
Vorsichtig tappt es durchs zarte Moos.
Die Glockenblume, wie ist sie groß!
Unterm Pilzdach hält es ein Weilchen Rast.
Vor einer Spinne flieht es mit Hast.
Mit Zittern schleicht es vorbei am Stein,
Wo die Eidechs' liegt im Sonnenschein.
Von einer Erdbeere, reif und rot,
Isst es ein Zwölftel als Mittagsbrot.
Moosbecher winkt ihm, mit Tau gefüllt,
Da hat es reichlich den Durst gestillt.
Wie die Sonne sinkt und es Abend wird,
Im Heidekraut hat es sich verirrt.
Es kennt die Wege, die Stege nicht,
Da schimmert vor ihm grüngoldenes Licht.
Glühwürmchen ist es! »Glühwürmchen, hier
Ist ein Verirrter; komm, leuchte mir!«
Glühwürmchen freundlich fliegt ihm voraus,
Und zeigt ihm richtig zurück ins Haus.
Wo Tannenwurzel sich knorrig streckt,
Da liegt ein Häuschen, ist ganz versteckt.
»Danke schön!«, sagt's Männlein und schlüpft hinein.
Das mocht' ein winziges Zwerglein sein.

Der Verfasser dieses Gedichts, Johannes Trojan, starb im Jahr 1915. Damit dürfte das Werklein also um die hundert Jahre alt sein. Geändert hat sich allerdings in dieser langen Zeitspanne eigentlich nicht sehr viel, wenn es um die Zwerge in der Kleinkinderwelt geht. Und so könnte das Gedicht genauso gut gerade eben entstanden sein. Auch wenn in der Welt der Bücher für die Kleinen alles im Wesentlichen heil und nett ist, fällt durch den einen oder anderen Bösewicht (der später meist gut wird!) doch häufig ein spannungserzeugender Schatten in dieses Idyll. Das kann die kleine Hexe betreffen, die von bösen Hexen umgeben ist, oder einen bösen Drachen, der erst zu einem guten werden muss. Die Spannbreite an Möglichkeiten ist groß, umso auffälliger aber ist, dass Zwerge in Kinderbüchern (oder, wie man oben sieht, auch in Gedichten) überwiegend einfach nur »nett« sind und Spannung keine Rolle spielt.

Sicher hängt dies damit zusammen, dass viele Zwergenbücher für die Kleinsten der Kleinen verfasst sind. Kurze, mehr oder weniger gute Reime auf dickem Karton mit niedlichen Bildchen. Zwerge für die Zwerge sozusagen. Der kleine Zuhörer wird darüber in Vers und Bild informiert, wie Blaumeisen (Hütchen auf dem Kopf) den freundlich dreinguckenden Zwerglein aufspielen. Zwerglein, die bemerkenswert an unsere Gartenzwerge erinnern, da sie sämtlich rote Zipfelmützen, um den Bauch eine Schürze und eine Gießkanne in der Hand tragen. Der weiße Bart darf natürlich nicht fehlen, wenn er insgesamt auch nicht ganz so notwendig ist wie die Mütze.

Man kann hinschauen, wo man will: Kinderbuchzwerge sehen meist gleich aus. Immer lachen sie unter ihrer mehr oder weniger knolligen Nase und den dicken roten Bäckchen, fröhliche Wesen, die Heiterkeit verbreiten und ihrer Winzigkeit wegen keinerlei Furcht aufkommen lassen. Drollig sind sie, wie sie die kleinen Marienkäferlein oder Schmetterlinge bemalen, Grillen oder Mäuse als Haus- oder Reittiere halten und Käfer und Frösche als Gäste bewirten. Von Schnecken gezogene Nussschalenwägelchen sind ebenso unverzichtbarer Bestandteil der Zwergenwirtschaft wie das zwischen Baumwurzeln gebaute Puppenhäuschen, in dem sie wohnen – oder noch besser das äußerst beliebte Pilzhäuschen.

Die Bienchengäste tanzen zur Musik der Blaumeisen-, Frosch- oder Heupferdchenmusikanten, und die unter einer Baumwurzel wie in einem Erker stehenden Bettchen mit den karierten Bezügen sehen so urgemütlich aus, dass man sich sofort hineinlegen und den Rest der Welt vergessen möchte. Die gesamte Szenerie gleicht heiteren Kinderbildern, auf denen immer die übers ganze Gesicht grinsende Son-

ne in eine Ecke gequetscht strahlt, sich Schmetterlinge tummeln und die Blumen neben dem rotbedachten rauchenden Häuschen nur so sprießen. So gut wie nie fehlt – und auch das macht die Zwergenbücher so hübsch – die vegetative Natur in Form von Moos, Beeren und Blumen. Ganz besonders beliebt und dekorativ sind Fingerhut und Glockenblumen. Die fröhliche Zwergenmama beschäftigt sich (Kopftuch auf dem meist recht großen Kopf) damit, blütenweiße Wäsche im Miniaturformat auf kleine Leinchen zu hängen, während der Papa – wenn er nicht gerade sein Gärtlein begießt – gemütlich auf dem Bänkchen vor dem Häuschen sitzt und die Pfeife schmaucht. Ist er sehr fleißig, ersinnt er ein Verfahren, wie er einen gefundenen Apfel nach Haus schaffen kann, damit er daraus Apfelwein machen und seine Freunde anschließend zu einem großen Fest einladen kann.

Zuweilen werden diese Zwerge bei den Tätigkeiten gezeigt, die man landläufig am ehesten mit ihnen verbindet: beim Bergbau oder Schmieden. Im Allgemeinen gehen sie allerdings Beschäftigungen nach, wie auch wir Menschen sie tagtäglich absolvieren. So sind sie etwa Postbeamte, Apotheker oder Wirte, Maler, Schneider oder andere Handwerker. Wie ihre echten Vertreter kennen sich auch die Bilderbuchzwerge ausgezeichnet mit Pflanzen und überhaupt der Natur aus. So heißt es in einem Buch aus dem Jahr 1946: »Was da weh und was da wund, macht der Haulemann gesund. Gräbt vor Tag ein Würzlein aus, trocknet Kräuter hinterm Haus«… Daher werden sie auch zu die Kinder belehrenden Zwecken eingesetzt, indem sie etwa die giftige Tollkirsche nicht sammeln oder aufzeigen, was es mit sogenanntem Unkraut wirklich auf sich hat. Eine richtige Geschichte wird aber in diesen Büchern für die Kleinen eher selten erzählt, was die heiter friedvolle Atmosphäre eines sorgenfreien Sommertags, den diese Büchlein ausstrahlen, noch verstärkt. Gleiches gilt übrigens für die entsprechenden Kinderbücher aus den Niederlanden, wo die Wichtel zwar *kabouter* genannt werden, ansonsten aber mit ihrem weißen Bart, grünen Schürzchen und roten Zipfelmützen aufs Haar unseren Wichteln gleichen. Und auch hier ist alles eitel Freude und Sonnenschein, werden Mäuseschwänze geheilt und leckere Kuchen gebacken. Die Zeit ist stehen geblieben, es gibt keine unschöne Technik, Lärm und Müll. Die Welt dieser Zwergenbüchlein ist mit einem Wort so heil und hell und ideal, wie man sie sich nur wünschen kann.

In Elsa Beskows *Hänschen im Blaubeerenwald* gibt es außer dem Zwerg Blaubeerenkönig und seiner munteren Schar noch das Preiselbeermütterlein mit ihren fünf lieblichen Töchterlein, die dann zusammen mit dem in ihre Größe verwandelten kleinen blonden Haupthelden in einer Schaukel aus seidenen Spinnenweben auf- und niederschweben und dazu singen. Und alles ist lieblich und heiter, alle sind glücklich und lachen oder backen Plätzchen fürs Weihnachtsfest – wie in einem der Wichtelbücher, die Rolf Lidberg so hübsch illustrierte. Das Puppenstubenhafte dieser Kinderbücher trägt dazu bei, dass man sich rundum sicher fühlt. Keiner sieht einen, wenn man in seinem gemütlichen Bettchen unter einer Baumwurzel schläft. Niemand kann einem etwas anhaben, denn man ist geborgen.

Auffällig ist, dass in den Büchern für die ganz kleinen Kinder häufig nur von »Frau Wichtel« oder »Herrn Wichtel« oder den Wichteln und dem Wichtelreich die Rede ist. Kommen überhaupt Eigennamen vor, so sind sie möglichst schlicht und leicht zu merken: Zwerg Putz oder Muck, Hinzel, Pippa, Punzel, Puckerl und Muckerl oder Pummel, Ping und Pung – oder Wurli:

> *Zwerg Wurli zäumt sein Pferdchen auf und rüstet sich zur Reise.*
> *Ein Zwergenbräutlein sucht er sich. Viel Glück! wünscht ihm die Meise.*

Das Pferdchen des Wurli ist eine große grüne Heuschrecke, die sein kleines über beide Backen strahlendes Herrchen (in rotem Jäckchen und Zipfelmütze) am Zügel hält.

In den Büchern für die etwas Größeren ändert sich das meist – aber längst nicht immer. Denn Otfried Preußlers *Hörbe mit dem großen Hut* strahlt noch die heile alte, wenn man so möchte traditionelle Kinderweltatmosphäre aus, mit Häuschen im Siebengiebelwald und massenweise Geborgenheit. Da gibt es das selbstgebackene Hutzelmannsbrot, das nach Pfifferlingen und reifen Brombeeren schmeckt und also, wie das ganze Buch selbst auch, pure Natur ist.

Im Allgemeinen aber ist in solchen Geschichten erheblich mehr los als in den Büchern für die ganz Kleinen. Hier gibt es oft richtig Action, es mangelt nicht an Drachen und sonstigen Gefährlingen, und die Nähe zur Fantasy zeigt sich auch an den Namen der Protagonisten – wie etwa Murrumesch und Tutulla bei Tilde Michels oder Momoffel, Sly, Gobbo oder Big Ears bei Enid Blyton oder die Korkse bei Irina Korschunow. Da gibt es die Wawuschel, die Wirsche und die Pumuckl, um nur einige wenige zu nennen, die letztlich alle der Familie der Zwerge zuzurechnen sind – auch wenn ihnen die roten Chilihüte abhanden gekommen sind und durch mehr oder weniger wirre und bunte Haarpracht ersetzt wurden.

All diese Wischel und Wuschel und Taschi oder Zwerge im Kopf (Christine Nöstlinger) sind – so unterhaltsam sie auch sein mögen – doch mehr oder weniger Kunstzwerge, die oft nicht mehr viel mit dem zu tun haben, was man früher von den kleinen Wesen glaubte und mit ihnen in Verbindung brachte. Sie werden, wie Elke Richlick in ihrer Dissertation mit unzähligen Beispielen belegt, zu Erziehern, Forschern, Vertriebenen, Missionierten, Oster- oder Weihnachtsfiguren, Urlaubern, Lebens- und Sozialisationshelfern, Gesellschaftskritikern und Umweltschützern umfunktioniert, um nur einige ihrer zahlreichen Funktionen zu nennen.

In unseren – man möchte sagen: vollklimatisierten – Breiten verlieren sich volkstümliche Traditionen weit schneller als im Norden. Es gibt natürlich Ausnahmen, wie etwa Paul Verbeeks *Geschichten vom Pichtermännchen*, im Großen und Ganzen aber lässt sich wohl sagen, dass lange Winter, Dunkelheit, weite menschenleere Landschaften, Wind und Sturm und Natur den nordischen Zwergen, Elfen und Feenwesen mehr Raum zum Überleben ließen – und zwar auch in den Herzen und Gedanken der Menschen.

Zwei berühmte Frauen, beide Schwedinnen, verarbeiteten ihre Kenntnisse über die heimischen Wichte in Büchern, und beide hatten großen Erfolg damit. Astrid Lindgren, die mehrere schöne Bücher mit und über Zwerge schrieb, wie etwa *Gunnar und Gunilla*, beeindruckt mit ihrem *Tomte Tummetott* – vermutlich gerade weil es schlicht und einfach geschrieben ist und keinerlei Handlung beinhaltet – den Leser auf eine nicht recht fassbare Art und Weise.

Tomte Tummetott tut (im ersten Buch) nichts anderes, als im Hof, in dem er wohnt und den er behütet, des Nachts alle Bewohner zu besuchen. Jedem von ihnen, den Kühen, den Hühnern, dem Hofhund, den schlafenden Kindern und der Katze sagt er ein paar freundliche Worte und verspricht ihnen, dass bald der Frühling kommt (siehe Farbtafel). Wenn er geht, hinterlässt er kleine Fußstapfen im Schnee. Die wenigen Worte, der Schnee, die Nacht, die Stille und das Bewusstsein, beschützt zu werden, berühren den Leser. Mit seinem geraunten Spruch: »Viele Winter und viele Sommer sah ich kommen und gehn. Geduld nur, Geduld …!«, tröstet Tomte Tummetott all diejenigen, die genug von der dunklen Jahreszeit haben und sich nach der Sonne sehnen. Klein, mit listigen freundlichen Äuglein und roter Zipfelmütze ist er ein typischer Vertreter seiner Zunft: Beschützer und Bewacher des Hauses, das er sich zur Wohnstätte auserkoren hat.

Tomte Tummetott ist ein Buch gleichermaßen für Kinder wie für Erwachsene, und Gleiches kann man mit Sicherheit von Selma Lagerlöfs *Nils Holgersson* behaupten. Viele werden die Geschichte um den Däumling und seinen Gänserich Martin vermutlich nicht gelesen haben, sondern aus dem Fernsehen kennen, was schade ist, geht doch das nordisch Geruhsame der Erzählung dabei verloren. In Erinnerung zurückzurufen ist im Rahmen dieses Buches allerdings lediglich, dass die ganze lange Erzählung dadurch ausgelöst wird, dass ein rechter Rotzlöffel, Nils Holgersson, der seinen Eltern nichts als Kummer bereitet, Tiere quält und überhaupt ein Taugenichts ist, eines Morgens allein zu Hause bleibt. Seine Eltern sind ohne ihn in die Kirche gegangen, und er bemerkt mit einem Mal das Wichtelmännchen, das im Haus wohnt und Segen bringt, ohne dass es bislang jemand bemerkt hätte.

Der Junge hatte wohl schon von Wichtelmännchen reden hören, aber er hatte sich nie gedacht, dass sie so klein sein könnten. Das Wichtelmännchen, das dort auf dem Rande saß, war ja nur eine Spanne lang. Es hatte ein altes, runzliges, bartloses Gesicht und trug einen schwarzen Rock mit langen Schößen, Kniehosen und einen breitrandigen schwarzen Hut. Es sah sehr zierlich und fein aus, mit weißen Spitzen um den Hals und um die Handgelenke, Schnallen an den Schuhen und Strumpfbändern, die in eine Schleife gebunden waren.

Nils Holgersson fängt den Wicht in einem Fliegennetz, bekommt Lösegeld angeboten und lässt ihn daraufhin wieder frei. Als er seinen Handel aber sogleich bedauert und das Wichtelmännchen wieder einfangen will, erhält er eine schallende Ohrfeige und findet sich anschließend zur Strafe selbst in einen Zwerg verwandelt. Nun erfährt er zur Genüge, wie es ist, klein und der Schwächere zu sein, und so kehrt er nach der langen Reise mit den Wildgänsen quer durch Schweden als Geläuterter – er ist nun gut, mitleidig und hilfsbereit – wieder heim und wird vom Wichtelmännchen, das ihm vergibt, wieder in einen Menschen zurückverwandelt.

Fantasyzwerge – Unentbehrlich, aber keine Helden

Sie sind in der Fantasy in der Tat allgegenwärtig. Kaum ein Buch, kein Rollenspiel kommt ohne sie aus. Das liegt zum einen natürlich daran, dass hier überhaupt alle Arten von bekannten und unbekannten Fabelwesen in irgendeiner Weise zum Zug kommen – ob es nun die Einhörner sind oder die Orks, Riesen oder Drachen: Alles, was in der Welt der Monster und Geister Rang und Namen hat, ist vertreten. Dabei werden, wohl um die Anzahl der Arten von Wesen zu vergrößern, sofern irgend machbar jeweils zig Unterteilungen vorgenommen. In *Advanced Dungeons & Dragons* (AD&D) werden beispielsweise die Kobolde und Goblins und Hobgoblins nicht etwa unter dem Oberbegriff »Zwerge« zusammengefasst. Nein, jedes davon ist eine Kategorie für sich, wenn auch bei manchen auf eine gewisse Verbindung hingewiesen wird. Jede genannte Variation ist mit einem eigenen, genau definierten Charakter versehen, der sie, zusammen mit dem gleichfalls vorgegebenen Aussehen, zu einem ganz bestimmten, unverwechselbaren Wesen stempelt.

Der Kobold beispielsweise gleicht in der Anleitung zum gerade genannten Rollenspiel einem »aufrecht gehenden kleinen Drachen«. Er wird als feiger und sadistischer Humanoid beschrieben, der nach einer Mischung aus feuchtem Hund und abgestandenem Wasser riecht. Er hat zwei kleine Hörnchen und einen rattenartigen Schwanz und spricht wie ein kleiner japsender Hund, weshalb er von den Menschen nicht besonders ernst genommen wird. Die Kobolde im Rollenspiel *Das Schwarze Auge* (DSA) haben dagegen in Aussehen und Wesen sehr wohl Ähnlichkeit mit den traditionellen Wesen dieses Namens.

Der Hobgoblin in AD&D sieht aus wie ein kräftiger Krieger mit bösartiger Monsterfratze, gelben vorstehenden Eckzähnen und blauer oder roter Nase. Seine Gesinnung wird als »rechtschaffen böse« charakterisiert. Der Goblin in DSA hat gleichfalls zwei lange vorstehende Eckzähne, was ihn in Verbindung mit seinem affengleichen Wesen und rotem Fell recht ungemütlich aussehen lässt. Trolle sind eine Klasse für sich und werden in der Fantasy ebenfalls recht unterschiedlich geschildert. In AD&D haben sie bis zu den Füßen reichende Arme, eine elend lange Nase und sind spindeldürr. Sie sollen »schreckliche Fleischfresser« sein und »Trollwelsch« sprechen. Sie klettern meisterhaft, hören dagegen sehr schlecht. Aber nicht, dass man denkt, damit hätte es sein Bewenden, denn es gibt natürlich auch noch den zweiköpfigen Riesentroll, der (wie jeder Mensch weiß oder wissen sollte) eine Kreuzung zwischen Troll und Ettin (zweiköpfige Riesen) ist, und den Flußtroll, der Kiemen sein eigen nennt und überhaupt der ekelhafteste aller Trolle ist.

Während sich bei diesen und vielen anderen die Fantasie der Fantasy-Liebhaber sichtlich ausgetobt hat – und vom volkstümlichen Wesen (falls es denn je ein solches Vorbild gab) nicht viel erhalten blieb –, sind Rollenspiel-Gnom und (vor allem) -Zwerg – wiewohl voneinander unterschieden – als solche noch durchaus zu erkennen. Von den Gnomen heißt es in AD&D, sie seien kleinere Verwandte der Zwerge, scheu und selten zu sehen. »Sie leben häufig in der Nähe einsamer Wälder und verbringen ihr Leben in Frieden.« Lächeln lässt sich über die Angabe, sie ließen ihren Bart nie länger als 15 cm wachsen. Auf dem Bild erinnert der Gnom ein wenig an einen winzigen orientalischen Händler mit weißem Bart und Käppi auf dem Kopf.

Die Zwerge gleichen nicht nur in den beiden genannten Rollenspielen, sondern insgesamt in der Fantasy zumeist einem Wikinger in Miniaturformat. So winzig sind sie allerdings gar nicht, denn sie können, wie man liest, durchaus bis 1 Meter 35 groß werden. Sie führen »gewaltige Kriege gegen das Böse und das Chaos«. Sie sind mutige und ausdauernde Kämpfer, widerstandsfähig gegen Magie und Gifte aller Art, lieben Edelsteine und werden sehr alt (300–450 Jahre). Sie sind gute Baumeister und Händler, dabei trinkfest, mürrisch und knurrig, stur, aber verlässlich und allem Stabilen, Beständigen und Dauerhaften gewogen.

Die Zwerge in den *Scheibenwelt*-Romanen von Terry Pratchett tragen gleichfalls Kettenhemden, eisenbeschlagene Stiefel, haben Bärte – und lassen nicht mit sich spaßen. Wer die Verfilmungen des *Herrn der Ringe* gesehen hat, weiß, dass die Zwerge hier nicht nur äußerlich der eben gegebenen Beschreibung gleichen, sondern dass sie auch charakterlich sehr nahe kommen.

Sie grummeln in ihren – absolut unabdingbaren! – Bart hinein, knöttern und poltern herum und regen sich über dies und jenes auf. Vor allem mit den Elben stehen sie (so auch im Film *Kampf der Kobolde*) auf permanentem Kriegsfuß, vielleicht, weil die schlanken, schönen, großen Gestalten ihnen ihre eigene stämmige Figur und das nicht unbedingt vorteilhafte Aussehen in Erinnerung rufen und ihren Neid erwecken. Der Mediävist Tolkien gab seinen Zwergen Namen, die der *Edda* entstammen, und auch das Motiv des verwunschenen Ringes ist altnordischen Ursprungs. Seine Zwerge haben daher zum Glück einen »Echtheitsanspruch«, und mit ihnen alle mehr oder weniger von ihm abgekupferten Zwerge anderer Fantasywerke – und das sind nicht eben wenige. Es entsteht in der Tat der Eindruck, als ob die Zwerge an sich (lassen wir die Goblins und Hobgoblins, Trolle usw. einmal beiseite) sehr einmütig in stets gleicher Weise gezeichnet wären.

Fast immer haben sie irgendwie mit dem Bergbau und mit Schätzen zu tun. Sie graben sie aus, hüten sie, suchen oder sammeln sie. Sie lieben die Dunkelheit, »für die dunklen Geschäfte«, wie es bei Tolkien heißt; sie sind mit Äxten bewaffnet, rauchen Pfeife (können wunderbare Rauchringe blasen), sind bemützt, gute ausdauernde Krieger, ja, und von Zwergenfrauen ist nicht eben oft die Rede, auch wenn bei Pratchett die Zwergenfrau mit dem Namen Grinsi Kleinpo auftaucht. Theoretisch mag es sie geben, praktisch scheinen sie in ihren Erdlöchern zu hocken und (wie ihre kleinen rotznäsigen Kinderchen auch) nicht zum Vorschein zu kommen. Dass sie, wenigstens bei Tolkien, ebenfalls Bärte tragen sollen, wurde schon gesagt. Vielleicht ist es also einfach so, dass man sie durchaus gelegentlich sieht, aber eben nicht als weiblich erkennt. Die Familien- oder Sippenverbundenheit der Zwerge kommt jedenfalls im Allgemeinen weit klarer zum Ausdruck.

(Warum die Zwerge in Erdlöchern hausen, wird übrigens vielfach damit erklärt, dass sie in grauer Vorzeit ständigen Verfolgungen durch Drachen ausgesetzt waren und sich daher zuletzt in den Schoß von Mutter Erde zurückzogen.)

Die Zwerge sind von sich aus keineswegs böse, können aber, wenn man sich mit ihnen anlegt, äußerst unangenehm werden. Sie sind weise und – als Volk (anders als die Kobolde und Goblins etwa) – sehr alt. Für manche (so etwa Tolkien) sind sie älter als die Elfen, für manche ein wenig jünger. Daher haben sie oft eine eigene Sprache, wobei sie aber auch die Sprachen anderer Wesen beherrschen, zumal sie ja bei ihrer Langlebigkeit genügend Zeit zum Lernen haben. Sie bewahren Traditionen und sind überhaupt in allem grundsolide, stämmig und erdverbunden. Ein wesentliches Charakteristikum ist, dass sie fast stets in der Mehrzahl auftreten (in Clans oder so genannten »Bingen«) und oft einen König haben. Sie glauben an einen einzigen Gott, wurden (bei Tolkien) auch von einem Gott (Ainur) erschaffen, und sie erhalten Namen, die sich oft an diejenigen von Tolkien anlehnen und also gern auf -in, -il oder -i enden – wie eben Dwalin, Balin, Kili, Fili, Durin oder Thorin oder Tungdil bei Markus Heitz.

Als *Individuen* aber bleiben sie insgesamt eher gesichtslos. Wer stets im Trupp erscheint, hat keinen eigenen Charakter und kann daher dem Leser auch nicht derart ans Herz wachsen wie etwa der eine Zauberer, der eine weise Drache oder die eine Prinzessin, die im Buch oder Film vorkommen. Die Zwerge sind mithin trotz der Eigennamen, die sie erhielten, im Grunde recht austauschbar, da sie dasselbe Aussehen, dieselben Vorlieben, dieselben Abneigungen aufweisen (oder angedichtet bekommen). Damit aber bleiben sie – wie manche Kritiker erklären – selbst dann noch eher blass und klischeehaft, wenn sie ausnahmsweise einmal die Hauptrolle spielen (z. B. in *Die Zwerge*).

Hinzu kommt, dass die Zwerge oft genug eine komische Figur machen, gewissermaßen für Schmunzeleinlagen sorgen, indem sie immer wieder über ihre Füße stolpern, mit ihren kurzen Beinen irgendwo nicht hinaufklettern können und ständig nach Essbarem gieren. Außerdem erklärt Tolkien im *Kleinen Hobbit*, die Zwerge seien »keine Helden, sondern geschäftskluge Leute mit einer sehr hohen Meinung vom Wert des Geldes«. Einige neigten zu Hinterhältigkeit und Tücke, andere wieder nicht, sondern seien durchaus rechtschaffen – sofern man nicht zu viel von ihnen erwarte.

Damit aber ist vorprogrammiert, dass sie längst nicht mit dem gleichen Respekt betrachtet werden wie die Elben oder die bösen Orks – von den Zauberern und Drachen ganz zu schweigen. Während deren Macht, Weisheit und Kraft Ehrfurcht einflößen, wirken die Zwerge ungeachtet ihrer vielfältigen übermenschlichen Fähigkeiten durch ihre unbeabsichtigte Drolligkeit eben doch »menschlich«. In ihren Handlungen und ihrem Wesen nach sind sie eigentlich nicht viel mehr als zu klein geratene Menschen (wie ja auch die Bewohner Liliputs in *Gullivers Reisen*) und damit nichts übermäßig Aufregendes. Man kann sie leiden, sie sind nützlich, sie sind hilfsbereit und gute, bodenständige, zähe, tapfere Krieger – zu ihnen *aufschauen* (wen wundert's!) tut man in der Fantasy nicht.

ERDGEISTER ODER
NEW-AGE-ZWERGE

> *Hars Wenzel fuhr mit leichtem Gespann*
> *Hinan den steinigen Berg;*
> *Da spricht ihn ein Männlein, drei Zoll hoch, an:*
> *»O tu ein menschliches Werk!*
> *Du willst nach dem Zobten – so eben ich*
> *Und diese winzige Schar.*
> *O lade uns auf! Es ist für dich*
> *Ja Kleinigkeit fürwahr.«*

nde des 19. Jahrhunderts, Transsylvanien: Eine Frau kehrte an einem Freitagabend spät in ihr Haus zurück, da sah sie einen kleinen rotgekleideten Mann vor ihrem Ofen sitzen. Der Mond schien durch das Fenster direkt auf den Zwerg, deshalb konnte sie ihn genau sehen. Auf dem Kopf hatte er ein schwarzes Käppchen, seine Arme und das Gesicht waren behaart, er war etwa so groß wie ein Arm. Die Frau blieb vor Schreck und Angst wie angewurzelt stehen, das Männlein stand auf, kam auf sie zu und verschwand dann. Die Frau betete die ganze Nacht und machte sich am Morgen daran, die Stelle, auf der der Zwerg gesessen hatte, mit Knoblauch einzureiben und das Zimmer gründlich auszuräuchern.
In der Nacht aber saß der kleine Kobold, Knoblauch hin oder her, als sie mit einer Kanne in der Hand ins Zimmer kam, wieder am Ofen. Als sie das Gefäß nach ihm warf, sprang er ihr auf den Rücken, bog ihren Kopf nach hinten und zerkratzte ihr die Stirn, bis sie ohnmächtig zu Boden sank.
Drei Tage lang musste die Frau das Bett hüten. Um den Spuk zu bekämpfen, sammelte sie drei Mal ein wenig Staub von dem Platz ein, wo der Zwerg gesessen hatte und nahm ihn mit Wasser vermischt zu sich. Das kleine Männlein wurde noch von einigen anderen Dorfbewohner gesichtet, bevor es ganz verschwand.

Der Artikel, dem dieser Bericht entnommen ist, identifiziert den »Zwerg« als herumstreunenden Affen, obgleich die Dorfbewohner Stein und Bein schworen, es habe sich um einen Kobold gehandelt, zumal er Gänsefußabdrücke hinterlassen habe. Die Geschichte ist aus mehreren Gründen sehr interessant. Zum einen zeigt sie durch die Details mit dem Knoblauch und dem Staub, wie lebendig der Glaube an Geistwesen in Rumänien noch vor etwa hundert Jahren war und welche Abwehrmaßnahmen man gegen sie einsetzte. Zum anderen macht sie deutlich, dass gute Christen Zwerge oder Kobolde – sofern sie noch an sie glaubten – durchaus nicht als Geschöpfe betrachteten, die sie unbedingt im Haus haben wollten. Vermutlich hätte die Frau ihm einfach ein Schüsselchen mit Brei hinstellen müssen, und schon wäre ihre Wirtschaft aufgeblüht. Doch selbst dann waren die Menschen nicht immer begeistert von der Gegenwart der kleinen Männchen, wie wir gesehen haben.

Dieser Bericht, als einer von vielen volkstümlichen, steht auch in deutlichem Gegensatz zu heutigen »esoterischen« Vorstellungen. Ted Andrews beginnt sein Buch über die *Zauber des Feenreichs* damit, dass er referiert, wie ein kleiner bärtiger Mann oft am Kopfende seines Bettes saß und dort sein Pfeifchen rauchte, während er (der Autor) Feenbücher las. Der Zwerg wusste immer, was er gerade las, und runzelte die Stirn, wenn etwas über seinesgleichen oder die Feen gesagt wurde, was »beleidigend und falsch war«. Ted Andrews erklärt weiter, er habe dieses Männlein viele Male in seinem Leben gesehen und er halte es für seinen »Glückszwerg«, einen wundervollen Lehrer und Freund, der ihn genauso akzeptierte, wie er nun einmal war. »Jahrelang hat er mich auf meinen magischen Wegen begleitet und die Mysterien des Feenreichs für mich erschlossen. Wann immer ich deprimiert bin oder nicht weiß, wie es weitergehen soll, taucht er auf, und die Räder beginnen sich in meine Richtung zu drehen.«

Wir möchten keine Wertung über diese und viele ähnliche Äußerungen in anderen Büchern abgeben. Es ist immerhin auffallend, dass zankende, neckende, Unfug treibende Kobolde in derartigen Berichten ebenso wenig zu finden sind wie rechte Poltergeister oder zornige Feen. Es ist seltsam, dass in dieser unserer modernen technisierten Weltgegend die Menschen, was den Glauben an Geistwesen angeht, in zwei völlig entgegengesetzte Lager gespalten zu sein scheinen. Die

einen sind davon überzeugt, dass es so etwas nicht gibt und halten alle, die das Gegenteil behaupten, für ausgemachte Spinner. Die anderen haben sich zu einer Art verschworener Gemeinschaft zusammengeschlossen und sehen sich überall von durchweg guten, freundlichen Geistwesen umgeben – und wehe dem, der bei dem ein oder anderen Augenzeugenbericht ungläubig dreinschaut.

Einen Mittelweg scheint es für die große Allgemeinheit nicht zu geben. Vielleicht könnte man daher – als einen denkbaren Kompromiss – darauf hinweisen, dass es nicht unbedingt ehrenrührig ist, wenn man die grundsätzliche Möglichkeit der Existenz von Geistwesen welcher Art auch immer einräumt, gleichzeitig aber nicht unbedingt alles für bare Münze zu nehmen bereit ist, was angebliche Augenzeugen einem darüber erzählen. Man sollte sich hier wie überall einen klaren Blick bewahren und versuchen, die Spreu vom Weizen zu trennen.

Verschiedene Autoren, vor allem Janet Bord und Marjorie Johnson, haben eine Unmenge an Augenzeugenberichten zusammengetragen, die sich vielfach ebenso stark unterscheiden wie die beiden eben genannten Beispiele. Bei der Durchsicht fällt vor allem das auf, was auch den früheren Volksglauben kennzeichnet: Anders als in der Fantasy ist es für vorgebliche Augenzeugen offenbar absolut nicht leicht, Elfen von Zwergen zu unterscheiden. So beginnen viele Berichte damit, dass ein Zwerg oder mehrere gesehen wurden und endet damit, dass anschließend »die Elfen« verschwunden blieben – oder umgekehrt. Der jeweilige Beobachter bezeichnet das gesehene Wesen nach Gutdünken als Zwerg, Gnom, Kobold, Elfe oder Fee, was man ihm oder ihr auch nicht verdenken kann. Woher sollte er schließlich wissen, ob das kleine Männlein nun ein Feerich, Elf oder Zwerg gewesen ist, wenn er ihn doch lediglich für einen kurzen Augenblick sah?

So erinnert sich eine Engländerin an ein Erlebnis, das sie im Alter von vier Jahren hatte. Sie wachte eines Morgens auf und erblickte ein kleines Wesen, das auf ihrem Bettgeländer saß. Es war grün angezogen, hatte eine spitze Kappe auf, war etwa 25 Zentimeter groß, hatte Pausbäckchen und ein freundliches Gesicht. Das Mädchen schrie, und der kleine Wicht verschwand.

Ein walisischer Soldat beobachtete gegen Mitternacht bei Mondenschein angeblich einmal einen Zwerg in grauer, mit schwarzen Knöpfen versehener Jacke und Strumpfhose. Auf dem Kopf trug er, wie er sagte, einen runden Hut. Er hatte die Arme in die Hüften gestemmt und lachte. Einen Troll will dagegen eine Frau auf den Orkney-Inseln gesehen haben. Er saß auf dem Deich vor dem Haus und hatte einen langen grauen Bart.

Auf der sicheren Seite sind in jedem Fall diejenigen, die jegliche genauere Bezeichnung vermeiden und entweder ganz allgemein von

»kleinen Leutchen«, »kleinem Volk« oder »kleinen Männchen« oder von »wilden Männern« sprechen. Letztere wurden ebenfalls auf den Orkney-Inseln von einem Mann gesichtet und zwar während eines Sturmes, wobei er ausdrücklich betonte, sie hätten »keine langen Nasen« gehabt. Dafür waren ihre Haare lang, dunkel und schmutzig. Letztere Beobachtung – man bedenke, dass es draußen stürmte, und die Männlein, »eingehüllt in Nebel und Regen« auf einer Klippe tanzten – würde wohl jeder Anwalt während einer Gerichtsverhandlung mit Vergnügen zerpflücken. Aber nun.

Ein anderer Augenzeuge beschreibt, wie er, damals zehnjährig, im Sommer 1948 in einer mondhellen Nacht einmal Kaninchenfallen aufstellte. Anschließend saß er still da und wartete. Da sah er mit einem Mal, wie ein struppiger kleiner Mann aus einem Brombeergebüsch heraustrat. »Er war nicht größer als 50 cm und über und über mit Haaren bedeckt. Sein Gesicht war zwar unbehaart, doch es wirkte irgendwie ledrig. Die Nase war markant.« Wie er gekommen war, verschwand der kleine Kerl auch wieder. Hier wird das Wesen nicht als Zwerg oder Gnom oder Troll bezeichnet, seine Identität bleibt offen.

Nicht immer wird die Sache klarer, wenn mehr passiert als das reine Erscheinen. Eine Engländerin aus Gloucester hat (falls, so Janet Bord, die davon erzählt, »wir dieser eigentümlichen Geschichte glauben dürfen«) Folgendes erlebt: An einem sonnigen Tag saß sie im hinteren Teil ihres Gartens, dort, wo er in einen größeren Wald überging, und trocknete sich die Haare. Da zog plötzlich etwas daran, und sie drehte sich verwundert um: Sie erblickte ein etwa 20 Zentimeter großes, furchtbar hässliches, missratenes, runzeliges Männchen. »Es hatte die Farbe von verwelktem Espenlaub, irgendwie gelbbraun – und es sprach mit hoher piepsender Stimme.« Während es versuchte, sich aus den Haaren zu befreien, jammerte und nörgelte es die ganze Zeit herum. Es warf der Frau vor, sie hätte nicht an diese Stelle des Waldes kommen dürfen und sie hätte es mit ihren Haaren beinahe erdrosselt. Als es sich endlich entwirrt hatte, verschwand es. Nach eigener Aussage sprach die Frau später mit einem Professor über ihr Erlebnis, und der soll sich gar nicht gewundert haben, weil dort bekanntermaßen *fairies* leben würden.

Auch wenn wir *fairy* natürlich nicht einfach mit »Fee« übersetzen dürfen, ist es doch bemerkenswert, dass die Frau den kleinen Kerl trotz seiner abgrundtiefen Hässlichkeit als ein solches Wesen identifizierte.

In der esoterischen Literatur des New Age ist es üblich, die Zwerge nach dem von Paracelsus stammenden System zu den Erdgeistern zu rechnen und sie – wie dieser – insgesamt als Gnomen zu bezeichnen. Mit einem solchen Gnom will es eine Engländerin im Jahr 1957 zu tun gehabt haben. Er, so meinte sie, kümmerte sich um ihren Vorgarten, wobei er sich unter anderem mit alten Wurzeln abplagte. Sie habe ihn gesehen, wie er gerade eine Schubkarre vor sich herschob. Später berichtete dieselbe Frau auch von einer rosafarbenen Elfe. Hier ist die Sachlage klar: Elfe und Gnom sind zwei verschiedene Paar Schuhe; der bodenständige, erdverbundene Zwerg erledigt die grobe, die zarte Elfe die feine Arbeit.

Ja, und dann wären noch die Zwergensichtungen im Zusammenhang mit Ufos zu erwähnen. Um nur ein Beispiel von vielen zu nennen, soll im Jahr 1914 auf einem Feld bei Hamburg ein zigarrenförmiges Flugobjekt gelandet sein, dem vier oder fünf Zwerge entstiegen; kurz darauf gingen sie wieder an Bord und flogen davon – so gab ein Landwirt zu Protokoll. Andere Ufo-Zwerge, die 1955 in Bayern gesichtet worden sein sollen, trugen, wie es sich gehört, Sauerstoffflaschen auf dem Rücken.

Derlei vergleichsweise moderne Augenzeugenberichte tragen nicht unbedingt dazu bei, den Zwergen auf die Spur zu kommen. Auch Aussehen und Größenangaben helfen nicht weiter. Nach den einen sind die Wesen winzig klein, zehn, zwanzig oder dreißig Zentimeter, bei anderen sind sie größer als einen Meter. Die einen tragen runde Hüte, die anderen spitze, die dritten überhaupt nichts auf dem Kopf. Die Kleidung variiert ebenso wie das übrige Aussehen und schwankt farblich zwischen Grün, Rot, Grau und Schwarz. Daneben haben sie lange (schmutzige!) oder struppige Haare, ein freundliches oder lustiges oder schrecklich hässliches Gesicht, sind durchsichtig, dünn oder gedrungen oder haben eine gelbe oder braune Hautfarbe. Nichts ist unmöglich, könnte man sagen, was deshalb erfreulich ist, weil die Beschreibungen eben ganz offenbar nicht durchweg auf bestimmte Klischees zurückzuführen sind – pausbäckige Disneyzwerge etwa. Es fällt überhaupt auf, dass bemerkenswert wenige moderne Augenzeugen von lebendigen Gartenzwergen berichten, während süße Elfchen mit Zauberstab und duftigen Gewändern sehr viel häufiger gesehen worden sein wollen.

Im Vergleich zu früheren Sagen ist bemerkenswert, dass die modernen Augenzeugen sehr selten mit den kleinen Wesen in irgendeine Form der Interaktion treten. Oft ist es lediglich so, dass man etwa im Haus deren Anwesenheit »spürt«, und eine Reihe von esoterischen Autoren hebt denn auch genau darauf ab: Man solle versuchen, in sich das *Gefühl* dafür zu wecken, dass man nicht allein, sondern von (freundlichen!) Geistwesen umgeben sei. Erreichen könne man dies unter anderem durch verschiedene Meditationen, Abbrennen von Räucherwerk und durch eine bestimmte »positiv aufmerksame«, man könnte sagen, lächelnde Grundhaltung dem Leben, der Erde und allen von ihr hervorgebrachten Lebewesen gegenüber. Und daran, meinen wir, ist nicht das Geringste auszusetzen; im Gegenteil!

Wenn die Schlussfolgerung daraus aber ist oder sein soll, dass sich einem, hält man sich nur genau an die Anweisungen, die Feen- und Zwergenwelt von selbst erschließt, erinnert das ein wenig an Kinderzauber mit »Hokus Pokus Fidibus«.

Und spätestens dann, wenn den Zwergen selbst philosophische Reden über das Leben und die Erde und alles Seiende in den Mund gelegt werden, die sie angeblich im Rahmen von Meditationen den Menschen zuflüstern oder ihnen einfach so anlässlich eines Besuchs mitteilen, sollte man sich daran erinnern, von wem diese Worte tatsächlich stammen. Gleiches gilt für Angaben wie die, ein »meditatives Bewusstsein« genüge, um mit den Elementargeistern – also in unserem Fall: mit den Zwergen – in Kontakt zu treten und ihre Energien in sich aufzunehmen.

Hier fragen wir uns: Was würde man wohl von einem Klavierlehrer halten, der in aller Öffentlichkeit erklärte, jahrelange Fingerübungen seien völlig überflüssig; um eine Beethoven- oder Chopin-Sonate zu spielen genüge ein »musikalisches Bewusstsein«…?

Andererseits kann man die Popularisierungsbestrebungen der Esoterik durchaus auch positiv sehen. Beschränkt man sich darauf, die esoterischen Zwerge, Elfen, Engel, Devas oder Feen (also nicht die ihnen entsprechenden »realen« Wesen!) als reine Gedankenformen – sei es als Meditationshilfen, sei es als nachzuahmende Idealbilder – zu betrachten, sind sie durchaus legitim. Dann unterstützen sie uns nämlich dabei, die uns umgebende Welt mit anderen Augen zu sehen, mit Pflanzen und Tieren achtsam umzugehen oder andererseits uns von Äußerlichem ab- und Innerlichem zuzuwenden. Dieser Prozess ist gerade in unserer heutigen Welt außerordentlich wichtig, und wenn mehr Menschen sich danach richten würden, wäre sicher viel gewonnen.

Das alizarinblaue Zwergenkind

Nein, was habe ich gelacht!
Da kam doch diese Nacht
Ein kleinwinziges Zwergenkind
Aus dem Bücherspind
Hinter Kopischs Gedichten vor
Und krebselt an meinem Schreibtisch empor!

Trippelt ans Tintenfass:
Was ist denn das?
Stippt den schneckenhorndünnen Finger hinein,
Leckt: Ui, fein!
Macht halslang, guckt dumm
Noch mal in der ganzen Stube rum,
Gott sei Dank, allein!
Zwergenvater begegnet sich selber im Mondenschein,
Mutti, um was Gescheiteres anzufangen,
ist e bissel spuken gegangen.

Da knöpft es sein Wämschen ab,
Hemd runter! Schwapp,
Spritzt es ins Tintenbad hinein,
Taucht, planscht, wischt die Augen rein,
Pudelt
Und sprudelt,
Nimmt's Mäulchen voll,
Prustet ein Springbrunn hoch zwei Zoll,
Streckt's Füßchen raus, schnalzt mit den Zeh'n
Taucht, um mal auf'm Kopf zu stehn.

Endlich Schluss mit der Badesaison!
Klettert raus, trippelt über meinen Löschkarton,
Schuppert sich, über und über pitsche-patsche-nass,
Brrr, wie kalt war das!
Ist selig, wie es sich zugesaut,
Und kriegt eine alizarinblaue Gänsehaut.

Nun trocknet sich's auf dem Löschpapier,
Probiert dort und hier,
Was da für'n feines Muster bleibt,
Als ob einer, der schreiben kann, schreibt!
Ein Fußstapf – wie ne Bohne beinah!
Ein Handklitsch – alle fünf Finger da!
Nun die Nase aufgetunkt,
Lacht schrecklich: Ein richtiger Punkt,
Ein Punkt!

Wo's aber gesessen hat
Auf dem roten Blatt,
Wie's da hinguckt,
da hat's ein Dreierbrötchen gedruckt,
Ein kleinwinziges, zweihälftiges Dreierbrot,
Blau auf Rot!

Erst lacht's, dann schämt sich's. Und dann
So schnell es kann,
Am Tischbein runter, durch den Mondenschein
In 'n Schrank hinein.

Ein Weilchen noch hinter den Büchern her
Hört ich's piepsen und heulen sehr,
hat so arg geschnieft und geschluckt,
Weil es das – Dreierbrötchen da hingedruckt!

Börries von Münchhausen

Zipfel auf! – Die Gartenzwerge

> *Doch wer dich freundlich grüßt, dir Liebes tut,*
> *Dem hilfst du gern und es gelingt ihm gut.*
> *Bist du der Kobold nicht?*

William Shakespeare

Viele Dinge mag der eine, der andere nicht, kein Problem, deshalb schlägt man sich nicht die Köpfe ein oder schaut den anderen mitleidig oder von oben herab an. Wen schert es, ob man gern oder nicht gern Wackelpudding isst (den grasgrünen), was gegen oder für Hüte hat oder Kümmel im Essen liebt oder hasst. Ganz anders aber liegt die Sache in puncto Gartenzwerg, den man in dessen Anfangszeit allerdings nur Gnom oder Gnömchen nannte. Wie kaum ein anderes (im weitesten Sinne) Objekt wurde er in Deutschland über Jahrzehnte und bis auf den heutigen Tag für seinen Gegner zum Symbol für das Kleinbürgertum schlechthin, und zwar sowohl im bildlichen wie im »konkreten« Sinn. Böse Zungen würden es vielleicht auf folgenden Nenner bringen: Es sind Besitzer von Zwergengärten, die Gartenzwerge lieben. Der reiche Fabrikant mit einem Grundstück, auf dem er eine Elefantenherde halten könnte, stellt sich vielleicht Nachahmungen der Venus von Milo auf seinen schön gestutzten Rasen, wohl eher selten aber Gartenzwerge. Gleiches gilt für den Professor (der seinen weit kleineren Rasen vermutlich überhaupt nicht zur Kenntnis nimmt) oder den Zahnarzt. In manchen Schlossparks finden sich zwar Ansammlungen von Zwergfiguren (siehe Abb. S. 190), die niemand beanstandet. Im Gegenteil. Sie sind ja »Kunst« und verdienen es, erhalten und gepflegt und in Büchern besprochen zu werden. Aber die meisten, die sich selbst zur »besseren« Gesellschaft zählen, betrachten die Gartenzwerge, die mit der roten Zipfelmütze, mit größter Verachtung.

Renommierte Auktionshäuser bieten, ohne mit der Wimper zu zucken, die kitschigsten Porzellanfigürchen von Hündchen oder Schäferinnen an, verschmähen aber explizit den Gartenzwerg, und wenn er noch so alt und hübsch ist, weil er angeblich ihre übrigen Angebote »trivialisiere«. Mit diesem Symbol geistiger Enge, dem der Geruch bierseliger Skatabende in der Gartenlaube, parallel gerechter Gartenwege und säuberlich gekämmter Dahlienbeete anhaftet, will man nichts zu tun haben. Weg mit ihnen, auf den Müll damit. Und wenn man das nicht mit Naserümpfen erreicht, dann sucht man sich richterliche Unterstützung und erhält sie auch. Der bescheinigt einem dann nämlich, wenn man Glück hat, dass Gartenzwerge »Symbole der Engstirnigkeit und Dummheit« seien, und bei Eigentumswohnungen gar eine Wertminderung darstellen könnten.

Letzteres scheint besonders erstaunlich, schließlich sind Gartenzwerge im Allgemeinen weder festgewachsen noch zentnerschwer und könnten also, so stellt es sich der Laie wenigstens vor, im Bedarfsfall ohne größere Schwierigkeiten aus dem Weg geräumt werden. Aber diese Aussage zeigt deutlich, wie verhärtet die Fronten sind, wie sehr der Gartenzwerg immer noch angefeindet und als Inbegriff des vor sich hin wurschtelnden kleingärtnernden kleinkarierten Deutschen verstanden wird – und zwar ungeachtet der Tatsache, dass er auch im vielgeliebten Amerika längst Fuß gefasst hat.

Was aber hat der kleine Wicht mit der roten Mütze eigentlich verbrochen, dass man derart auf ihn losgeht? Er steht stillvergnügt in seinem Garten, tut nichts Böses, sagt nichts Böses, nimmt wirklich nicht viel Platz weg, stinkt nicht und macht keinen Krach.

Also mal ehrlich: Hat er das verdient?

Jeder Zwergenfreund wird hier mit einem klaren »Nein« antworten. Kann man ihn nicht einfach, frei von jeglicher Ideologie, als das nehmen, was er ist: ein Zwerg?

Trotz fleißigster Recherchen weiß niemand ganz genau, wer den Gartenzwerg denn nun eigentlich erfunden hat. Fest scheint immerhin zu stehen, dass der Ort seiner Geburt irgendwo in Thüringen lag, genauer gesagt in Gräfenroda, in einer der zahlreichen Porzellanmanufakturen, die es dort früher gab und teilweise immer noch gibt. Und fest steht ebenfalls, dass diese Geburt in der zweiten Hälfte des

19. Jahrhunderts, genauer gesagt: Anfang der Siebzigerjahre stattfand. Wie sein Urenkel meint, war Philipp Griebel aus Gräfenroda zumindest einer der Geburtshelfer des deutschen Gartenzwerges. Er, der bis dahin hauptsächlich Tierfiguren produziert hatte, wusste um die zahlreichen Sagenzwerge seiner Heimat und beschloss also eines schönen Tages, ihnen auf diese Weise ein hübsches Denkmal zu setzen und sie in tönerner Form weiterleben zu lassen.

Doch zur gleichen Zeit begann in Gräfenroda auch ein Konkurrent mit der – wie man nachlesen kann, sehr aufwändigen – Produktion der Rotmützchen. Viel Arbeit steckte damals nämlich noch in jedem einzelnen Wicht oder Gnömchen. Und in der Erklärung des langwierigen Herstellungsprozesses wimmelt es nur so von interessanten Fachausdrücken wie »Schollenton«, »knitschen«, »angarnieren« und »Schlicker«. Und der Bart wurde in der guten alten Zeit noch »handzerzaust«!

Was bei diesem aufwändigen Verfahren schließlich herauskam, war ein waschechter Zwerg. Er hatte nichts von den heutigen Gartenzwergen Marke Disney, keine hervorquellenden roten Bäckchen, kein kindisches Grinsen und keine Knollennase. Er sah aus wie ein kleiner Mensch mit roter Zipfelmütze, einem Bart und ganz normaler Kleidung. Zwar wurden schon bald manche Zwerge mit wenig zwergigen Attributen versehen, doch hielt sich die Entfremdung von ihren »echten« Brüderchen durchaus in Grenzen. Einer dieser Zwerge, aus dem Jahr 1900, lehnt sich pfeifeschmauchend gegen sein Pilzhaus, auf dem die Inschrift steht: »Klein, aber mein«. Und man könnte mutmaßen, dass einer wie er die Weichen stellte für die Bevölkerungsschicht, aus denen sich die künftigen Liebhaber dieser Figuren rekrutierten.

Wie dem auch sei, die Zwerge fanden jedenfalls zunehmend mehr Abnehmer, und das ging eine ganze Zeit lang so weiter. Dann aber beschlossen die Nazis, die Zwerge seien entartet und der hochgewachsenen arischen Herrenrasse nicht würdig – und dementsprechend stagnierte der Absatz, bis nach dem Krieg die Sehnsucht nach dem friedlichen, sonnigen, guten alten Leben die Gartenzwerge wieder aus dem Boden schießen ließ – allerdings nur im Westen, nicht in der DDR, wo die Wichte auch von der neuen Partei als degeneriert angesehen wurden. Immerhin durften die Thüringer Fabriken sie für den Export in die BRD weiter herstellen, brachten sie doch schließlich eine Menge Devisen ins Land.

Und so wäre eigentlich alles recht gut gewesen und geblieben, wenn nicht (natürlich schon etwas früher) das Plastik erfunden worden wäre – unzerbrechlich und witterungsbeständig. Gegen dieses Teufelszeug hatte der handbemalte Tonzwerg keine Chance. Und so begann, billig im In- und vor allem Ausland produzierte Massengartenzwergware das Land zu erobern, sehr zum Missfallen nicht nur von Firmen wie der Griebelschen, sondern auch einer Reihe von echten Zwergenfreunden. Sie sind heute noch der felsenfesten Meinung, der eigentliche Gartenzwerg, der Hartbrandwichtel, der Einzige mit Seele, bestünde aus Keramik, Ton, Gips oder jedenfalls einem Material, das mit seinem Besitzer altere. Und viele konnten und können sich nicht mit den neumodischen Varianten anfreunden, als da wäre in erster Linie die Zwergenfrau, die sich vermutlich deshalb trotz einer bereits in den sechziger Jahren des 20. Jahrhunderts durchgeführten Aktion der *Bildzeitung* und trotz aller feministischen Bestrebungen nicht hat durchsetzen können.

Der traditionelle, der echte, der klassische Gartenzwerg trägt eine rote Zipfelmütze, hat zumeist ein grünes Schürzchen vor dem Bauch und feste Schuhe an den Füßen. In den Händen hält er ein Gartenwerkzeug wie vor allem einen Spaten oder auch eine Schubkarre, und er ist natürlich und vor allem männlichen Geschlechts! Lieblingsnamen sind Umfragen zufolge zur Zeit Giesbert, Detlef und Waldemar. Auch Willy wird gern genommen. Den Traditionalisten zum Trotz entwickelten sich aber verschiedene Arten und Unterarten von Zwergen. Fritz Friedmann unterscheidet den Lustgartenzwerg, den Obstgartenzwerg und den Giftzwerg. Andere von echten Zwergenliebhabern mit Abscheu betrachtete Typen sind von einem Soziologen unter den Bezeichnungen Freizeit-Heini, Kulturzwerg und Shocking-Zwerg zusammengefasst worden. Die Zwerge der erstgenannten Gruppe halten etwa eine Angel oder eine Bierflasche in der Hand, die der zweiten tragen eine Brille auf der Nase, lesen ein Buch oder spielen auf einer Ziehharmonika, und die Angehörigen der dritten Klasse sind ohnehin außen vor und nur etwas für sehr Hartgesottene oder besonders Mutige. Darunter fallen also vor allem der Zwerg, der den Stinkefinger oder Schlimmeres vorzeigt (»der Jungfernschreck«) und der von Günter Griebels Frau Jutta entworfene »Nachbarschaftszwerg« (Nachbars Opfer), der bäuchlings mit einem Messer im Rücken auf dem Boden liegt.

Alle genannten Varianten und etliche ähnliche sorgten für einiges Aufsehen, und wer eine von ihnen in seinem Garten aufstellen möchte, sollte sich vorher besser von den Gedanken an gutnachbarliche Beziehungen verabschieden und sich auf böse Blicke, wenn nicht gar auf diverse Anzeigen gefasst machen. Nicht umsonst wurde in den Niederlanden immerhin bis zum Jahr 1989 für das Aufstellen eines Gartenzwerges eine Baugenehmigung verlangt. Angesichts der heutzutage aus Polen hereinschwappenden Riesenplastikgartenzwergwelle scheint eine solche Auflage vielleicht nicht völlig überzogen.

Zum Glück ist es so, dass sich die Menschen allmählich wieder auf althergebrachte Werte besinnen und der ursprüngliche, der tönerne Gartenzwerg wieder zunehmend Liebhaber findet.

Vielleicht tritt also Günter Griebel, erwähnter Urenkel von Philipp Griebel, der 1991 in Rot am See »Das Deutsche Gartenzwerg-Museum« mit etwa 8000 Exponaten eröffnet hatte, ein weiteres Mal in die Fußstapfen seines Ahnen und stellt wieder die guten alten traditionellen Zwerge her. Er ließ uns bereitwillig ein, erzählte von den Zwergen, deren Aufstieg und Niedergang – und zeigte uns schließlich all seine vom inzwischen leider geschlossenen Zwergenmuseum noch verbliebenen Schätze, von denen sich immerhin noch etliche in seinem Garten und seinen Regalen finden und die sich längst nicht nur auf Gartenzwerge beschränken.

Die Zwerge waren nämlich lange Zeit, und zwar besonders um die Wende zum 20. Jahrhundert, aus der Werbung nicht wegzudenken. Sie dienten mit ihren roten Mützchen für so ziemlich alles Vorstellbare als Verkaufshelferlein: Ob nun für Schuhcreme, Bohnerwachs, Zahnpasta, Eisenwaren, Kohlen, Brühe, Bier, Zuckerrüben, Wolle, Garne, Streichhölzer, Kaffee, Tee, Heftpflaster, Schnaps, Nähmaschinen, Bonbons, Seife und später auch für Tiefkühlkost oder Joghurts – überall hatten (und haben) sie ihre Finger drin. Sie sind schließlich wie prädestiniert für diese Rolle, fleißig, gescheit, geschickt, niedlich und in allen Handwerken und Künsten bewandert. Außerdem strahlen sie Freundlichkeit und Gemütlichkeit aus. Nicht umsonst gab es (und gibt es teilweise) noch eine Gnomenbrauerei, Troll-Feueranzünder, Kobold-Schokolade bzw. -Staubsauger und dergleichen mehr. Und nicht umsonst erkor das ZDF sie schon in grauer Vorzeit, genauer gesagt im Jahr 1963, zu Werbepausenfüllern und behält sie heute noch (allerdings modisch aufgepeppt) als solche bei.

Auch in anderen Bereichen sorgten die Zwerge für Umsatz – man denke nur an die höchst erfolgreichen Schlümpfe, an den Pumuckl oder die vielen Zeichentrickfilme, angefangen bei Walt Disneys *Schneewittchen*. Daneben mussten sie für unzählige Glückwunsch- und Ansichtskarten (siehe Farbtafel) sowie Werbemarken herhalten, und sie dienten als Zierde auf Porzellantellern, auf Rauchgarnituren, Vasen, Bierkrügen, Kakaobechern, Sparbüchsen, Fliesen, Silvesterbowlengefäßen und anderen Gegenständen – und zwar so vielen verschiedenen, dass selbst der betuchteste und eifrigste Sammler die Vielfalt nicht ausloten könnte.

Um aber zu den Gartenzwergen zurückzukehren, so tummeln die sich inzwischen längst nicht mehr nur bei uns und wie gesagt, in den USA, sondern auch in unseren Nachbarländern, vor allem in der Schweiz, in Österreich und auch in Frankreich. Und dort haben sie für einiges Aufsehen gesorgt.

Die Retter der Gartenzwerge

Es sind die Franzosen, die sich die Freiheit gewissermaßen auf die Fahne geschrieben haben und sich daher als deren ureigenste Verfechter fühlen. Vielleicht aus diesem Grund wurde in diesem unserem Nachbarland vor ein paar Jahren eine doch ziemlich ungewöhnliche Vereinigung gegründet, die ausdrücklich die Befreiung aller Gartenzwerge zum Ziel hatte. Diese Gruppierung nannte sich ihrer Berufung getreu: »Gartenzwergbefreiungsfront« (*Front de Libération des Nains de Jardin*, kurz FLNJ), und ihre Urheber waren, wie sich später herausstellte, in der Hauptsache Kunststudenten aus Alençon in der Normandie.

»Wir fordern«, so erklärten sie, »dass Gartenzwerge nicht länger lächerlich gemacht und in ihre natürliche Heimat, den Wald, entlassen werden.«

So entführten sie in Nacht- und Nebelaktionen in zahlreichen Vorgärten die Zwerge und setzten sie an geeigneten Stellen im Wald aus. Aber nicht etwa einfach so, nein, solche Befreiungstaten erfolgten im Rahmen einer feierlichen Zeremonie, bei der Technomusik spielte und Feuerwerk abgebrannt wurde. Auch spielte die Zahl sieben (wegen Schneewittchen und den sieben Zwergen natürlich) dabei insofern eine Rolle, als die Entführer häufig zu siebt unterwegs waren. Anschließend wünschten sie den Befreiten viel Glück in ihrem neuen Leben. Der erst überraschte und anschließend schwer betrübte ehemalige Gartenzwergbesitzer fand vielleicht einen Zettel vor, auf dem geschrieben stand: »Lieber Papa, liebe Mama – ich bin bei euch glücklich gewesen, aber jetzt muss ich euch verlassen. Euer Gartenzwerg.«

Wenn sie Glück hatten, bekamen die Besitzer irgendwann ihr Gartenkindchen zurück. Dann nämlich, wenn ein Spaziergänger die versammelten Zwerge auf einer einsamen Lichtung entdeckt und die Polizei verständigt hatte.

Ganz so einfach gestaltete sich die Repatriierung der wiedergefundenen Zwerge allerdings nicht. Bestohlene mussten nämlich ganz genau angeben, wie ihr Zwerg aussah, also Farbe, Größe und besondere Merkmale angeben – und beileibe nicht jeder wusste, ob sein Kleiner nun blaue oder grüne Hosen angehabt und eine Hacke oder einen Spaten in der Hand gehalten hatte. Und da längst nicht alle eine Porträtaufnahme ihrer Lieblinge besaßen, warten noch heute etliche Zwerge vergeblich auf ihre Besitzer.

Bei einer solchen Aktion im Jahr 2001 entwendeten ein paar Mutige in den Vogesen beispielsweise Hunderte von Zwergen aus Gärten und stellten sie auf dem Platz der Kathedrale von Saint-Die-des-Vosges zu einer Prozession auf. Die meisten Zwerge konnten anschließend wieder ihren »Eltern« zugeführt werden, mehr als sechzig allerdings wurden nicht abgeholt. So musste sich die örtliche Polizei, um Platz zu schaffen, zu einem Tag der offenen Tür entschließen, in der Hoffnung, auf diese Weise etliche doch noch loszuwerden.

Da ein Kirchenplatz ganz offensichtlich nicht der Ort ist, wo Wichtel gern leben würden, wird klar, dass hier nicht mehr der ursprüngliche Gedanke der Studenten von Alençon ausschlaggebend war. Sie wollten die Zwerge dorthin zurückbringen, wo Zwerge nun einmal von Rechts wegen hingehören: in den Wald und auf die Wiese, in die Natur eben. Ihnen taten die lächerlich zur Schau gestellten Zwerge womöglich wirklich leid, und ihre Aktionen enthielten daher bei allem Augenzwinkern eine Spur von Ernsthaftigkeit.

Anfangs wurden die Diebstähle von der Polizei eher als Jux aufgefasst und nicht eben mit Nachdruck verfolgt. Als sie sich aber zu häufen begannen, immer öfter Beschwerden eingingen und die ganze Angelegenheit mehr und mehr zu einem Gesellschaftsphänomen wurde, musste man der Sache nachgehen. Unter anderem mit Hilfe von Infrarotkameras konnte man einige Aktivisten auf frischer Tat überraschen. Sie wurden festgenommen und erhielten zum Teil saftige Geldstrafen.

Damit war für die FLNJ das Projekt weitgehend erledigt. Inzwischen hatte sich ihre Idee jedoch herumgesprochen und es fanden sich genügend Nachahmer, wie etwa die mit der Gartenzwergprozession auf dem Kirchplatz. Ein Pilzsammler entdeckte unlängst 101 Gartenzwerge in einem Wäldchen bei Bordeaux, aber mehr öffentliches Interesse erweckt man natürlich, wenn die Zwerge irgendwo in der Zivilisation postiert werden. Und so musste die Polizei 105 Zwerge mitten auf einer Verkehrsinsel im französischen Ort Chavelot einsammeln. Noch spektakulärer war der Raub von 202 Gartenzwergen, die anschließend auf einem Fußballfeld im nordostfranzösischen Héming abgestellt wurden. Das beiliegende Bekennerschreiben besagte kurz und bündig: »Das ist unsere französische Auswahl für die WM 2002.« Wie man sich denken kann, hörte hier für die Franzosen der Spaß auf. Mit der Ikone Fußball treibt man keine Scherze!

Ebenfalls allergisch reagierte man, als im Jahr 2000 aus einer Gartenzwergausstellung im Pariser Bois de Boulogne zwanzig Exponate »befreit« wurden. Falls die Ausstellung nicht umgehend geschlossen werde, so drohten die Entführer, würden weitere Attentate folgen. Die Pariser Stadtverwaltung ließ sich allerdings nicht erpressen, zumal der selbsternannte Schweizer Nanologe (Zwergenkundler) Fritz Friedmann sich beim französischen Innenministerium über die Aktionen der Zwergenbefreier beschwerte.

Entschieden schlechten Geschmack bewiesen Trittbrettfahrer der Bewegung zur Befreiung der Gartenzwerge, die inzwischen übrigens auch auf Belgien, Italien, England und die Schweiz übergegriffen hat, indem sie etliche derselben an Bäumen erhängten. So geschehen in Rosheim im Elsass, derjenigen Gegend Frankreichs, die besonders viele Gartenzwergliebhaber ihr Eigen nennt. Anzeigen, heißt es, wurden zwar nicht erstattet, doch hätten sich etliche Gartenbesitzer nach erfolgter Rettung durch die Polizei besorgt nach dem Gesundheitszustand der Zwerge erkundigt.

Die Studenten aus der Normandie waren durchaus nicht die Einzigen, denen das Wohlergehen der Gartenzwerge am Herzen lag. Aus einem Fastnachtsscherz heraus kam es bereits 1980 zur Gründung einer »Internationalen Vereinigung zum Schutz der Gartenzwerge« (IVZSG). Ihr Vorsitzender ist der bereits erwähnte selbsternannte Professor für Nanologie Fritz Friedmann. Die Mitglieder dieses Vereins haben es sich zur Aufgabe gemacht, für die Rechte des Zwergs als Angehörigem einer Minderheit zu kämpfen. Interessant ist dabei, dass die Satzung unter anderem erklärt, dass es weibliche Zwerge nicht geben dürfe. (Die Rechte *dieser* Minderheit werden also nicht gewahrt!) Weiterhin legt sie die Höchstgröße des Gartenzwerges mit 68 cm fest.

Ferner werden den Zwergen nach bewährter zoologischer Manier wissenschaftlich-lateinische Namen beigelegt, wobei die Ur-Gartenzwergform *Nanus hortorum vulgaris* getauft wurde. Friedmann selbst zeigt sich auf der Homepage der Vereinigung mit roter Zipfelmütze, und das ist vielleicht mit ein Grund, weshalb die Besucher der Seite –

wie die bestenfalls albernen Einträge ins Gästebuch zeigen – die Sache längst nicht so ernst nehmen wie die Mitglieder der IVZSG.

Die Gartenzwerge, so viel dürfte deutlich geworden sein, sind für viele weit mehr als eine Ton- oder Plastikfigur: Sie sind ihrer Ansicht nach beseelt und damit in gewisser Weise lebendig. Und genau das rückt sie durchaus in die Nähe der »wirklichen« Zwerge. Man rufe sich in Erinnerung, was über die nordischen Nisse und Tomten, über Hauskobolde und Wichtel gesagt wurde. Sie wohnten ganz in der Nähe der Menschen und wachten, solange sie gut behandelt wurden, über sie und ihr Hauswesen. Der Gartenzwerg, so könnte man sagen, ist der Versuch, diese guten alten Zeiten wieder heraufzubeschwören und gleichzeitig dem »echten« Zwerg ein Denkmal zu setzen. Außerdem könnten uns die Gartenzwerge daran erinnern, dass, wie Jutta und Günter Griebel richtig sagen, »das Glück vor allem im Verborgenen, in der Innerlichkeit, im Kleinen und in der Bescheidenheit gedeihen und nur auf Fleiß gegründet sein kann.«

Wer also hat noch etwas gegen Gartenzwerge?

VON ZWERGEN UND PYGMÄEN – FRUCHTLOSE ERKLÄRUNGSVERSUCHE

Der lange sprach zum kurzen Knecht:
Lass sein den Puk, es geht dir schlecht!
Man muss den Puk nicht necken,
Sonst kommt er, dich zu zecken.
Der Kurze sprach: Und kommt er auch,
Ich lasse nicht von meinem Brauch.
Denn ich will eben
Nur lustig leben.
Was ist der Puk?
Ein Teufelsspuk. –

August Kopisch

In vorchristlicher Zeit schlugen sich Zwerge irgendwo in Afrika mit den Kranichen herum und zogen dabei für gewöhnlich den Kürzeren – so heißt es wenigstens bei Homer und anderen antiken Schriftstellern. Diese für den Zwergenforscher auf den ersten Blick natürlich sehr interessante Information stellt sich allerdings bei genauerer Betrachtung als lediglich für den Pygmäen- und Kranichforscher wesentlich heraus. Und so ist es mit vielen weiteren ähnlichen Nachrichten, die letztlich alle bei kleinwüchsigen Menschen enden. Genau darauf aber möchten Forscher, die bestrebt sind, übernatürliche Wesen wegzurationalisieren, hinaus: Unser Zwergenglaube sei nichts anderes als die inzwischen mythisierte Erinnerung an echte kleinwüchsige Menschen.

Die Frage, um welche zwergwüchsigen Menschen es sich dabei gehandelt haben könnte, wird recht unterschiedlich beantwortet. Zum einen liest man noch immer, die Geschichten von Elfen und Zwergen seien lediglich die entstellten Erinnerungen an pygmäengroße Ureinwohner Europas. So wollte ein Schweizer Ur- und Frühgeschichtler bei Schaffhausen Gräber von fünf Zwergen entdeckt haben, und auch im Elsass und an anderen Orten soll es ähnliche Funde gegeben haben.

In Büchern über Gartenzwerge wird häufig die »kretische These« bevorzugt, die in einem vor etlichen Jahrzehnten erschienenen Buch über die Geschichte des Goldes erstmals vorgebracht wurde. Sie lautet, dass in den Bergen Kretas einst die bereits erwähnten sagenhaften *Daktylen* nach Bodenschätzen gesucht haben sollen. Wie der Autor des Buches erklärt, seien vor ca. 3500 Jahren die Goldvorkommen auf Kreta dann erschöpft gewesen, weswegen sich die zwergwüchsigen Bergleute gezwungen sahen, sich anderswo umzuschauen; sie wanderten auf das europäische Festland aus, zogen immer weiter nach Norden und gelangten schließlich nach Mitteleuropa, wo sie weiter ihrem unterirdischen Handwerk nachgingen. Wie klein diese prähistorischen Gastarbeiter waren, könne man unter anderem an den winzigen Stollen in Meschede im Kreis Ramsbeck ermessen. Auf dem Kopf trugen sie (zum Schutz?) die allbekannte Zipfelmütze, die sie ihrerseits, da sie sie praktisch fanden, von den Phrygern übernommen hatten (falls sie nicht überhaupt ursprünglich welche waren). Später setzte diese Mützenform ihren Siegeszug außerhalb der Bergwerke fort (und soll übrigens auch bei der päpstlichen Tiara Pate gestanden haben).

Von der Existenz dieser mediterranen Männlein sollen außer den erwähnten Stollen und Gräbern diverse Gerätschaften zeugen, die man bei archäologischen Grabungen entdeckte: winziges Werkzeug beispielsweise sowie kleine irdene Gefäße. Im Volksglauben sollen diese kurzgewachsenen Südländer dann nach und nach zu den sagenhaften Zwergen geworden sein. Auch dass man den Zwergen magische Kräfte nachsagte, ist nach dieser Theorie leicht zu erklären: Die fremdländischen Bergmänner verstanden so viel von ihrem Geschäft, dass es für die schlichten Gemüter unserer Vorfahren einfach nicht mit rechten Dingen zugehen konnte. Was blieb ihnen also anderes übrig, als Zauberei & Teufelswerk zu bemühen?

Für andere sind die »Vorfahren« der kleinen Männlein die berühmt-berüchtigten Venezianer oder Venedigermännlein. Sie kamen nicht aus dem sonnigen Kreta, sondern, wie der Name schon sagt, aus dem sonnigen Italien, waren aber ebenso klein und in der Bergbaukunst bewandert. Im Alpenraum wurden sie oft mit den so genannten *Walen* gleichgesetzt, die äußerst kryptische Schriften zu verfassen pflegten, die seltsamen »Walenbücher«, in denen sie sich mit für Laien unverständlichen Zeichen über geheimnisvolle Dinge verständigten. All das trug naturgemäß dazu bei, dass sie von der Bevölkerung mit dem Nimbus des Unheimlich-Magischen umgeben wurden und man ihnen nachsagte, sie könnten Drachen bändigen und verstünden sich auch sonst auf allerlei Zauberkunststücke.

In der Schweiz wiederum behauptete man, die Zwerge seien aus Asien »in unser Land gekomen, sie hätten dorten die Sonnenhitze nicht mehr ertragen können, und daher erklärten sich auch die Leute, dass die Gesichtsfarbe der Erdmännchen ganz schwarz und ihr Naturell ein so äußerst träges war. Denn arbeiten mochten sie durchaus nichts. So lang die Sommertage waren, spazierten sie beim Sennen auf dem Berge umher, und so lang die Winternächte dauerten, saßen sie drunten beim Bauern im Zeindlimatt-Hof und ergötzten sich an den Dorfneuigkeiten.«

Wieder andere wollen den Zwergglauben auf prähistorische Ureinwohner zurückführen, die von nachkommenden stärkeren Rassen in unzugängliche Höhlen und Bergregionen vertrieben worden seien. Ähnliches wird übrigens von den Feen behauptet. Dass diese Ureinwohner besonders klein waren, müsste sich natürlich anhand von Knochenfunden belegen – oder eben widerlegen lassen; doch behelfen sich Vertreter dieser These mit der Erklärung, schließlich sei jeder Unterworfene, bildlich gesprochen, ein kleiner Wicht. Woher diese Ureinwohner gekommen sein sollen, weiß allerdings keiner so recht.

Die verschiedenen Theorien vermischten sich teilweise mit etlichen weiteren volkstümlichen Vorstellungen. In einer Sage aus dem Rheinland heißt es: »In den

Bergwerken arbeiteten ganz kleine Menschen, es sollen Römer gewesen sein; denn, wie die alten Leute sagen, früher nannte man Menschen von ungewöhnlich kleinem Wuchs Römermännchen.« Woanders wurden die Bergleute als »Tataren« (Sinti) bezeichnet, und es heißt weiter, sie seien auch als »Heinzelmännchen« bekannt gewesen. Aus einer wendischen Sage erfährt man, dass die *Lutchen* die ersten Menschen in der Gegend waren, und Gleiches wird in Bezug auf die schlesischen *Heinchen* behauptet. In Südtirol erzählte man sich, die Zwerge hätten schon in grauer Vorzeit dort gewohnt. Als die Sintflut kam, seien sie als Einzige verschont geblieben.

Weiterhin gibt es die »Menschenzwerge«, die so genannten Liliputaner, die in früheren Zeiten an den Höfen von Fürsten und anderen hohen Herren wie Schoßhündchen gehalten wurden und denen, unter anderem in Form der bereits erwähnten Gartenplastiken (siehe Abb. links), mannigfache Denkmäler gesetzt wurden. Dass allerdings, wie manche behaupten, die Gartenzwerge – oder überhaupt der Glaube an Zwerge – von ihnen abstammen sollten, wird von anderen heftig bestritten. Mit Recht, sollte man meinen, denn die steinernen Figuren in den Parks etwa von Bruchsal, Schloss Mirabell in Salzburg, Wien und Bad Mergentheim haben in aller Regel nicht die geringste Ähnlichkeit mit echten Zwergen.

Schließlich gibt es auch Theorien, wonach die Zwerge Bewohner des Mondes, Seelen ungetaufter Kinder oder gar »Bankerte« sind, entstanden aus der »Buhlschaft des Teufels mit Hexen«! Konrad von Megenberg (1309–1374) erklärte die Zwerge »wissenschaftlich« als »Adamskinder aus wenigem und schwachem Samen«.

Zu erwähnen wäre schließlich noch, dass Zwerge – in Anlehnung an die römischen Manen, Laren und Penaten – sehr oft mit dem Ahnen- und/oder Totengeisterglauben oder aber mit anderen Geistern in Zusammenhang gebracht wurden und werden. Da findet man dann etwa entschiedene Aussagen wie die folgende vom Anfang des 20. Jahrhunderts: »Meine Meinung über den Kobold geht darum dahin: Die Grundlage des Koboldglaubens ist der Glaube an helfende Seelengeister, die von außen und aus der Erde (aus dem Keller und aus Gängen, die hier einmünden) in das Haus gehen, da arbeiten und da segnend und zutragend den Besitz mehren.«

Womit alles gesagt wäre – oder?

All diese Thesen, ebenso wie etwa auch diejenige, dass die Zwerge die »Rolle des Unterbewusstseins« spielen oder dass sie, wie C. G. Jung ausdrücklich erklärt, »nahe Verwandte des Unbewussten« seien, die ein »Abgleiten in die Dunkelheit und Ungewissheit« verhindern, oder dass sie eigentlich Herdgötter seien, mit der roten Mütze als Symbol für das Feuer, oder gar überhaupt Erfindungen der Dichter, zeigen lediglich, dass nichts davon wirklich überzeugt und dass man daher die Zwerge am besten einfach Zwerge sein lässt.

Hausgeisterchen

In Schloss und in Mühle, in Hütt und Palast,
Da wohnen gar viele der Kleinen zu Gast:
Hausgeisterlein, Wichtlein mit treuen Gesichtlein,
In graubraunen Fellen von Hamster und Maus:
Gar gute Gesellen beschirmen das Haus.
Sie nehmen das Feuer am Herde in acht,
Beschützen die Scheuer vor Dieben bei Nacht;
Sie wehren die Elfen den Schlummernden ab;
Sie dienen und helfen treppauf und treppab.
Oft hört man im Dämmern im Schuppen ihr Hämmern,
Ihr Scharren und Schleppen auf Gängen und Treppen.
Oft klingen im Keller gar hell ihre Teller,
Und Becherlein klingen zu flüsterndem Singen.
Die Hausfrau, die kluge, sie gönnt aus dem Kruge
Den Guten ein Schlücklein, vom Brotlaib ein Stücklein.
Doch darf man nicht schrecken die Kleinen und necken,
Muss dankbar sich zeigen, fein still sein und schweigen,
Sonst fliehn sie und schwinden flugs nach allen Winden.

Julius Lohmeyer

WARUM HABT IHR UNS VERLASSEN?

Sonst wimmelte das Haslital
Von niedlichen Zwerglein überall,
Die halfen im Felde, die halfen im Wald
Und trugen uns Holz ein, wurd' es kalt.
Sagt an, ihr Leute, was ist geschehn:
Es lässt sich keiner mehr da sehn?!

August Kopisch

ieht man einmal von entsprechenden »esoterischen« Aussagen ab, hat man bei uns zulande nicht mehr allzu häufig mit echten Zwergen zu tun. Niemand wird mehr zu Zwergenentbindungen gerufen oder zum Kindelbier eingeladen, und dass einem die Wohnung über Nacht von fleißigen Heinzelmännchen tipp-topp aufgeräumt wird, ist – leider! – doch eher die Ausnahme. Kein braver Hauswichtel ölt still und heimlich die quietschende Gartentür, entstopft das Klo oder saugt den Teppich. Nein, alles müssen wir selbst machen, weil die Kleinen schlicht und einfach nicht mehr da sind.

Verschwunden. Bei Nacht und Nebel, sang- und klanglos.

Dass es so weit kam oder kommen musste, ist, wie in so vielen ähnlichen Fällen, unsere Schuld. Wir haben sie vertrieben, aus der Gegend, aus dem Land, weit weg über alle Berge. Aber wodurch genau?

Ungefähr eine halbe Stunde ostwärts von Starkstadt liegt im dichten Walde ein gewaltiger Fels, der »hohe Stein«. Ihm gegenüber steht westwärts die Kirche des Städtchens. Dort in dem wilden Gestein wohnten einst die Zwerge. Die Gegend wurde volkreich, und der fromme Sinn der Bewohner dachte daran, auch Gott ein Haus zu bauen. Das Werk ging rasch vonstatten, und bald sollte vom Kirchturm die Gemeinde durch die ehernen Glocken zur Andacht gerufen werden. Da trat etwas Unerwartetes ein: Die Zwerge auf dem »hohen Stein«, die mit Bangen dem Aufbau der Kirche zugesehen hatten, brachten in Erfahrung, dass nun bald Glockengeläute ihre stille Tätigkeit stören werde. Dieser Gedanke erfüllte sie mit Schrecken, sie gingen in die Stadt und erboten sich, eine Brücke aus Gold und Silber vom »hohen Steine« bis zur Spitze des Kirchtums zu bauen, wenn man von dem Vorhaben, Glocken in den Kirchturm zu hängen, absehen wolle. Doch davon wollten die Städter nichts wissen.

Die Glocken wurden in den Turm gebracht, und bald tönten die hehren Feierklänge über die dichten Wälder. Da fiel Schrecken auf dem »hohen Steine« ein. Die Zwerge packten zusammen und zogen unter den bisher unerhörten Klängen über den Höllenbusch nach Kosteletz.

Dort fuhr auf der Straße ein Bauer mit leerem Wagen. In Gedanken versunken schritt er neben seinem Gespann her, als ihn mit einem Mal kleine Männchen umringten und ihn baten, sie doch mitzunehmen. Reichlichen Lohn solle er dafür erhalten, nur müsse er versprechen, was auch geschehe, sich nicht nach dem Wagen umzudrehen.

Der Bauer hatte gegen den Vorschlag nichts einzuwenden, und bald saßen die Männlein allesamt auf dem Wagen. Anfangs ging alles gut, doch als man in den Höllenbusch kam, wollten die Pferde nicht weiter, sie keuchten und schwitzten, als zögen sie eine ungeheure Last. Das schien dem Bauern doch sonderbar. Er blickte zurück, um zu sehen, was es wohl gäbe. Da nahm er nun wahr, wie Zwerglein an Zwerglein nicht nur auf dem Wagen, sondern auch an den Radspeichen saß. Von diesen waren zwei unter der Last gebrochen. Kaum hatte der Bauer sein Versprechen verletzt, als auch schon eins der kleinen Männlein zu ihm getrippelt kam und ihm das Hutkäpplein abverlangte. Der Bauer reichte dem Zwerg Hut und Käpplein. Dieser nahm beides, füllte sie mit Gold an, und indem er sie samt Inhalt zurückgab, sprach er: »Hier empfange deinen Lohn. Mehr Gold wäre dir geworden, wärst du deinem Wort treu geblieben!« Der Kleine sprach's und verschwand samt seinem Volke.

Das Ende dieser schlesischen Geschichte ist untypisch, denn in der Regel ist der Lohn für das nicht gehaltene Versprechen, dass man statt Geld oder Gold überhaupt nichts bekommt. Sehr typisch ist dagegen der Grund, der für das endgültige Verschwinden der Zwerge angegeben wird. Er wurde in einem anderen Kapitel ja bereits erwähnt: Es waren die Glocken! Sie sind es, die landauf landab, ob im Allgäu oder Rheinland, in der Lausitz, Schlesien, Mecklenburg oder Holstein, am häufigsten als Vertreiber der Zwerge genannt werden. Die kleinen Wichte können das ewige Gebimmel auf den Tod nicht ausstehen und verlassen die Gegend. Dabei ist es längst nicht immer so, dass die Glocken – wie gern behauptet wird – als Symbol des »neuen« Glaubens diese Abneigung begründen würden.

Doch gibt es durchaus Berichte, die das Christliche dem Heidnischen gegenüberstellen und explizit behaupten, die Zwerge hätten die Bibel, das Evangelium oder, wie der Zwergenkönig von Warlin in Mecklenburg sagte: »den evangelischen Glauben«, nicht vertragen können und seien deshalb abgezogen. Den Unterirdischen aus der Nähe von Kröpelin wurde direkt in den Mund gelegt, »der Kirchgang und der Glockenklang« nähmen überhand und deshalb müssten sie fortziehen.

In manchen Geschichten wird wahrhaftig der Papst höchstselbst dafür verantwortlich gemacht, dass es bei uns keine Zwerge mehr gibt. »Vor 100 Jahren«, so heißt es beispielsweise, »hat der Papst die Fenixmannla verbannt, und sie haben alle auswandern müssen.«

Allerdings gibt es mindestens ebenso viele Sagen, die schlicht und einfach den Lärm der Glocken als Grund für den Wegzug angeben. Alle Geistwesen, ob Europas, Indiens oder Afrikas, hassen jegliche Art von Lärm. Dies ist übrigens einer der Gründe dafür, weshalb in gefährlichen geisterwimmelnden Nächten, wie vor allem an Neujahr, möglichst viel Krach gemacht wird. Auf Schiffen zog man drolligerweise mitgenommene Schweine am Schwanz, damit sie quiekten und die bösen Geister in die Flucht schlugen – dies aber nur als Kuriosität am Rand. Jeder, der neben einem Kirchturm wohnt, weiß, dass Glocken um ein Vielfaches lauter sind als quiekende Schweine und schon mancher hat, Christ hin oder her, das ständige Gebonge verflucht – zumal bei Nacht, wenn man sich schlaflos hin und her wälzt und alle Viertelstunde dröhnend an die Uhrzeit erinnert wird.

Die Zwerge jedenfalls konnten sich damit überhaupt nicht abfinden, und so waren die Glocken oft daran schuld, dass sie schließlich unser Land verließen. Ein Bericht aus der sächsischen Lausitz, der im Prinzip dem oben erzählten schlesischen sehr ähnelt, schließt mit den Worten: »Die Querxe sagten beim Abschied: Dann würden sie wiederkommen, wenn die Glocken wieder würden abgeschafft sein und wann Sachsenland wieder käm an Böhmerland. Dann, meinten sie, würden auch bessere Zeiten sein.«

Derartige geopolitische Interessen dürften bei den Zwergen die Ausnahme gewesen sein; dass der Wagen, der sie außer Landes bringt, stets wie ein indischer Bus überladen war, wird hingegen übereinstimmend erklärt. Manchmal wird der Fuhrmann selbst auf diese Tatsache aufmerksam gemacht, indem ihn der Oberzwerg fragt, auf wie viele Passagiere er denn tippen würde. Einer antwortete darauf, es könnten »wohl acht bis zehn Persönlein« auf seinem Wagen sein. Da wurde er aufgefordert, sich umzudrehen, und sah Tausende von Zwergen – sogar die Radspeichen waren wie mit Bienenschwärmen besetzt.

So malerisch plastisch sind natürlich längst nicht alle Berichte vom Auszug der Zwerge. Es ist aber bemerkenswert, wie viele Sagen sich mit diesem Thema beschäftigen. Von keinem anderen Geistwesen wird Vergleichbares auch nur annähernd so oft erzählt.

Zur weiter oben erwähnten Theorie, Zwerge seien in Wirklichkeit Seelen von Toten, trug zweifellos der Umstand bei, dass in den Auszugssagen sehr oft ein Fährmann eine Rolle spielt, der sie übersetzen muss. Das Fährmann-Motiv ist natürlich allbekannt und altbekannt (man denke nur an den griechischen Charon), und so wurde es auch hier in ähnlicher Weise interpretiert.

Anders als in der oben zitierten Erzählung sollen die Zwerge häufig über ein Gewässer – meist einen breiten Fluß – des Nachts still und heimlich übergesetzt sein. Zu diesem Zweck benötigten sie natürlich ein Boot.

Zu dem Fährmann in Groß-Wieden an der Weser, oberhalb Rinteln, ist einmal vor vielen Jahren ein kleiner Unterirdischer gekommen, der hat ihn gefragt, ob er wohl gegen guten Lohn die Nacht hindurch überfahren wolle. Der Fährmann hat natürlich nicht Nein gesagt, und da ist denn am Abend der Kleine wiedergekommen, ist in den Kahn gestiegen und hat gesagt, er solle nur abstoßen. Das hat der Fährmann auch getan, ist aber verwundert gewesen, dass der Kahn so schwer und tief ging, als wäre er ganz voll, und noch mehr hat er sich gewundert, als ihm der Kleine, nachdem sie drüben angekommen, gesagt, nun solle er wieder zurückfahren, dabei im Kahn geblieben und so bis zum frühen Morgen immer hin und her gefahren ist. Endlich ist er denn ausgestiegen und hat den Fährmann gefragt: »Nun möchtest du auch gern wissen, was du übergefahren?« Und als der bejaht, hat er gesagt: »So sieh mir über die rechte Schulter!« Das hat der Fährmann getan und Tausende und aber Tausende von Unterirdischen im bunten Gewimmel erblickt, die er alle in der Nacht übergefahren.

Die Geschichte endet wie gehabt: Der Fährmann kriegt als Lohn einen großen Haufen Pferdemist. Er schmeißt ihn zornig ins Wasser, bis auf einen Klumpen, der ihm in den Stiefel fällt und sich dann bei ihm zu Haus in Gold verwandelt. Und so wurde er steinreich – wie die meisten anderen Wichtel-Fährmänner auch.

Die Zwerglein in diesen Fährmann-Episoden sind natürlich unsichtbar, weil sie, bis auf den Oberzwerg, sämtlich mit ihren Tarnkäppchen verreisen.

Während die Glocken europaweit als Hauptgrund für das Verschwinden der Zwerge angegeben wurden – und Flüche und Spott vonseiten der Menschen ebenfalls eine weit verbreitete Ursache für ihren Fortgang sein sollen –, führen viele Regionalsagen auch allerlei »lokale Gründe« an, warum sie aus der jeweiligen Gegend auswanderten. In Norddeutschland erzählte man sich etwa, dass »der wilde Jäger« den Zwergen keine Ruhe gelassen habe, und da hätten sie sich schließlich an den Lübecker Fährmann gewandt. Bei ihrer Abneigung gegen jede Art von Lärm ist es kein Wunder, dass die Kleinchen auch lautes Trommeln verabscheuen, und so wird Letzteres mancherorts als Ursache für ihren Auszug angenommen. Dementsprechend lässt August Kopisch in einem seiner zahlreichen Zwergengedichte das kleine Männchen erklären: »Nein, nein, ich muss dir sagen:/ Die grobe Musik, die Trommelmusik,/ Die kann ich nicht vertragen!«

Auch das (maschinelle) Gehämmere in den Bergwerken soll die Zwerge, vor allem die aus Sachsen, verscheucht haben, ebenso der Lärm der Fabriken. Diese sowie Autos und Flugzeuge – Symbole unserer technisierten Welt – könnten sehr wohl Wesen in die Flucht treiben, die sonnige Hänge mit großen alten Bäumen lieben, auf denen einzig die Bienchen und Waldvögel Geräusche verursachen. Ähnlich unhistorisch wie der Papstbann dürfte die folgende Notiz sein: »In unsern Zeiten aber kommen die Unterersehen nicht mehr zu den Menschen, seitdem der König von Dänemark im ganzen Königreich und den Herzogtümern die Löcher zustopfen ließ, woraus sie sonst hervorkamen, und allenthalben Wachen davor hinstellte.« Wohl dem König, der nichts anderes zu tun hat, als Zwergenlöcher zuzustopfen! Doch auch der Alte Fritz soll sich gegen die Zwerge stark gemacht und sie jenseits des Schwarzen Meers verbannt haben.

In Krakau war es angeblich ein Graf, der den jungen Zwergenkönig mit Pfeil und Bogen erschossen haben soll, weil dieser hinter seiner Tochter her gewesen war. Als die Zwerge von diesem Unglück erfuhren, liefen sie zum Schlossteich und begannen einen Grabreim zu singen. Immer wenn sie mit dem Schlussreim »Te, twentig, dörtig, värzig, fiffzig, sässig, seventig, achzig, negenzig, homdert« fertig waren, stürzten sich je zehn in die Fluten und ertranken. Ähnlich tragisch ist eine Erklärung aus der Gegend von Braunschweig: Hiernach soll bei den Zwergen ein mörderischer Bruderkrieg ausgebrochen sein, dem die meisten zum Opfer fielen, während die Verwundeten [man fragt sich, von wem] von der Homburg herab in die Tiefe gestürzt wurden. »Seit der Zeit ist kein Zwerg mehr da.«

Niedlich dagegen ist, dass im italienischen Livorno die Einführung der Trambahn für das Verschwinden der Zwerge verantwortlich gemacht wird; und lächeln kann man auch darüber, dass im Harz die Jahreszahl 1777, der Siebenen wegen, die Zwerge zum Abziehen gezwungen haben soll.

Häufig führte übrigens die Schandtat oder das Fehlverhalten eines einzelnen Menschen dazu, dass das ganze Volk der Zwerge verschwand. An erster Stelle ist hier das bereits besprochene Auslohnen mit Gewändern zu nennen; das war angeblich die Ursache, warum die Zwerge aus dem Paznauntal fortzogen. Einer der kleinen Kerlchen pflegte nämlich die Ziegen eines Bauern zu hüten und wurde dafür täglich mit Essen belohnt, das ihm, auf die Hörner eines Ziegenbockes gebunden, geschickt wurde. Eines Tages aber wollte der Bauer ihm etwas besonders Gutes tun und band stattdessen ein rotes Röcklein daran fest. Und da zog der Zwerg samt seiner ganzen Sippschaft in eine andere Gegend.

Im Schweizer Aargau reichte es schon, dass man den Zwerglein Lauch in ihren Milchnapf warf. Da sagten sie dann: »Lauch, Lauch, wir gehn und das Glück auch!«, und verschwanden auf Nimmerwiedersehn. Andere riefen beim Gehen: »O wie ist der Himmel so hoch und die Untreu so groß!«

Im thüringischen Angelroda vertrieben die Einwohner die Zwerge mit dem Rezept eines »weisen« Mannes. Er riet ihnen, am Trinitatissonntag Eibenzweige kreuzweise auf die Wege der Wichtel zu legen. Weinend und trippelnd verschwanden in der Nacht darauf die Kleinen.

Die Region um Waldshut verließen die Zwerge dagegen, weil ein Bauer ihnen übel mitspielte. Man wusste genau, wie die Kleinen aussahen, wusste, dass sie lediglich ein blaues Hemdchen mit einem schwarzen Gürtel trugen und schwarze Haare hatten, denn sie brachten abends den Landleuten Kuchen und Essen aufs Feld. Man kam also gut miteinander aus – bis besagter Bauer ihnen ihre Gabe schlecht dankte. Er nahm das silberne Messer, das ihm der Zwerg zum Kuchenschneiden reichte, und steckte es in einen Kuhfladen. Über eine solche Unverschämtheit war der Kleine so böse, dass er und seine Gefährten beschlossen, ab jetzt nie wieder ans Tageslicht zu kommen. Sie verließen ihre Schlupfwinkel und verschwanden im Wald. Kurz darauf hörte man einen lauten Knall, und seitdem sind die Zwerge verschwunden. »Nur ihre Höhle ist zu sehen, aus der manchmal noch Rauch aufsteigt.«

Dieser kurze Nachsatz lässt immerhin hoffen, dass die Sachlage in puncto Zwerge nicht ganz so hoffnungslos ist, wie sie nach all diesen Berichten zu sein scheint. Ja, hin und wieder heißt es auch, die Zwerge seien durchaus noch da, nur eben sehr viel scheuer als früher. In der

Nähe von Schopfheim sollen sie sich beispielsweise in die entlegensten Abgründe und Felsengrotten zurückgezogen haben und sich höchstens »vor den gefeiten Augen« eines an einem der vier Fronfastentage oder an einem Sonntag geborenen Kindes sehen lassen. Und noch gegen Ende der dreißiger Jahre des 20. Jahrhunderts soll in der Steiermark ein Zwerg von etwa 50 cm Größe gesichtet worden sein.

Wir reden hier wohlgemerkt von unseren Breiten. In Island etwa sind die Zwerge, wie die staatlich anerkannte Elfenbeauftragte Erla Steffansdottir behauptet, nach wie vor zu Hause. Sie will sie mit eigenen Augen gesehen haben und erklärt, sie trügen außer roten Mützchen, ihren Tarnkappen, auch gelbe, grüne oder blaue in unterschiedlichen Formen.

Doch womöglich ist auch für uns Mitteleuropäer noch nicht alle Hoffnung verloren – jedenfalls ist in etlichen Sagen von einer dereinstigen Rückkehr der Zwerge die Rede. Diese Aussagen sind allerdings meist sehr unbestimmt gehalten und fast immer mit einem »wenn« verbunden. *Wenn* die Menschen mit dem Glockengelärme aufhören, *wenn* in den Bergen nicht mehr gehämmert wird, *wenn* Böhmen in große Not kommt (was wir nicht hoffen wollen!), wenn, ja wenn...

Tröstlicheres lässt sich leider nicht sagen – höchstens, dass es den Zwergen ganz offenbar ein Anliegen ist, wieder heimzukehren. Sie fühlten sich mit der Gegend, in der sie wohnten, eindeutig verbunden und verließen sie ungern, ja oft traurig oder gar laut weinend.

So besteht vielleicht doch noch die Hoffnung, dass sie sich irgendwann ans Glockenläuten gewöhnen. Dass sie den Autolärm, die Flugzeuge über ihren Köpfen und all die vielen anderen ohrenbetäubenden Geräusche unserer Zeit hinnehmen.

Wir Menschen aber müssen sicher selbst unseren Teil dazu beitragen, dass sie dann bei uns bleiben. Wir müssen dafür sorgen, dass es neben Beton noch Erde gibt, Wälder, Blumen und stille Himbeerhänge, auf denen die Sonne brütet und sich die Zauneidechse sonnt. Dort, wo die Bienen summen, das Johanniskraut blüht und der Zaunkönig singt, fühlen sich sicher auch die Zwerge wohl. Und wer in seinem Haus eine Spinne sieht, einen Weberknecht, der sollte ihn leben lassen und mit ihm Frieden schließen, denn wer weiß, vielleicht ist es ja ein verwandeltes Heinzelmännchen, das über Wohl und Wehe wacht, wie der Tomte in früherer Zeit.

Bitter kalt die Winternacht
Sterne funkeln klar.
Im Dorf liegt jetzt um Mitternacht
Alles tief im Schlaf.
Mond zieht leise seine Bahn,
Schnee fällt sacht auf Tann und Fichte,
Auf die Dächer sacht.
Nur der Tomte wacht.

DANKSAGUNG

Wir danken für Hinweise, Bilder oder Bücher wie immer von Herzen Dr. Ingrid Röschke und Otto, dem klugen Omega-Tierchen (alles Gute!), Käte Stroh und Prof. Dr. Gérard Fussman. Auch Christine Uplegger, Robin und Christian, Dr. Ulrich Kronauer, Anneliese Ohly und Wolfgang Krieger steuerten diverses Zwergenmaterial bei. Eva-Maria Lill sei für die aus Island mitgebrachten Trolle herzlich gedankt, Doris Ullmann für den ersten Chili-Zwerg und besonders Dr. Harald Drös für seine eigens für dieses Buch gezeichneten Zwerge.

Günter Griebel opferte uns seine Zeit und gab uns großzügig die Erlaubnis, seine Schätze zu fotografieren und einige davon hier abzubilden. Auch ihm danken wir also von Herzen.

Schließlich sei wie immer allen MitarbeiterInnen des Deutschen Taschenbuch Verlages gedankt, die an diesem Buch mitgewirkt haben, vor allem natürlich Katharina Festner.

kLeINES ZWERGENGLOSSAR

Abbey Lubber siehe Buttergeist
Aennerbansken: Bezeichnung für Zwerge auf Helgoland.
Almbutz siehe Kasermanndl
Augenmannl: Nordböhmischer Hauskobold.
Bara: Dienstbarer Kobold in Nordschweden.
Barstukken: Freundliche Hauszwerge, auch Fingerlinge genannt, in Ostpreußen; werden mit Essen belohnt.
Bergmännlein: Bereits bei Paracelsus und Agricola auftauchende Bezeichnung für Zwergenwesen, die im Bergbau arbeiten.
Bierwetzl (Bierlutzl, Biertimpl): In Gasthäusern wohnender, Unfug treibender Kobold in Schlesien, im Böhmerwald und Riesengebirge.
Boggart: Kleiner Kobold, v. a. in Lancashire; schalkhaft, spitzbübisch; runzliges Gesichtchen, dicker Bauch, lange Arme und Beine; kann Menschen durch seine Launen ziemlich quälen.
Bogle: Oft bösartiger, aber auch gutmütiger englischer Kobold.
Boobachod (Bwbachod): Walisische Entsprechung der *Brownies*; hassen Antialkoholiker und protestantische Geistliche.
Booka (Bwca): Walisischer Kobold, den *Brownies* vergleichbar.
Bozhenta (Bozeta): Polnische Zwerge.
Brownie: Englisch-schottisches Zwergenwesen; klein und freundlich; trägt braune abgerissene Kleider; kommt bei Nacht in die Häuser und hilft dort nach Kräften; schließt sich gern an bestimmte Familien an; hasst Faulheit.
Buschmännchen: Zwerge der schlesischen Lausitz; sehen aus wie Menschen, nur sehr viel kleiner; besitzen geheime Kräfte, können sich unsichtbar machen, sind freundlich und harmlos.
Buttergeist: Irisch-englisches Zwergenwesen; grün gekleidetes Männchen; diebisch; klaut am liebsten frische Butter, aber nur von Reichen; trägt nachts kleine Laternchen; wohnt v. a. in reichen Klöstern (daher *Abbey Lubber*, »Kloster-Lümmel«, genannt).
Butzemann: Mittel- und süddeutsche Bezeichnung für einen Kobold.

Bwca (Pwca): Walisische Entsprechung des *Puck* oder *Brownie*.

Chimken: Norddeutsche Bezeichnung für Hauskobolde.

Cluricaun: Irischer Kobold, der hauptsächlich in Weinkellern wohnt und trinkt; boshaft, betrügerisch, stark; besitzt einen Beutel mit sich stets erneuerndem Geldstück; schließt sich gern an bestimmte Familien an; Einzelgänger.

Coblynau (Koblernigh): Walisischer Bergwerkskobold; etwa 45 cm groß, angezogen wie ein Bergbauer und furchtbar hässlich; meist gut gelaunt, sein Anblick gilt als gutes Omen; harmlos; gibt sich sehr beschäftigt, tut aber nichts.

Daktylen (»Fingermännchen, Däumlinge«): Oft als fingergroße Schmiedekobolde vorgestellte Wesen, die in Phrygien oder Kreta heimisch gewesen sein und nach Gold gegraben haben sollen. Galten auch als Gefolgsleute der Göttin Kybele.

Djudje: Bulgarischer Kobold.

Dobie: Englischer Kobold, eher faul und dumm; wohnt in Scheunen, aber auch in abgelegenen Ruinen und an Flüssen.

Domovoi: Russischer Kobold.

Duende: Spanischer Zwerg, treibt Schabernack, wohnt in Mauern.

Duergar: Schwarze Zwerge Nordenglands; Feinde der Menschen; Einzelgänger, klein, breit und stark; in Fell gekleidet.

Dvergar: Isländische Zwerge; von Kleinkindergröße, schön und freundlich – oder aber unfreundlich und kalt.

Ekerken: »Eichhörnchen«, hilfreicher Kobold im Herzogtum Kleve.

Erdleute (Erdbibberli, Erdmännchen): Bezeichnung für Zwerge in verschiedenen Gegenden Deutschlands; helfen den Bauern, spinnen im Winter.

Erdluitle: Schweizerische und norditalienische in Erdlöchern oder Höhlen hausende Zwerge.

Fähnskedinger: Schlesische Zwerge; klein mit sehr großen Köpfen; sprechen wie kleine Kinder.

Fanggen (Fänggen): Zwergen- (oder Feen-?)wesen (oder im Gegenteil riesenhafte Wesen) der Tiroler und Schweizer Berge; mal als hässlich, nackt und behaart, mal als sehr hübsch beschrieben; wohnen in den »Fänggenlöchern«, besitzen magische Kräfte, zähmen Gämsen und Wölfe.

Farfadet: Französischer Hauskobold, hilft Menschen, treibt Unsinn, liebt Milch und Sahne mit Honig.

Feensmännel siehe *Vensmännel*

Fenixmännchen (Fenisleute): Schlesische Bezeichnung für Zwerge; wohnen in Hügeln und Wäldern.

Fenodoree: Zwergenwesen der Isle of Man, entspricht in etwa dem *Brownie*.

Fingerling siehe *Barstukken*

Frankerl: Zwerge in der Oberpfalz.

Gaardbuk (Gaardbo): »Hofwicht«, dänische Bezeichnung für den Hauskobold.

Gaardsvord: »Beschützer des Hofes«, norwegische Bezeichnung für den Hauskobold.

Gathorn siehe *Knocker*

Gnom: Von Paracelsus (1493–1541) geprägter Name zur Bezeichnung sämtlicher Erd-Elementargeister, der allerdings nie volkstümlich wurde. Heutzutage hauptsächlich vom New-Age übernommen. Laut Paracelsus haben Gnome keine Seele; sie können ihre Größe verändern und dienen den Menschen, stehen ihnen aber grundsätzlich feindlich gegenüber.

Goblin: Meist auf Schabernack bedachte, andererseits auch hilfsbereite Kobolde Großbritanniens; klein und hässlich.

Graumännel: Bezeichnung für Zwerge in Ostpreußen, Schlesien, Norddeutschland.

Grieschel: Bezeichnung für Zwerge um Wernstadt (Böhmen).

Grogach (Grogan): Irisch-schottische koboldartige Zwergenwesen; klein, nackt, am ganzen Körper rötlich behaart, ungepflegt, gutartig, wohnen in Höhlen und Felsspalten.

Gütchen (Gütel): Nord- und mitteldeutsche Bezeichnung für Hauskobolde; gutmütig, hilfreich gegenüber den Menschen, aber auch boshaft.

Guhyaka: Indische Zwergenwesen; Gefolgsleute des Gottes der Reichtümer, Kubera; hüten seine Schätze; wohnen in den Bergen.

Gupel: Zwerge in Thüringen.

Guttel: Bereits bei Agricola (1494–1555) vorkommende Bezeichnung für gutartige Kobolde.

Haiducken: Pommersche Zwerge.

Hausbutz: Bezeichnung für den Hauskobold in Vorarlberg; missgestaltet, erscheint oft als Katze oder Strohhalm, ist aber meist unsichtbar; kümmert sich um Haus und Vieh.

Heimchen: Zwergwesen u. a. im Vogtland und in Thüringen.

Heinchen (Hainchen): Zwerge in Schlesien und in der Lausitz; fromm, friedliebend; verschwanden, als die Sitte aufkam, Schafen Glöckchen umzuhängen.

Heinzelmännchen: Seit 1534 bezeugte Bezeichnung für Hauskobolde; leben oft zu mehreren in einem Haus; sind hilfreich und fleißig; verlangen Belohnung in Form einer Schüssel Brei oder Milch; rachsüchtig.

Herdmannli: Bezeichnung für Zwergenwesen im Schweizer Kanton Aargau; auch im Rheinland (da »Herdmännlein«).

Hermannla (Herrla, Herrlein): Schlesische Zwerge; wohnen in Erdlöchern, v. a. im Herrlaberg; haben dort große Schätze.

Heugütel: Bezeichnung für Zwerge in Thüringen; helfen den Menschen; angeblich sind sie die Seelen ungetauft gestorbener Kinder.

Hinze (Hinzel): Hauskobolde im Rheinland.

Hobgoblin: Englische Hauskobolde; meist gutartig; sitzen gern am Ofen.

Hojemännchen: nach ihren Rufen so bezeichnete Zwerge im bayerischen Lechrain.

Hütchen: Hauswichtel u. a. in Thüringen; helfen den Menschen bei der Arbeit; gutmütig, können aber auch üblen Schabernack treiben.

Imp: Oft als teufelsartig beschriebener kleiner englischer Kobold.

Jockel: Schwäbische Bezeichnung für einen Hauskobold; kann gut backen.

Kabouter (Kabotermannekin): Niederländischer und belgischer Hauskobold; freundlich, hilfsbereit, neckisch; weißer Bart, rote Zipfelmütze.

Kasermanndl: Kleines eisengraues Männchen v. a. in Tirol, Kärnten und im Salzburgischen, das im Winter in den verlassenen Sennhütten von den zurückgelassenen Resten lebt, im Sommer versteckt auf den höchsten Berggipfeln haust; auch Almbutz genannt.

Kerkopen: Zwei freche koboldartige Zwerge der Heraklessage; nahmen Herakles die Waffen weg, verübten viele Streiche.

Klabautermännchen: Neckischer kleiner Schiffskobold, der stets mit einem bestimmten Schiff verbunden ist und auf sein und der Mannschaft Wohlergehen achtet; macht sich, wenn Gefahr droht, durch Klopfen bemerkbar.

Knechtchen: Hauszwerge im Münsterland.

Knocker: Bergwerkszwerge im nordöstlichen England; alt, winzig; große Köpfe; wohlwollend und freundlich; zeigen durch Klopfen an, wo Erzadern zu finden sind; auch Gathorn und Nuggies genannt.

Koblernigh siehe *Coblynau*

Kobold (Kobelchen): Seit dem 13. Jh. bekannte Bezeichnung; greisenhaftes Aussehen; kann jede Gestalt annehmen oder auch unsichtbar sein; im Wesentlichen gutartig; ärgert aber auch die Menschen und ist dann nicht immer erwünscht; hilfsbereit, lustig.

Korred: Oft mit den *Korrigans* gleichgesetzte Feen- oder Zwergenwesen der Bretagne; wohnen mit Vorliebe in Dolmen und anderen Steinsetzungen, Mooren und Höhlen.

Korrigan: Bretonische Zwerge (oder Elfen?); wohnen bei Menhiren oder Steinkreisen; tanzen gern.

Kouril: Feen- oder Zwergenwesen der Bretagne, oft als Untergruppe der *Korrigans* betrachtet.

Krasnoludki: »Rote Leutchen«, polnische Zwerge.

Kratt: Estländischer Kobold; wohnt bei den Menschen, bringt ihnen bei richtiger Behandlung Glück und Wohlstand.

Kröpel (Kröppel): Zwerge bei Braunschweig und im Harz.

Leprechaun: Irischer Nationalkobold; winzige alte Männchen in grünen Jäckchen und breitrandigen Hüten; üben meist den Beruf des Schusters aus; rauchen Pfeife; tragen eine Brille; trinken gern und werden, wenn betrunken, mürrisch und streitsüchtig; auch als Luricaun bekannt.

Ludki: »Leutchen«, wendische Zwerge.

Luricaun siehe *Leprechaun*

Lutin: Viel Unfug treibende französische Kobolde, die jede Gestalt annehmen können und Wanderer zur Verzweiflung treiben.

Lutken (Lutchen): Norddeutsche Hauskobolde mit Fledermausohren.

Mano: Ungarischer Kobold.

Nis/Niss (Nis Puk, Puge): Über »Niels« mit »Nikolaus« zusammenhängende Bezeichnung; kindergroßer Hauskobold in Norddeutschland, Friesland, Dänemark, Norwegen; alt, rote Zipfelmütze; lebt in enger Symbiose mit den Menschen, bewacht Haus und Hof, wohnt dort oder ganz in der Nähe in einem Stein oder Baum; hilfreich und neckisch.

Nörglein (Nörgelen): Als Feen oder Zwerge bezeichnete, meist grün gekleidete Wesen; wohnen in Bäumen oder auf Bergen.

Nuggies siehe *Knocker*

Odderbaantjes siehe *Onnerbänkissen*

Önnereesken: Bezeichnung für Zwerge auf Sylt.

Övermännche: Leben in den Bollebergen des Selfkant (heute NRW) in engem Verhältnis mit den Menschen.

Onnerbänkissen: Bezeichnung für Zwerge auf Föhr und Amrum; auch Odderbaantjes genannt.

Patuljak: Kroatischer Kobold.

Petermännchen: Bezeichnung für Hauskobolde in Mecklenburg.

Pilosi: »Behaarte«; bei Isidor von Sevilla (frühes 7. Jh.) erwähnte faunenartige Hausgeister; haarig; klopfen als Vorzeichen von Unglück in Häusern; lieben Kleider.

Piskie: In Cornwall gebräuchliche Bezeichnung für die *Pixies.*

Pitz: Bezeichnung für den Hauskobold in Tirol.

Pixies: Zwergenvolk in SW-England; tanzen gern, halten sich bei Hünengräbern auf, führen Menschen in die Irre, lieben es Pferde zu stehlen.

Pöpel (Poppele): Schwäbischer Kobold.

Poltergeist: Häufig Klopfgeräusche verursachender Hauskobold.

Pooka (Phooka) siehe *Puck*

Portunes: Englische Zwergen- oder Feenwesen; lieben geröstete Frösche; necken Menschen; wohnen in Burgen und Bauernhäusern.

Puck: Englisch-irischer Kobold; klein und hässlich; kann auch die Gestalt eines Ziegenbocks oder Pferdes annehmen und somit Schrecken verbreiten; auch Pooka oder Phooka genannt; siehe auch *Nis.*

Pützemännchen: Zwerge in Lothringen.

Puge siehe *Nis*

Pwca siehe *Bwca*

Quarg (Quärg): Zwerge im Harz; diebisch; fröhlich; nicht immer im Frieden mit den Menschen.

Querlich: Zwerge in Thüringen.

Querx: Zwerge in der Lausitz; klein; wohnen in sog. Querxlöchern; hassen Kümmel.

Ratzel siehe *Schrazel*

Redcap: Bösartiger englischer Kobold; wohnt in Ruinen, in denen einmal ein Mord o. Ä. begangen wurde; färbt seine rote Mütze mit Menschenblut.

Robin Goodfellow: Bekanntester Kobold Englands des 16. u. 17. Jh.; sein Ruf ist »Ho! Ho! Ho!«; führt Wanderer in die Irre.

Schanhölleken (Schanhollen): Westfälische Zwerge.

Schragerl: Sudetendeutsche/bayrische Bezeichnung für einen Hauskobold.

Schrat (Schratt, Schrättele, Schretel): Germanische Bezeichnung für einen Unfug stiftenden Hauszwerg (bereits im 14. Jh. als Zwerg mit rotem Mützchen erwähnt), später dämonisiert.

Schrattgaugerl (Strohgagerl, Strihgaugerl): Westböhmischer Kobold; wohnt gern im Stroh oder Heu.

Schrazel (Ratzel): Unter der Erde lebender Zwerg in Bayern und der Oberpfalz.

Schretel siehe *Schrat*
Schtroumpf: Belgische Kobolde mit blauen Haaren.
Skrat (Skritek): Tschechischer Kobold.
Skriker: Englischer Kobold; kündigt Tod an; schlurft unsichtbar durch die Wälder, stößt dabei schreckliche Schreie aus.
Spriggan: Zwergenwesen Cornwalls; klein, hässlich, leben in Gruppen.
Strihgaugerl siehe *Schrattgaugerl*
Strohgagerl siehe *Schrattgaugerl*
Tomte (Tomtegubbe): Schwedisch-norwegischer Hauskobold; kindergroß, grau oder braun gekleidet mit roter oder grauer Zipfelmütze und Holzschuhen; hütet das Vieh; sorgt für Schutz der von ihm auserkorenen Familie; liebt Pferde.
Tont: Estnische Bezeichnung für den *Tomte*.
Troll: Skandinavisches Wesen, das mal als riesengroß und ungeschlacht und mal als klein gedacht wird; hässlich, zuweilen als dumm, böse und gefährlich bezeichnet; fürchtet den Donner und das Tageslicht.
Trow: Entsprechung des *Troll*s auf den Shetland- und Orkneyinseln; klein, wohnt unter der Erde; geht rückwärts, wenn er Menschen sieht; gilt als Unglückszeichen; grün gekleidet; spielt Fiedel.
Tuss: Norwegische Bezeichnung für den *Kobold*.
Twieschler siehe *Wieschler*
Ünnerierdsche siehe *Unterirdische*
Ulke (Ullerken, Umke): Pommersche Zwerge.
Unnereerkes: Bezeichnung für Zwerge u. a. in Ostfriesland.
Unterirdische (Ünnerierdsche): Norddeutsche Zwerge (Mecklenburg, auch Ostpreußen); vergnügt, verüben Streiche, stehlen; wohnen in Schuppen, Ställen und Scheunen, Hünengräbern.
Vätte (Vättar): Schwedische Bezeichnung für Wichte.
Venedigermännlein: Zauberkundige Berg- und Bergwerksgeister der tirolischen Berge; doch wurden auch »reale« italienische Bergleute so bezeichnet.
Vensmännel (Feensmännel): Zwerge der sächsischen Lausitz; wohnten im Venusberg (Feensberg); gute Nachbarschaft mit den Menschen; wurden durch Glocken vertrieben.
Venusmännchen: Schlesische Bezeichnung für Zwerge.
Walen: In etwa vergleichbar den *Venedigermännlein*.
Wicht (Wichtelmännchen): Allgemein gebräuchliche alternative Bezeichnung für *Zwerg*.

Wieschler (Twieschler): Norddeutscher *Kobold*.
Witte Wiever: Norddeutsche Zwerginnen.
Wolterken: Von »Walterchen«; norddeutsche Bezeichnung für Hauszwerge.
Zwargl (Zwergerl): Bayrisch für *Zwerg*.
Zwerg: Undifferenziert verwendeter, nicht klar definierter, übergeordneter Sammelbegriff für im Wesentlichen kleinwüchsige Geistwesen, oft hässlich, bärtig und alt; gutmütig, fleißig und hilfreich.

Quellennachweis

Quellen von Direktzitaten und Geschichten sind der Übersichtlichkeit wegen kursiv gesetzt.

Vorwort: W. A. Mozart, Briefe (Zürich 1988): 176; J. H. Zedler, Großes vollständiges Universal-Lexikon (Graz, Nachdr., 1961–64, 64 Bde.): s. v. Zwerg; Bengen: 26 f.; R. Girtler in: Hänsel/Kramer: 22.

Vom Ursprung der Zwerge: Müllenhoff: 298; ebenso in Meyer: 20; ähnlich in Jensen 1891: 409; Lübbing: 223; *Edda*, übers. v. H. Gering, Berlin 1943: 6; Richlick: 18 ff.; Grimm 1875–78: Bd. 1, 464; *Simrock* 1986: 275; *Keightley* 1828: Bd. 2, 291; *Schönwerth*: Bd. 2, 291; J. W. Goethe, Die schöne Melusine, in: Wilhelm Meisters Wanderjahre; Feilberg: 267; Zimmersche Chronik zitiert in Peuckert 1942: 149, 192; Paracelsus in Peuckert 1942: 193; Wolfersdorf: 33; Kühn: 176; Grimm 1865–66: Nr. 72; Weiser: 2; Richlick: 179 ff.; Baader: 1 f.; Petzoldt: 143 f.; Schönhuth: Bd. 1, 25 ff.; *Grässe*: Bd. 1, 412 f.; v. Schroeder: 16, 20; Lindig: 77; Norlind: 225 f.; Paulson: 104; Rumpf: 64 ff.; Wossidlo 1897: 275; König 1984; Gabalis zitiert in *Geib*: 379 f.; Magin: 87; *Schnezler*: 427.

Geister-Tohuwabohu: *Arndt/Singer*: 87; Kuhn/Schwartz: 15; *Kühnau* 1911: 159 (Geschichte Nr. 778); Richlick: 12 ff.; Keightley 1828: Bd. 1, 315; Peuckert 1942: 200; Lecouteux 1981: 368 ff.; Grimm 1875–78: Bd. 1, 363 ff.; Agricola: 288; Das große Buch der Ungeheuer: 167; Temme: 260; Gebert: 11; *Peuckert* 1942: 139; Rumpf: 58; Magnificat zitiert bei *Lecouteux* 1981: 369; Kluge, Etymologisches Wörterbuch der deutschen Sprache s. v. Zwerg; Bengen: 11; Erich/Beitl: 862; Lecouteux 1981: 372 f.; Jontes in Hänsel/Kramer: 39 ff.; Schönwerth: Bd. 2, 289; Kluge, Etymologisches Wörterbuch der deutschen Sprache: s. v. Kobold und Wicht; Weiser: 8, 10; Gilmour: 11; Grimm 1865–66: Bd. 1, 364 f.; *Peuckert* 1942: 139, 196, 198; de Boor: 538; Linhart: 327 ff.; Greverus: 267; anders Rochholz 1856: 359 f.; Marwede: 20, 30; Erich/Beitl: s. v. Zwerg; Lecouteux 1981: 376 ff.:»Die

Bezeichnung ›Zwerg‹ ist also ein Sammelbegriff, bedeutet einfach ›elbische Wesen‹, und deckt Schrat, Bilwiz, Elf und Wicht.«; Bandini 2003: 144 ff.; Stigloher: 24; *Alpenburg*: 154; de Boor: 536; S. Haupt in Hänsel/Kramer: 27 ff., 32; Kleiner Pauly: s. v. Kerkopes und Daktyloi; Reclams Mode- und Kostümlexikon, Stuttgart 1999: s. v. Phrygische Mütze; *Kleiner Pauly*: Bd. 1, s. v. Daktyloi; Man 34/ 1934; Bord: 107 f., 185 ff.; Brasey: 32; Tietze-Conrat: 9 f.; S. Haupt in Hänsel/Kramer: 32; Zin: 173 ff., 210 ff.; Rose: 94.

Ach, wie gut: frei nach *Zingerle*: 225 ff.; Clodd; *Briggs*: 404 ff.; www.maerchenlexikon.de; Petzoldt: 58; Marwede: 90 f.; Peuckert 1957: 177; Gebert: 72 ff.; Jegerlehner: 4; Baader: 10 f.; Bächtold-Stäubli: Bd. 9, s. v. Zwerge und Riesen; Hässler: 67; Jontes: 140; Thüringer Allgemeine vom 8. 7. 03; Wöluspa 10–11; Richlick: 20; S. Freud, Totem und Tabu (London 1940): 71 f.; so der Ethnologe Steffen Powerst 1877; *Lindig*: 35; Weiser: 9; Bächtold-Stäubli: Bd. 9, Spalten 1009 ff.; *Hartmann, E*.: 30; *Kuhn/Schwartz*: 82; *Linhart*: 204; *Radel*: 73; *Stigloher*: 81; Grimm 1865–66: Bd.1, 78 (Sage Nr. 73); Marwede: 5 ff.

Zipfelmütze und Wasserkopf: *Lütjens*: 71; *Alpenburg*: 125 f., im Original sagt der Zwerg:»Halt Bua. Da Stian gilt mehr als d'Kuah!« Und der Bub: »Zwög'n wos denn?«; Grimm 1865–66: Bd. 1, 371 ff.; *Meyer*: 20; Linhart: 340 f.; *Marwede*: 14 f.; *Hässler* 10 ff.; *Kuhn/Schwartz*: 104 f.; *Linhart*: 342; Hässler: 13; *Grimm* 1987: 59; *Feilberg*: 2; Radel: 141; Hässler: 17 f.; Alpenburg: 223; *Grimm* 1865–66: Sage Nr. 150; *Kühnau* 1911: 78 f.; Hässler: 14 f., 19 ff.; Linhart 125 ff., 343 ff.; Schönwerth: Bd. 2, 305; Bächtold-Stäubli: Bd. 9, s. v. Zwerge und Riesen; Spiegel: 84; Marwede: 56 ff., 80; Grimm 1875–78: Bd. 1, 383 f.; Stigloher: 115 ff.; Grimm 1987: 62 f.; Kutschmann: 145 f.; Rühmann: 38 f.; *Zaunert* 1921: 47.

Und ewig lockt: *Wolff*: 181; *Linhart*: 39, 320; Hässler: 54; *Richlick:* 108; Kutschmann: 129 ff.; Wossidlo 1925: 27 ff.; Grässe: Bd. 1, 453; Grimm 1865–66: 196; Knoop 1909: 63 ff.; Kühnau 1911: 134; Lecouteux 1981: 368; Lütjens: 62; *Grimm* 1865–66: Bd. 1, 47 (Nr. 29); Bengen: 13; Gebert: 52; Briggs: s. v. King Herla; *Wolff*: 260; Grimm 1865–66: Bd. 1, 413 f.; http://www-ang.kfunigraz.ac.at/~katzer/gerfaq.html; Schönwerth: Bd. 2, 296; *Kühnau* 1911: 145 f., 77; Knoop 1909: 76 ff.; *Hässler*: 196 ff., 201; J. W. Goethe, Die neue Melusine, in: Wilhelm Meisters Wanderjahre; *Müllenhoff*: 329,

349; *Schnezler*: 377; *Kühnau* 1911: 163 f.; *Wolfersdorf*: 169; Grimm 1865–66: Bd. 1, 375.

Höhlenkinder: *Wolff*: 129; *Hässler*: 38 ff.; *Müllenhoff*: 300; Hässler: 48 ff.; *Von Schätzen* ...: 50 f.; Stigloher: 31; Feilberg: 12; Spiegel: 90; Kuhn/ Schwartz: Nr. 363; hierzu auch Marwede: 72 ff.; *Meyer*: 24; *Jahn, Volkssagen* 1886: 90 f.; *Hässler*: *42 ff.*, 46, 51; Kapfhammer: 87; Zaunert 1929: 30; *Schell* 1897: 341; Marwede: 10 ff., 14; *Grimm* 1865–66: Nr. 34.

Mondscheinkuchen: *Rumpf*: 56; *Feilberg*: *131*, 134; Jensen 1891: 413; Wossidlo 1925: 45 ff.; v. Schroeder: 11; Rochholz 1856: Bd. 1, 336 ff., 354, 365; Im Zauberreich ...: 132; *Pippart*: 31; Grimm 1865–66: Bd. 1, 380 f.; Radel: 38 f.; *Stigloher*: 42; Brasey: 147; *Wolff*: 198 f., *200, 213*; Biesalski: 37; *Schnezler*: 92 ff.; Kühnau 1911: 124; Grimm 1865–66: Bd. 1, 401; Rochholz 1856: Bd. 1, 338 ff.; Kühn: 176; Grässe: Bd. 2, 345; Peuckert 1957: 43, 191; nach *Grässe*: Bd. 2, 345 f.; *Feilberg*: 18; Grimm 1865–66: Bd. 1, 385; *Feilberg*: 5, *18 f.*; *Kühnau* 1911: 71; Müllenhoff: 354; Lütjens: 83; Rühmann: 35, 44; Bandini 2003: 24 ff.; Bächtold-Stäubli: Bd. 9, s. v. Zwerge und Riesen; Brasey: 167; Meyer: 40; Müllenhoff: 308 f., 343; Petzoldt: s. v. Puck; Hässler: 193.

Die fleißigen Zwerge: Grimm 1865–66: Bd. 1, 77; **Waldzwerge:** *Grimm* 1865–66: Bd. 1, 245; *Rochholz* 1856: Bd. 1, *325*, 333; *Kühnau* 1911: 205 ff.; *Peuckert* 1965: 117; **Bergzwerge:** zitiert in *Lütjens*: 36; Wolfersdorf: 12 ff., 36; *Hartlaub*: 15 f.; *Bengen*: 18; Petzoldt: 38; Magin: 84; Cornwall: 19; Picht: 18; Malberg: 19; Rumpf: 70 f.; Erich/Beitl: s. v. Nickel, Kobalt; *Duden*: s. v. Kobalt und Nickel; Weiser: 5; L. Jontes in Hänsel/Kramer: 142 ff., 148; Lütjens: 86 f.; *Kuhn/Schwartz*: 312; Tolkien 1995: 29; *Alpenburg*: 91; Agricola: 24 f.; *Grässe*: Bd. 1, 478; *Grimm* 1865–66: Sage Nr. 37; Weigel: 217 f.; Im Zauberreich ...: 150 ff., 318; Graber 1921: 230; *Schönwerth*: Bd. 2, 332 f.; **Hauszwerge:** Rumpf; Brasey: 126; Feilberg: 16; Jensen 1891: 314; Weiser: 14; *Zaunert* 1921: 29 f.; Kühnau 1911: 103; *Witzschel*: 213; *Kühnau* 1911: 104 ff.; Schönwerth: Bd. 2, 301; Biesalski: 37; Kühnau 1911: 67; Grässe: Bd. 2, 286; Marwede: 24, 36; Rochholz 1856: Bd. 1, 277; Schönwerth: Bd. 2, 317 ff.; *Sartori* 1894: 295 ff.; Mannhardt 1875: Bd. 1, 61; *Grimm* 1987: XV, LXXXVIII, 113 f.; Feilberg: 12–17; Baader: No. 134; *Meyer*: 27; **Diener, Magd und Knecht:** *Feilberg*: 14–17; Kuhn 1937: 103 f.; **Meerzwerge:** Im *Zauberreich* ...: 474; Loorits; Stigloher: 67 ff.; Bächtold-Stäubli: Bd. 4, s. v. Klabautermann; Im Zauberreich ...: 479; Grimm 1865–66: Bd. 1, 415; Das geheime

Buch der Kabauter; Duden: s. v. Klabautermann; *Müllenhoff*: 338 f.; Rühmann: 13 f.; Meyer: 55 ff.; Kuhn/Schwartz: 15; *Jensen* 1892: 417; Meyer: 56 f.

Nachtaktiv: Grimm 1865–66: Nr. 38; *Baader*: 66; *Hässler*: 141; nach Schönwerth: Bd. 2, 302 ff.; *Linhart*: 363; Petzoldt: 91 f.; Peuckert 1965; *Rochholz* 1862: 118 f.; ders. 1856: Bd. 1, 287; Wolfgang Krieger, schriftl. Mitteilung; Jegerlehner: 4; Linhart: 362 f., 366; *Lindig*: 140 f.; Briggs: 46 (Übersetzung G. Bandini); *Straub*: 114; Stigloher: 27 ff.; *Lindig*: 150; *Linhart*: 372; *Rochholz* 1862: 114; *Jegerlehner*: 247.

Die Gaben: *Rühmann*: 11 (nach J. H. Voß: »Allegro«); Lüthi: 136 ff.; Grimm 1865–66: Bd. 1, 389 f.; Aufzählung aller Qualitäten der Zwerge bei Lindig: 94 ff.; nach *Rochholz* 1856: Bd. 2, 269 f.; Kuhn/Schwartz: 244; Hässler: 77 f., 94; Grimm 1875–78: Bd. 3, 107 ff.; *Keightley* 1828: 139; Jegerlehner: 3; Hässler: 116 ff.; *Kuhn/Schwartz*: 196 f.; Goyert/Wolter: 164 f.; *Rochholz* 1856: Bd. 1, 327; Radel: 102.

Sie lieben den Adel: *Zaunert* 1929: 39 ff.; Grimm 1865–66: Nr. 35; Müllenhoff: 345 (Ranzau); Meyer: 35 f.; Grimm 1865–66: Nr. 41; *Kutschmann*: 156; Grimm 1865–66: Bd. 1, 421; *Petzoldt*: 80 f.; Im Zauberreich ...: 361 f.; Wolfgang Krieger, schriftl. Mitteilung.

Die Zwerge und die Götter: Bandini 2000: s. v. Loki; Edda, Skaldskaparmal c. 35 (Simrock: 326 ff.); Gylfaginning (*Simrock*: 287); Richlick: 22 f.; Golther: 137 f.; z. B. in Sigrid Undset, Kristin Lavranstochter (Gütersloh o. J.): 48; Verzauberte Welten, Zwerge: 25 f.

Echte Giftzwerge: *Im Zauberreich* ...: 175, 163 ff.; *Voges*: 50; *Spiegel*: 71 (F. Güll); Feilberg: 265; Grimm 1875–78: Bd. 3, 87 ff.; Rölleke 1986; so nach Vollmers *Wörterbuch der Mythologie* (Leipzig 1983, Repr. v. 1874): s. v. Quaser; anders in Götter und Helden des Nordens: 30; jüngere Edda: Bragaroedur (Simrock 1986: 57); Gilmour: 13 f.; Kuhn/Schwartz: 326 ff.; Hässler: 153, 156 f.; Richlick: 170 ff.; Grässe: Bd. 1, 149 f.; *Lecouteux* 1981: 371 ff.; Bandini 2002: 11 ff.

»Hehe ihr Nicker«: Alberich: *Lütjens*: 34; *Das Nibelungenlied*, eingeleitet und erläutert v. F. Genzmer (Stuttgart 1967): 3. Abenteuer, S. 27; Herder Lexikon, Germanische und keltische Mythologie (Freiburg i. Br. 1982):

s. v. Alberich, Nibelung; Nibelungenlied, s. o.: 8. Abenteuer; Richlick: 28 f.; Schwab: 5 ff.; Cornwall: 116; Edda: Skaldskaparmal c. 39 ff. (Simrock 1986); **Laurin:** Holz; Petzoldt: 120 f.; Lütjens: 43; Alpenburg: 243, 328; *Wolff*: 291 ff.; Lexikon des Mittelalters (Stuttgart/Weimar 1999): Bd. V, s. v. Laurin; G. Rydl in *Kühebacher*: 501, 499, 506; *Wolff*: 292, 297.

Alles andere als Schönheiten: *Stigloher*: 89; *Advanced Dungeons & Dragons, Rassen* (Dietzenbach 1998): 58; www.elronds-haus.de; *Hartmann*, E.: 46 f., 52, 65; Radel: 134 ff.; *Hartmann*, E.: 65, 67; Grimm 1987: 98, 73.

Elbische Untaten: Elfen: J. u. W. *Grimm*, Deutsches Wörterbuch (München 1991): Bd. 11, Spalte 1549; Grimm 1875–78: Bd. 1, 387; *Hartmann*, E.: 77 ff., 81 ff., 85, 99 ff., 109; Bandini 2003: 195 ff.; Piaschewski; *Karlinger/ Wolf*: 112; W. Krieger, schriftl. Mitteilung; **Riesen:** Geib: 382; Wohlgemuth; nach *Märchen der Welt* (o. O., o. J.): 117 f.; nach V. *Mani*, Puranic Encyclopaedia (Delhi/Patna/Varanasi 1974): s. v. vamana; *Müllenhoff*: 300; Liebers: 73; *Vildomec*: 26; Bengen: 11 f.; Lecouteux 1981: 377; Petzoldt: 80 f.; Keightley 1828: 226 ff.; Temme: 218 f.; *Mannhardt* 1858: 207; *Wohlgemuth*: 7.

Die Zwerge und das Christentum: Rochholz 1862: 115; Puhvel: 572 ff.; Voges: 45; Keightley 1828: 235; Bandini 2003: 72 ff.; Feilberg: 269; Kuhn/Schwartz: 223 f.; W. Krieger, schriftl. Mitteilung; Graber 1921: 208; *Jegerlehner*: 189, 191; *Kuhn/Schwartz*: 224; Peuckert 1957: 190 ff.; *Jahn, Volkssagen*: 119; Rühmann: 12; Bandini 2002: 150 ff.; Richlick: 179 ff.; *Grimm* 1875–78: Bd. 1, 425; *Peuckert* 1942: 146 f., 150; Kühn: 179; *Peuckert* 1965: 119; E. M. Arndt, Märchen und Erinnerungen, zitiert in *Temme*: 265 f.; Rochholz 1856: Bd. 1, 313, 315; Rumpf: 62; *Wossidlo* 1925: 16; Grimm 1875–78: Bd. 1, 417; *Feilberg*: 272; Cornwall: 31 f.

Nebendarsteller und Hauptperson: Märchenzwerge: G. Jontes in Hänsel/Kramer: 133 ff.; Richlick: 41 ff.; Hässler 1957; Greverus: 264 f.; **Sagenzwerge:** Hässler 1957; Richlick: 33 ff.; *Kühnau* 1911: 74 f.; Magin: 84; Kutschmann: 97.

Kinderbuch und Fantasy: Johannes Trojan, Zwergenwanderschaft, zitiert in *Radel*: 197 f.; Schall: 153 ff.; Gasthaus »Froher Wichtelmann«, (Erlangen 1981, 2. Aufl.); Schall: 157; Besuch im Wichtelreich (Nürnberg/ Fürth 1982); Kabouterstadt; S. Reinheimer, Die Wichtel (o. O., o. J.); Buntes Treiben im Wichtelreich (Nürnberg/Fürth 1989); Im Zwergengarten (Erlangen 1984, 2. Aufl.); Muck, der Wichtel geht zur Schule (Rastatt o. J.); Radel: 70; *Familie Teddybär und Lustige Zwergenhochzeit, Zwei kleine Geschichten* (o. O., o. J.); Richlick: 57 ff.; Cornwall: 115; So leben wir Zwerge (Bindlach 1990); *Lindgren; Lagerlöf*: 7; Advanced Dungeons & Dragons: Monsterset Rassen (Dietzenbach 1998): 24; Bestiarium Aventuricum, Handbuch der aventurischen Tierwelt 1997; http://www.ang.kfunigraz.ac.at/~katzer/gerfaq.html; Tolkien 1995: 83, 267, 32; www.elronds-haus.de; http://www.sorox-rpg.net/rassen.php; www.new-aeon.de; Tolkien 1995: 337.

Erdgeister: Kühnau 1911: 86; nach *W. H. Jones und L. L. Kropf*, Magyar Folk-Lore and some parallels, in: The Folk-Lore Journal 1/11, 1883: 361; *Andrews*: 13 f.; Johnson: 173, 89; *Bord*: 72 ff., 77, 86 ff.; Dalichow: 205; Bengen: 11, 19; Johnson: 68 f.; J. u. C. Bord: Geheimnisse des 20. Jahrhunderts (Bayreuth 1990: 395); Magin: 88; Man 34, 1934; Bord: 107 f. **S.176 f.**: *Münchhausen, Börries Freiherr von*, Das Balladenbuch © 1924, 1959 Deutsche Verlagsanstalt GmbH, Stuttgart.

Zipfel auf!: Griebel; Cornwall: 37, 58 f., 122, 106 f., 116; Bengen; M. Mosch in Griebel: 63; Cornwall: 45, 58 f., 106 f.; A. Järitz in Hänsel/Kramer: 168 f.; M. Martischnig in Hänsel/Kramer: 229; K. Westermann in Griebel: 55 f.; A. Aron in Hänsel/Kramer: 187 ff., 199 ff.; A. Hänsel und A. Jaritz in Hänsel/Kramer: 209 ff.; **Retter der Gartenzwerge:** Cornwall: 91; http://www.rundschau.co.at/artikel/00/01/13/art11320.html; http://myweb.worldnet.net/~balmer/FLNJ.html; http://www.heise.de/tp/deutsch/inhalt/glosse/12631/1.html; http://www.zipfelauf.com; http://members.inode.at/saibaer/majo/gehenkte%20zwerge.htm; http://www.lexi-tv.de/lexikon/thema.asp?InhaltID=1162&Seite=5; Bengen: 113; http://www.daf.phil-fak.uni-duesseldorf.de/medienseminar/ws2003; http://www.zwergen-park.de/zwergenkunde.html; *Griebel*: 15.

Von Zwergen und Pygmäen: Magin: 86; Bord: 113; Hartlaub: 9; L. Jontes in Hänsel/Kramer: 141 ff.; K. Westermann in Griebel: 51; Quiring: 66 ff.; Bengen: 21; Cornwall: 8; Peuckert 1942: 191; W. Krieger, schriftl. Mitteilung; Bächtold-Stäubli: Bd. 9, s. v. Walen; *Hässler*: 205 ff.; Tietze-Conrat: 74; Hartlaub: 24 ff.; Bengen: 28 ff.; PAN, Heft 2, 1986: Barockes Welttheater: Auch Zwerge kamen groß heraus (Anna Bauer), S. 76-83; *Rochholz*

1862: 107; Bächtold-Stäubli: Bd. 9, Spalte 1036 f.; H. Verfondern in Hänsel/ Kramer: 89 ff.; Rühmann: 15, 41; Petzoldt: 91; Liebers: 71; *Spiegel* 91, *99*; Gilmour: 12; Bord: 201; C. G. Jung: Dreams (London 1982): 231; Feilberg: 2; Magin: 86.

Warum habt ihr uns verlassen?: *Im Zauberreich* ...: 333; Grimm 1987: 57; Marwede: 98 ff.; *Kühnau* 1911: Bd. 2, 146 f., 66 f.; Sartori 1897: 360 f.; Müllenhoff: 334 ff.; *Kühnau* 1911: Bd. 2, 100, 148; Hässler: 210; Kuhn/ Schwartz: 242; Baader: 11; Müllenhoff: 298, 308; *Stigloher*: 112; Hässler: 209; *Müllenhoff*: 316; Kuhn/Schwartz: 162 ff.; W. Krieger, schriftl. Mitteilung; *Voges*: 52 f.; Karlinger/Wolf: 112; Hässler: 212; Alpenburg: 198; *Rochholz* 1856: Bd. 1, 348, 282; Kühn: 180; Schnezler: Bd. 1, 223; Magin: 85; Müller, W.: 4.

Glossar (Quellen in alphabetischer Reihenfolge): Arrowsmith; Biesalski; Brasey; Briggs; Cornwall; de Boor; Feilberg; Gebert; Grimm 1987; Grohmann; Hässler; Hartlaub; Karlinger-Wolf; Kleiner Pauly; Kühnau 1911: Bd. 2; Lecouteux 1981; Leoprechting; Marwede; Meyer; Müllenhoff; Norlind; Petzoldt; Peuckert 1942; Rochholz 1856: Bd. 1; Rose; Rühmann; v. Schroeder; Spiegel; Tettau-Temme; Weigel; Weiser; Wolf-Beranek.

ABBILDUNGSNACHWEIS

Für die Schwarzweißabbildungen:

S. 10, S. 198: Johanna Beckmann, Wichtel-Männchen

S. 41, S. 180, S. 185: Archiv Günter Griebel

S. 71, S. 102: © Harald Drös

S. 201: Harald Wiberg, Tomte Tummetot © Verlag Friedrich Oetinger, Hamburg

Für die Farbabbildungen:

Scheewittchen, Zwerge tragen einen Frosch, Reklamezwerge: Archiv Günter Griebel

Bierkrug, Bitteschön!: Sven Nordqvist, © AB Pictura

Tomte und der Fuchs: Harald Wiberg, Tomte Tummetot © Verlag Friedrich Oetinger, Hamburg

Bergarbeiterzwerg: © Harald Drös

Schneckenpost: Das große Ida Bohatta Liederbuch © 1997 Ars Edition GmbH, München

Zwergenkrieger: © Krasny, Jan Patrik via Agentur Schlück GmbH

Leider konnte nicht in allen Fällen ein Rechteinhaber ermittelt werden. Selbstverständlich ist hier der verlag bereit, geltend gemachte Ansprüche nach den üblichen Sätzen zu erfüllen.

BIBLIOGRAPHIE

Aarne, A., und Thompson, S.: The Types of the Folktale. Helsinki 1961.

Agricola, Chr.: *Englische und walisische Sagen.* Berlin 1976.

Alpenburg, Ritter von: *Deutsche Alpensagen.* München 1977 (unveränderter Nachdruck von 1861).

Andrews, T.: *Zauber des Feenreichs. Begegnung mit Naturgeistern.* Neuwied 1995.

Arndt, M., und Singer, W. (Hrsg.): *Das ist der Daumen Knudeldick ... Fingerspiele und Rätsel.* Berlin 1979.

Arpi, E., und Lidberg, R.: *Weihnachten bei den Wichteln und Trollen.* Hamburg 1985.

Arrowsmith, N.: *Die Welt der Naturgeister: Feldforschungen im Elbenreich. Handbuch zur Bestimmung der Wald-, Feld-, Wasser-, Haus-, Berg-, Hügel- und Luftgeister aller europäischen Länder.* Frankfurt a. M. 1986.

Asbjörnsen, P. Chr.: *Auswahl norwegischer Volksmärchen und Waldgeister-Sagen.* Leipzig 1881.

Baader, B.: *Neugesammelte Volkssagen aus dem Lande Baden.* Karlsruhe 1859.

Bächstold-Stäubli, H. u. a. (Hrsg.): *Handwörterbuch des deutschen Aberglaubens.* 10 Bde. Berlin/New York 1987 (Nachdr.)

Bandini, D. und D.: *Who's who im Himmel. Die Götterwelt von A–Z.* München 2000.

– : *Das Drachenbuch.* München 2002.

– : *Das Buch der Elfen und Feen.* München 2003.

Bartsch, K.: *Sagen, Märchen und Gebräuche aus Mecklenburg,* 2 Bde. Wien 1879–1880.

Bauernfeind, W.: *Aus dem Volksleben. Sitten, Sagen und Gebräuche der Nordoberpfalz.* Regensburg 1910.

Baumberger, G.: *St. Galler Land – St. Galler Volk.* Einsiedeln 1903.

Baumgarten, A.: *Aus der volksmäßigen Überlieferung der Heimat,* 3 Bde. Linz 1862–69.

Beckenstedt, E.: *Wendische Sagen, Märchen und abergläubische Gebräuche.* Graz 1880.

Bengen, E.: *Die große Welt der Gartenzwerge. Ein historischer Rückblick – Mythen, Herkunft, Traditionen.* Suderburg-Hösseringen 2001.

Biesalski, K.: *Die rauhbeinigen Zwerge von Mecklenburg. Sagen von den Ünnerierdschen (Unterirdischen).* Rostock 1999.

Birlinger, A.: *Aus Schwaben – Sagen, Legenden, Aberglauben,* 2 Bde. Wiesbaden 1974.

– : *Volkstümliches aus Schwaben,* 2 Bde. Freiburg i. Br. 1861–62.

Boecler, J. W.: *Der Ehsten abergläubische Gebräuche, Weisen und Gewohnheiten.* Petersburg 1854.

Bohnenberger, K.: *Mitteilungen über volkstümliche Überlieferungen in Württemberg.* Nr. 1, Stuttgart 1904.

Bord, J.: *Feen, Elfen, Zauberwesen. Begegnungen mit dem Wunderbaren.* Düsseldorf/München 1997.

Botheroyd, S., und P. F.: *Lexikon der keltischen Mythologie.* München 1992.

Brasey, E.: *Nains et Gnomes.* Paris 1999.

Briggs, K.: *A Dictionary of Fairies.* London 1977.

Bringemeier, M.: Dämonische Wesen in der Hofgemeinschaft, in: *Niederdeutsche Zeitschrift für Volkskunde* 20, 1942: S. 75–89.

Brunner, K.: *Ostdeutsche Volkskunde.* Leipzig 1925.

Buck, M. R.: *Medizinischer Volksglauben und Volksaberglaube aus Schwaben.* Ravensburg 1865.

Busch, M.: *Deutscher Volksglaube.* Leipzig 1877.

Clodd, E.: *Tom Tit Tot.* Detroit 1968.

Cogho, R., und Peuckert, W.-E.: *Volkssagen aus dem Riesen- und Iser-Gebirge.* Göttingen 1967.

Cornwall, M.: *Das grosse Buch der Zwerge. Alles über Gnome, Heinzelmännchen & Co.* Niedernhausen/T. 1997.

Curran, B.: *Kleines Handbuch der irischen Elfen.* Freiburg i. Br. 2001.

Dalichow, I.: *Naturgeister. Mittler zwischen Erde und Mensch.* München 1997.

de Boor, H.: Der Zwerg in Skandinavien, in: *Festschrift Eugen Mogk zum 70. Geburtstag 19. Juli 1924.* Halle 1924: S. 536–557.

– : Der Daniel des Stricker und der Garel des Pleier, *Kleine Schriften* Bd. 1. Berlin 1964: S. 184–197.

Diederichs, Ulf: *Who's who im Märchen.* München 1999 (3. Aufl.)

Diener, W.: *Hunsrücker Volkskunde.* Bonn 1925 (2. Aufl. 1962).

Dobeneck, F. L.: *Des deutschen Mittelalters Volksglauben und Heldensagen,* 2 Bde. Berlin 1815.

Drechsler, P.: *Sitte, Brauch und Volksglaube in Schlesien*, 2 Bde. Leipzig 1903–1906.

– : *Das Verhältnis des Schlesiers zu seinen Haustieren und Bäumen.* Progr. Zabrze 1901.

Durmayer, J.: *Reste altgermanischen Heidentums in unseren Tagen.* Nürnberg 1883.

Edda. Die ältere und jüngere Edda und die mythischen Erzählungen der Skalda. Übersetzt von K. Simrock. Essen 1986 (Reprint).

Erich, O. A., und Beitl, R.: *Wörterbuch der deutschen Volkskunde.* Leipzig 1936.

Evans Wentz, W.: *The Fairy-Faith in Celtic Countries.* Oxford 1911.

Fehrle, E.: *Deutsche Feste und Volksbräuche.* Leipzig und Berlin 1916.

– : *Badische Volkskunde.* 1. Teil, Leipzig 1924.

Feilberg, H. F.: Der Kobold in nordischer Überlieferung, in: *Zeitschrift des Vereins für Volkskunde* 8, 1898: S. 1–20, 130–146, 264–277.

Finder, E.: *Die Vierlande. Beiträge zur Geschichte, Landes- und Volkskunde Niedersachsens*, 2 Bde. Hamburg 1922.

Fischer, R.: *Oststeierisches Bauernleben.* Wien 1903.

Floeck, O.: *Die Elementargeister bei Fouqué und anderen Dichtern der romantischen und nachromantischen Zeit.* Heidelberg 1909.

Fox, N.: *Saarländische Volkskunde.* Bonn 1927.

Francisci, F.: *Cultur-Studien über Volksleben, Sitten und Bräuche in Kärnten.* Wien 1879.

Fricke, W.: *Das mittelalterliche Westfalen oder die alten Sitten, Gesetze, Gerichte, Zustände und Gewohnheiten der Roten Erde.* Minden i. W. o. J.

Fritzsch, K. E.: Der Drachen- und Koboldglaube im Erzgebirge, in: *Mitteldeutsche Blätter für Volkskunde* 7, Heft 2, 1932: S. 41–56.

Fronius, F. F.: *Bilder aus dem sächsischen Bauernleben in Siebenbürgen.* Wien und Hermannstadt 1885.

Gander, K.: *Niederlausitzer Volkssagen.* Berlin 1894 (Nachdr. Hildesheim–New York 1977).

Gebert, H.: *Zwerge. Märchen.* Weinheim und Basel 1989.

Das geheime Buch der Kabauter. Leinfelden-Echterdingen 1990.

Geib, K.: *Die Sagen und Geschichten des Rheinlandes.* Mannheim 1836.

Geramb, V. V.: *Deutsches Brauchtum in Österreich.* Graz 1924.

Gilmour, S. J.: Die Figur des Zwerges in den Kinder- und Hausmärchen der Brüder Grimm, in: *Fabula* 34, 1993: S. 9–23.

Götze, A.: *Volkskundliches bei Luther.* Weimar 1909.

Golther, W.: *Handbuch der germanischen Mythologie*. Stuttgart 1985 (2. Aufl.).

Goyert, G., und Wolter, K.: *Vlämische Sagen, Legenden und Volksmärchen*. Jena 1917.

Graber, G.: *Sagen aus Kärnten*. Leipzig 1921.

– : *Sagen und Märchen aus Kärnten*. Graz 1944.

Grabinski, L.: *Die Sagen, der Aberglaube und abergläubische Sitten in Schlesien*. Schweidnitz, o. J.

Graefe, H.: Etwas zum Koboldglauben, in: *Mitteldeutsche Blätter für Volkskunde* 9, 1934: S. 66–67.

Grässe, J. G. Th: *Der Sagenschatz des Königreichs Sachsen*. 2 Bde. Dresden 1874.

Greverus, I.-M.: Die Geschenke des kleinen Volkes, in: *Fabula* 1, 1958: S. 263–279.

Griebel, J. u. G.: *Zwerge typisch deutsch. Werbezwerge – Werberiesen. Eine Ausstellung des Deutschen Gartenzwerg-Museums*. Berlin 1992.

Grimm, J. u. W.: *Deutsche Sagen*. 2 Bde. Berlin 1865–66.

– : *Irische Elfenmärchen*. Frankfurt/M. 1987.

Grimm, J.: *Deutsche Mythologie*. 3 Bde. Berlin 1875–78.

Grohmann, J. V.: *Aberglauben und Gebräuche aus Böhmen und Mähren*. Leipzig 1864.

Das große Buch der Ungeheuer. Eine Auswahl aus den Archiven der Londoner Kryptozoologischen Gesellschaft. Wien 2000.

Hänschen im Blaubeerenwald. Ein neues Bilderbuch mit 156 Bildern von E. Beskow. Mit Reimen von K. Brandt. o. O. o. J.

Hänsel, V., und Kramer, D. (Hrsg.): *Die Zwerge kommen!* Trautenfels 1993.

Hässler, H.: *Zwerge und Riesen in Märchen und Sage*. Tübingen 1957.

Halbritter, K., und Herder, H.: *Heimat deine Zwerge. Die Kulturgeschichte des Gartenzwerges*. Frankfurt a. M. 1959.

Haltrich, J.: *Die Macht und Herrschaft des Aberglaubens in seinen vielfachen Erscheinungsformen*. Schäßburg 1871.

Hartland, E. S.: *The Science of Fairy Tales*. London 1891.

Hartlaub, G. F.: *Der Gartenzwerg und seine Ahnen*. Heidelberg 1962.

Hartmann, E.: *Die Trollvorstellungen in den Sagen und Märchen der skandinavischen Völker*. Berlin 1936.

Hartmann, H.: *Bilder aus Westfalen*. Osnabrück 1871.

Herzog, H.: *Schweizerische Volksfeste, Sitten und Gebräuche*. Aarau 1884.

Hesemann, H.: *Beiträge zur Ravensburgischen Volkskunde*. Greifswald 1909.

Heßler, C.: *Hessische Landes- und Volkskunde*. Marburg 1906–07.

Heyl, J. A.: *Volkssagen, Bräuche und Meinungen aus Tirol*. Brixen 1897.

Hillner, J.: *Volksthümlicher Glaube und Brauch bei Geburt und Taufe im Siebenbürger Sachsenlande*. Progr. Schäßburg 1877.

Höhn, H.: *Sitte und Brauch bei Geburt, Taufe und in der Kindheit*. Stuttgart 1910.

Hörmann, L. v.: *Tiroler Volksleben. Ein Beitrag zur deutschen Volks- und Sittenkunde*. Stuttgart 1909.

Hoffmann-Krayer, E.: *Feste und Bräuche des Schweizervolkes*. Zürich 1913.

Holz, G.: *Laurin und der kleine Rosengarten*. Halle 1897.

Hoops, H.: *Niedersächsische Volkssitten und Bräuche*. Zürich 1913.

Im Zauberreich der Elfen, Zwerge und Kobolde. Bayreuth 1983.

Jahn, U.: *Die deutschen Opfergebräuche bei Ackerbau und Viehzucht*. Breslau 1884.

– : *Hexenwesen und Zauberei in Pommern*. Breslau 1886.

– : *Volkssagen aus Pommern und Rügen*. Stettin 1886.

Jecklin, D. v.: *Volkstümliches aus Graubünden*. Chur 1916.

Jegerlehner, J.: *Sagen und Märchen aus dem Oberwallis*. Basel 1913.

Jensen, Chr.: *Die nordfriesischen Inseln Sylt, Föhr, Amrum und die Halligen vormals und jetzt*. Hamburg 1891.

– : Zwergsagen aus Nordfriesland, in: *Zeitschrift des Vereins für Volkskunde* 2, 1892: S. 407–418.

Jörger, J.: *Bei den Walsern des Walsertales*. Basel 1913.

John, E.: *Aberglaube, Sitte und Brauch im sächsischen Erzgebirge*. Annaberg 1909.

Johnson, M.: *Naturgeister: wahre Erlebnisse mit Elfen und Zwergen*. Grafing 2000.

Jontes, G.: Hilfreich und hinterlistig. Zwerge in Sage und Märchen, in: *Hänsel/Kramer* 1993: S. 133–140.

Kabouterstad. Geillustreerd door N. van Leeuwen. München 1988.

Kapfhammer, Günther: *Bayerische Sagen*. Düsseldorf/Köln 1971.

Karlinger, F., und Wolf, R.: *Norditalienische Sagen*. O. O. 1978.

Kaut, G.: *Hessische Sagen, Sitten und Gebräuche*. Offenbach a. M. 1846.

Keightley, Th.: *Mythologie der Feen und Elfen. Vom Ursprung dieses Glaubens bis auf die neuesten Zeiten*. Weimar 1828.

Klapper, J.: *Schlesische Volkskunde auf kulturgeschichtlicher Grundlage*. Breslau 1925.

Der Kleine Pauly. Lexikon der Antike, 5 Bde. München 1979.

Knoop, O.: *Volkssagen, Erzählungen, Aberglauben, Gebräuche und Märchen aus dem östlichen Hinterpommern.* Posen 1885.

– : *Ostmärkische Sagen, Märchen und Erzählungen.* Berlin 1909.

Köhler, J. A. E.: *Volksbrauch, Aberglauben, Sagen und andere alte Überlieferungen im Voigtlande.* Leipzig 1867.

König, D.: *Das Tor zur Unterwelt.* Wiesbaden 1984.

Kolbe, W.: *Hessische Volkssitten und Gebräuche im Lichte der heidnischen Vorzeit.* Marburg 1888 (2. Aufl.).

Krause, K.: *Sitten, Gebräuche und Aberglauben in Westpreußen.* Berlin 1913.

Krogmann, W.: *Sylter Sagen.* Göttingen 1966.

Kück, E.: *Das alte Bauernleben der Lüneburger Heide.* Leipzig 1906.

Kühebacher, E.: *Deutsche Heldenepik in Tirol.* Bozen 1979.

Kühn, D.: *Sagen und Legenden aus Thüringen.* Jena 1990.

Kühnau, R.: *Schlesische Sagen*, Bd. 2: *Elben-, Dämonen- und Teufelsagen.* Leipzig 1911.

– : *Die Bedeutung des Backens und des Brotes im Dämonenglauben des deutschen Volkes.* Progr. Patschkau 1900.

Künzig, J.: *Schwarzwald Sagen.* Jena 1930.

Kuhn, A.: *Sagen, Gebräuche und Märchen aus Westfalen und einigen anderen, besonders den angrenzenden Gegenden Norddeutschlands*, 2 Bde. Leipzig 1859.

– : *Märkische Sagen und Märchen.* Berlin 1937 (unveränd. Nachdruck d. Ausg. von 1843).

Kuhn, A., und Schwartz, W.: *Norddeutsche Sagen, Märchen und Gebräuche.* Leipzig 1848.

Kutschmann, M.: *Im Zauberbann des Harzgebirges. Harz-Sagen und Geschichten.* Glogau 1890.

Lachmann, Th.: *Überlinger Sagen, Bräuche und Sitten mit geschichtlichen Erläuterungen.* Konstanz 1909.

Lagerlöf, S.: *Wunderbare Reise des kleinen Nils Holgersson mit den Wildgänsen.* München 1948.

Laistner, L.: *Nebelsagen.* Stuttgart 1879.

Lammert, G.: *Volksmedizin und medizinischer Aberglaube in Bayern und den angrenzenden Bezirken.* Würzburg 1869.

Landsteiner, K.: *Reste des Heidenglaubens in Sagen und Gebräuchen des niederösterreichischen Volkes.* Krems 1869.

Laube, G. E.: *Volkstümliche Überlieferungen aus Treplitz und Umgebung.* Prag 1869.

Lauffer, O.: *Niederdeutsche Volkskunde.* Leipzig 1926.

Lecouteux, C.: *Vom Schrat zum Schrättel,* in: *Euphorion* 79, 1985: S. 95–109.

– : Zwerge und Verwandte, in: *Euphorion* 75, 1981: S. 366–378.

Leoprechting, K.: *Aus dem Lechrain.* München 1855.

Liebers, C.: *Neolithische Megalithgräber in Volksglauben und Volksleben.* Frankfurt a. M. 1986.

Lindig, E.: *Hausgeister. Die Vorstellungen übernatürlicher Schützer und Helfer in der deutschen Sagenüberlieferung.* Frankfurt a. M. 1987.

Lindgren, A.: *Tomte Tummetott.* Hamburg 1960.

Linhart, D.: *Hausgeister in Franken.* Dettelbach 1995.

Loorits, O.: *Der norddeutsche Klabautermann im Ostbaltikum.* Sitzungsberichte. Gelehrte Estnische Gesellschaft 1929.

Lübbing, H.: *Friesische Sagen.* Jena 1928.

Lüthi, M.: *Die Gabe im Märchen und in der Sage.* Bern 1943.

Lütjens, A.: *Der Zwerg in der deutschen Heldendichtung des Mittelalters.* Breslau 1911.

Lynker, K.: *Deutsche Sagen und Sitten in hessischen Gauen.* Cassel/Göttingen 1869 (2. Aufl.).

Magin, U.: *Trolle, Yetis, Tatzelwürmer. Rätselhafte Erscheinungen in Mitteleuropa.* München 1993

Malberg, H.-J.: *Der blaue Kobold. Sagen aus dem Erzgebirge, Vogtland und der Lausitz.* Weimar 1969.

Mannhardt, W.: *Die praktischen Folgen des Aberglaubens.* Berlin 1879.

– : *Germanische Mythen.* Berlin 1858.

– : *Wald- und Feldkulte,* 2 Bde. Berlin 1875.

Marwede, W.: *Die Zwergsagen in Deutschland nördlich des Mains.* Würzburg 1933.

Meyer, G. Fr.: *Schleswig-Holsteiner Sagen.* Jena 1929.

Meyers, F.: *Riesen und Zwerge am Niederrhein. Ihre Spuren in Sage, Märchen, Kunst und Geschichte.* Duisburg 1980.

Mülhause, E.: *Die Urreligion des deutschen Volkes, in hessischen Sitten, Sagen usw.* Cassel 1860.

Müllenhoff, K.: *Sagen, Märchen und Lieder der Herzogtümer Schleswig, Holstein und Lauenburg.* Schleswig 1991.

Müller, W.: *Die Elfe im Schlafsack. Neue Märchen und Fabeln aus Island.* Berlin 2001.

Müller-Rüdersdorf, W.: *Aberglaube und Volksmeinung im Isergebirge.* Friedberg 1920.

Nöstlinger, Ch.: *Der Zwerg im Kopf.* Weinheim und Basel 1989.

Norlind, T.: Spiritusglaube in Schweden, in: *Zeitschrift des Vereins für Volkskunde* 25, H.1/2, 1915: S. 223–227.

Panzer, F.: *Bayerische Sagen und Bräuche. Beitrag zur Deutschen Mythologie,* 2 Bde. München 1848–55.

Paulson, I.: Haus- und Hofgeister im Volksglauben der Esten, in: *ARV Tidskrift för Nordisk Folkminnesforskning* 23, 1967: S. 95–114.

Perkowski, J. L.: *Vampires, dwarves, and witches among the Ontario Kashubs.* Ottawa 1972.

Petzoldt, L: *Kleines Lexikon der Dämonen und Elementargeister.* München 1995.

Peuckert, W.-E.: *Deutscher Volksglaube des Spätmittelalters.* Stuttgart 1942.

– : *Harzsagen.* Göttingen 1957.

– : *Niedersächsische Sagen,* 4 Bde. Göttingen 1964.

– : *Westalpensagen.* Berlin 1965.

Piaschewski, G.: *Der Wechselbalg.* Breslau 1935.

Picht, J.-V.: *Zwerge. Wie man sie sieht. Wie man sie macht. Wie man mit ihnen umgeht.* Stuttgart 1983.

Pippart, W.: *Der Brombeermann. Alte Sachen, Sagen und Sänge aus dem mittleren Werratal.* Eschwege 1939.

Puhvel, M.: The Legend of the Church-Building Troll in Northern Europe, in: *Folklore* 72, 1961: S. 567–583.

Quiring, H.: *Geschichte des Goldes.* Stuttgart 1948.

Radel, J. (Hrsg.): *Leselöwen Wichtelbuch.* Bindlach 1994.

Reinheimer, S.: *Die Wichtel.* O. O. o. J.

Richlick, E.: *Zwerge und Kleingestaltige in der Kinder- und Jugendliteratur ...* Frankfurt a. M. 2002.

Rochholz, E. L.: *Naturmythen. Neue Schweizersagen.* Leipzig 1862.

– : *Schweizersagen aus dem Aargau,* 2 Bde. Aargau 1856.

Rölleke, H.: Die Wichtelmänner, in: *Fabula* 32, 1991: S. 181–186.

– : Schneeweißchen und Rosenroth, in: *Fabula* 27, 1986: S. 265–287.

Rose, C.: *Spirits, Fairies, Gnomes, and Goblins.* Santa Barbara/Denver/Oxford 1998.

Rühmann, H.: *Opfersagen des Hausgeist- und Zwergenkultus.* Kiel 1938.

Rumpf, M.: Wie war zu Cölln es doch vordem mit Heinzelmännchen so bequem, in: *Fabula* 17, 1976: S. 45–74.

Rupp, H.: Der ›Ortnit‹ – Heldendichtung oder?, in: *Kühebacher* 1979: S. 231–252.

Rydl, Gert: König Laurin, in: *Kühebacher* 1979: S. 490–507.

Sartori, P.: Glockensagen und Glockenaberglaube, in: *Zeitschrift für Volkskunde* 7, 1897.

– : Der Schuh im Volksglauben, in: *Zeitschrift des Vereins für Volkskunde* 4, 1894, Abschnitt V.: Zwerge, S. 295–299.

Schall, A.: Die Zwerge im Bilderbuch, in: *Hänsel/Kramer*: S. 153–164.

Schlosser, A.: *Die Sage vom Galgenmännlein im Volksglauben und in der Literatur*. Berlin 1987 (Nachdruck der Ausgabe Münster 1912).

Schmitz, J. H.: *Sitten und Sagen, Lieder, Sprüchwörter und Räthsel des Eifler Volkes*. Trier 1856.

Schnezler, A.: *Badisches Sagenbuch*, 2 Bde. Carlsruhe 1846.

Schönhuth O. F. H.: *Die Burgen, Klöster, Kirchen und Kapellen Badens und der Pfalz mit ihren Geschichten, Sagen und Märchen*, 2 Bde. Lahr 1862–65.

Schönwerth, Fr.: *Aus der Oberpfalz. Sitten und Sagen*, 2 Bde. Augsburg 1858.

Schoppe, A.: *Die Helden und Götter des Nordens, oder: Das Buch der Sagen*. Berlin 1832.

Schroeder, L. v.: *Germanische Elben und Götter beim Estenvolke*. Wien 1906.

Schwab, G.: *Deutsche Volks- und Heldensagen*. Stuttgart o. J.

Seyfarth, C.: *Aberglaube und Zauberei in der Volksmedizin Sachsens*. Leipzig 1913.

Simrock, K.: *Rheinsagen*. Bonn 1876.

– (Üb.): *Die Edda. Die ältere und jüngere Edda und die mythischen Erzählungen der Skalda*. Essen 1986.

Sommer, E.: *Sagen, Märchen und Gebräuche aus Sachsen und Thüringen*, 1. Heft. Halle 1846.

Spee, J.: *Volkstümliches vom Niederrhein*, 2. Heft. Köln 1875.

Spiegel, K.: Die bairischen Sagen vom Kobold, in: *Bayerische Hefte für Volkskunde* 3, 1916: S. 71–99.

Spieß, M.: *Aberglauben, Sitten und Gebräuche des sächsischen Obererzgebirges*. Dresden 1862.

Stauber, E.: *Sitten und Bräuche im Kanton Zürich*, 2 Bde. Zürich 1922–24.

Stigloher, R. (Hrsg.): *So ist es im Lande der Zwerge*. Stuttgart 1987.

Stoll, O.: *Zur Kenntnis des Zauberglaubens, der Volksmagie und Volksmedizin in der Schweiz*. Zürich 1908–09.

Straub, W.: *Sagen des Schwarzwaldes*. Bühl/Baden 1963.

Tarantul, E.: *Elfen, Zwerge und Riesen*. Frankfurt a. M. 2001.

Temme, J. D. H.: *Die Volkssagen von Pommern und Rügen*. Berlin 1840.

Tettau, W. A. J., und Temme, J. D. H.: *Die Volkssagen Ostpreußens, Litthauens und Westpreußens.* Berlin 1837.

Tietze-Conrat, E.: *Dwarfs and Jesters in Art.* London 1957.

Tolkien, J. R. R.: *Der kleine Hobbit.* München 1995.

– : *Der Herr der Ringe,* 3 Bde. Stuttgart 1987.

Veckenstädt, E.: *Wendische Sagen, Märchen und Abergläubische Gebräuche.* Graz 1880.

Verbeek, P.: *Geschichten vom Pichtermännchen.* Freiburg i.Br. 1981.

Verzauberte Welten – Zwerge. O. O. 1985.

Vildomec, V.: *Polnische Sagen.* Berlin 1979.

Voges, Th.: *Sagen aus dem Lande Braunschweig.* Braunschweig 1895.

Von Schätzen, Venezianern und Geistern. Sagen aus dem Gebiet von Ruhla, Seebach, Thal und Winterstein. Gesammelt und bearbeitet vom Zirkel schreibender Arbeiter am Kulturhaus der Gewerkschaft. Ruhla 1985.

Watzlik, H.: *Stilzel, der Kobold des Böhmerwaldes.* Reutlingen o. J.

Weber, F.: Volkskundliche Streifzüge durch Shakespeare, in: *Bayerische Hefte für Volkskunde* 1, 1914: S. 187–200 und 233–269.

Weigel, H.: *Der Sagenkreis der Hörselberge.* Bucha bei Jena 2001.

Weiser, L.: Germanische Hausgeister und Kobolde, in: *Niederdeutsche Zeitschrift für Volkskunde* 4, 1926: S. 1–19.

Wildhaber, R., und Uffer, L. (Hrsg.): *Schweizer Volksmärchen.* München 1971.

Wirth, A.: *Beiträge zur Volkskunde von Anhalt.* Dessau o. J.

Witzschel, A.: *Sagen aus Thüringen.* Wien 1866.

Wohlgemuth, Fr.: *Riesen und Zwerge in der altfranzösischen erzählenden Dichtung.* Stuttgart 1906.

Wolf-Beranek, H.: Hausgeister und Kinderschrecker in den Sudetenländern, in: *Jahrbuch für ostdeutsche Volkskunde* 15, 1972: S. 104–131.

Wolfersdorf, P.: *Die niedersächsischen Berggeistsagen.* Göttingen 1968.

Wolff, K.-F.: Die Laurin-Sage, in: *Mannus* 24, 1932: S. 291–303.

Wolfram, R.: *Brauchtum und Volksglaube in der Gottschee.* Wien 1980.

Wossidlo, R.: *Mecklenburgische Volksüberlieferungen.* Wismar 1897.

– : *Von de lütten Ünnerierdschen.* Rostock 1925.

– : *Mecklenburgische Sagen. Ein Volksbuch,* 2 Bde. Rostock 1939.

Wrede, A.: *Eifeler Volkskunde.* Bonn 1922.

– : *Rheinische Volkskunde.* Leipzig 1919.

Wuttke, A.: *Der deutsche Volksaberglaube der Gegenwart.* Bearb. v. E. H. Meyer, Berlin 1900.

Wuttke, R.: *Sächsische Volkskunde.* Leipzig 1903 (2. Aufl.).
Zaunert, P.: *Hessen-Nassauische Sagen.* Jena 1929.
– : *Deutsche Natursagen,* 1. Reihe: *Von Holden und Unholden.* Jena 1921.
Zin, M.: *Devotionale und ornamentale Malereien.* Bd. 1: *Interpretation.* Wiesbaden 2003.
Zingerle, Gebrüder: *Kinder- und Hausmärchen aus Tirol.* Hildesheim–New York 1974. (Reprint)
Zwerge – Hofzwerge – Gartenzwerge. Eine Genealogie des Gartenzwerges. Ausstellung im Niederrheinischen Freilichtmuseum, Grefrath, 2. Sept.–28. Okt. 1973. Grefrath-Dorenberg 1973.

REGISTER

A

Aargau 76, 199
Ägypten 21
Afrika 188
Agricola, Georg 69, 71
Ahnenglauben 191
Alberich 37, 117 ff.
Allgäu 195
Alpen 20, 31, 33, 116, 146
Alpenglühen 123 f.
Alraun 13
Alwis 33, 109
Ameisenhügel 13 f.
Amrum 9, 49, 55
Andwari 120
Angelroda 199
Apfelbaum 76 f.
Arndt, Ernst Moritz 146
Asamanukpai 21
Asen 112
Asgard 105, 107
Asien 190
Augenzeugenbericht 172 ff.
Auslohnen der Zwerge 87 ff., 199
Auszug der Zwerge 193 ff.
Avataras 137

B

Baden 12, 85
Bäcker 72–76
Balmung 118
Bart 20, 31, 33, 40, 82, 112, 118 f., 150, 159, 161, 166, 172, 180
Bauer 79 f., 88 f., 136, 141, 143 f., 146 f., 153, 194, 199
Baum als Wohnort von Zwergen 51, 66
Bayern 174
Bechstein, Ludwig 37, 90
Begräbnis der Zwerge 46
Belgien 186
Bergbau 167, 190
Bergisches Land 51
Bergklöpferl 70 f.
Bergleute 69, 71, 189, 191
Bergmännchen 31, 58, 66, 96 f.
Bergtagning 134
Bergwerke 197
Bes 21
Beschwörung 13, 85
Beschwörung von Zwergen 29
Bier 128, 130
Bierbrauen 76, 132
Blain 10
Blindheit 86
Blitz 129
Böhmen 66, 96, 200
Böhmerwald 132
Bohuslän 134
Braunschweig 198
Braunschweiger Land 113

Brimir 10
Brokk 106 f.
Brownie 17 f., 73, 89 f.
Buch Noe, Das 11
Buche 14
Busch, Wilhelm 30
Buschmännchen 153

C
Chemnitz 155
Cherokee 22
Christentum 13, 124, 140 ff.
Clausthal 97
Cluricaun 78

D
Dämon 137 f.
Dänemark 25, 45, 55, 128, 140, 198
Daktylen 21, 189
Deformitäten der Zwerge 33 ff.
Diebstahl der Zwerge 57 ff., 128
Dietrich von Bern 122–125
Disney, Walt 183
Donar 104
Donner 129
Drachen 96, 116, 139, 165, 167 f., 190
Draupnir 107

E
Edda 9 f., 17, 26, 33, 104, 108 f.,
112 f., 120, 128, 136, 166
Egwald 119
Eiben 199
Eifel 32 f.
Eisen 129, 133
Eisenach 26
Elben 11, 17, 20, 48, 51, 66, 132 f.,
145, 166, 168

Elementisch 12
Elfen 17 f., 20, 26, 97, 119, 127 f.,
131 f., 134, 141, 145, 167, 172, 174,
189
Elfenbeauftragte 200
Elsass 186, 189
Engel, verstoßene 11
England 25, 96, 172 ff., 186
Erbsen, Vorliebe der Zwerge für E.
58
Erdgeister 174
Erdleute 28
Erdmännchen(lein) 17, 28, 45, 93
Erlösung 12
Erlösung der Zwerge 11
Erz 71 f.
Erzmännchen 28
Estland 13, 56, 132
Eva 10
Exorzist 111

F
Fährmann 196 f.
Fairy 173
Fantasy 40, 126, 162, 164
Faust 18
Feen 20, 22, 43, 49 ff., 76, 96, 98,
108, 131, 134 f., 141, 145, 156, 170,
190
Feenbutter 130
Fenixmännlein 32, 74, 195
Fenriswolf 108
Fichte 51
Fichtelgebirge 72
Finnland 78
Fleischer 72
Fluchen 197
Frankerl 36

Frankreich 25, 131, 183 ff.
Frau Holle 28, 62
Freija 104
Freyr 107
Friesland 9, 63
Fronfastentage 200
Fünen 78

G
Gaardbuk 81
Gabalis, Graf von 14
Gänsefüße 34 f., 170
Gartenzwerg 178 ff.
Gartenzwergbefreiungsfront 183
Geburt von Zwergen 45, 101
Gervasius von Tilbury 129
Geschenke der Zwerge 45, 61, 68, 73, 92 ff., 106 ff., 155 f., 194 ff.
Ghana 21
Gleipnir 108
Glocke 153, 193 ff.
Gloucester 173
Glückszwerg 170
Gnom 14, 18, 166, 174, 178
Goblin 165, 167
Goethe 11, 13, 18, 43, 99
Göttermet 113
Gold 21, 38, 45, 52, 76, 94, 96, 99, 102, 120 f., 144, 153, 155, 194, 197
Goldemar 102, 139, 142
Gotwergini 142
Gräfenroda 179 f.
Graumännlein 17, 28
Griechenland 21
Grimm, Brüder 34, 39, 71, 88, 95, 102 f., 145, 149
Gryla 126
Gütchen 18, 28

Gütel 145
Guhyakas 22
Gullinbursti 106
Gullivers Reisen 168
Gungnir 106 f.

H
Hagen 118
Halland, 129
Halle 13
Halloween 134
Hamburg 174
Hardenberg, Neveling Graf von 102
Harz 59, 102, 142, 198
Haulemännchen 28
Hausdrachen 144
Heidelberg 7, 14, 73
Heidemännlein 147
Heidenkinder 147
Heidenleute 147
Heilkräuter 66, 98 f.
Heinchen 28, 191
Heinzelmännchen 15, 18, 72, 87, 200
Heinzelmännchenbrunnen 72
Herakles 21
Herdgötter 192
Herdmannli 28
Herla, König der Briten 39
Herr der Ringe 26, 51, 126, 166
Herrlein 32
Hessen 100
Hessen-Nassau 32
Hexen 146
Hildebrand 123
Hinzelmann 90
Hobbit, Der kleine 59, 70, 126, 168

Hobgoblin 165
Hochzeit von Zwergen 40 f.
Höhle 127
Höhle als Wohnsitz von Zwergen
  22, 48, 51, 110, 113 f.
Hörselberg 72
Holstein 31, 78, 102, 195
Holunder 144
Holzacker 59
Holzfäller 66, 136
Hoya, Graf zu 101
Hudemühlen 49, 90
Hünengräber 48 f., 138
Hütchen 9, 17, 49, 72
Huldra 135
Huon de Bordeaux 119
Hutzelbrot 73

I
In die Irre führen 21
Indianer 22, 26
Indien 21, 137
Irland 77 f., 131 f.
Island 10, 25, 39, 109, 126, 200
Italien 21, 72, 132, 186, 190, 198

J
Jäger 65 f.
Jockel 73
Johannisnacht 13
Johannistag 101, 134
Jung, C. G. 192

K
Kaboutermänneken 49, 82
Kärnten 35, 51, 114, 142
Käse 68
Karuk 26
Kas(er)man(n)dl 20, 28
Kaufungen, Konrad von 12
Kerkopen 21
Kinderbuch 158 ff.
Kirchen-Niss 140
Kirkegrim 140
Kirschenjockel 73
Klabautermann 15, 20, 82 ff.
Kleidung der Zwerge 35 ff., 174,
  180
Klopfgeräusch 71, 83
Kloster 52
Klütermann 82
Knecht, Zwerg als 78 ff., 136
Knoblauch 169 f.
Kobalt 69
Kobold 15, 18 ff., 49, 63, 73, 110 f.,
  113, 142 f., 145, 155, 165, 167, 170
Köln 72, 87
König der Zwerge 39, 102, 110, 114,
  117, 119, 121 ff., 138, 142, 167, 195,
  198
Köpenick 29
Kopfbedeckung 36
Kopisch, August 9, 72, 82, 117, 188,
  193, 197
Korrigans 20
Kräutermännlein 28
Krakau 198
Kreta 21, 189
Kröpelin 195
Kröten, Zwerge als K. 63, 93
Kubera 22
Küfer 72
Kümmel 59, 86, 154
Kürten 51
Kurpfalz 73
Kwasir 113

L

Lagerlöf, Selma 163
Laren 191
Lauenburg 138
Laurin 114, 121 ff.
Lausitz 154, 195 f.
Lechtal 21
Leipzig 13
Leppaludi 126
Lettland 25
Liliputaner 22, 191
Lincolnshire 89
Lindgren, Astrid 163
Livorno 198
Löns, Hermann 56
Loki 70, 104–108, 120 f.
Lutchen 191
Luther, Martin 145

M

Magie 70, 121 f., 153, 189
Manen 191
Marioth, Frau von 100
Matrosen 82 f.
Mecklenburg 35, 76, 195
Megenberg, Konrad von 191
Menschenraub 134 ff.
Mime 120
Mittelerde 104 f.
Mjöllnir 107
Mörike, Eduard 73
Mond 191
Müller 60, 75 f., 87 f., 90, 95
Münchhausen, Börries von 177
Musik 40

N

Namen, erraten v. N. 23 ff.
Nanologie 186
Nebelkappe 37
Neujahr 134, 195
New Age 169 ff.
Nibelungen 117 f.
Nibelungenlied 117 ff.
Nickel 69
Niederlande 49, 182
Nievern 100
Nikolaus 147
Nils Holgersson 163 f.
Niss 11, 15, 33, 54 f., 61 f., 78–81, 111, 141, 144, 147
Nixen 120
Nörglein 23 f., 27
Norddeutschland 29, 48, 114, 197
Nordkap 132
Nornen 108
Norwegen 79, 127 f.

O

Oberlausitz 14, 61
Oberösterreich 76
Oberon 119
Oberpfalz 11, 36, 72, 75
Oberwallis 90, 97, 142
Odin 107, 113, 120
Önnerbänkische 117
Önnererske 43
Österreich 51, 183
Opfer an Zwergen 48
Orient 133
Orkney 172 f.
Orks 168
Ortnit 119

P

Paiute 22
Papst 195
Paracelsus 12, 174
Paris 185
Pasewalk 139
Patschkau 32
Paznauntal 199
Pechmandl 43
Penaten 191
Perchta 62
Perkeo 7 f.
Pferd 79
Phryger, Phrygien 21, 189
Pixie 17
Pöpl 29
Polen 25, 138, 182
Poltergeist 15, 170
Poltern 83, 85
Pommern 48, 62, 142 f.
Poppele von Hohenkrähen 12
Posen 42
Pu(c)k 20, 63 f.
Pummpälz 26
Pumuckl 183
Purzinigele 24 f., 27, 47
Pygmäe 21, 188

Q

Quarz 69
Querliche 32, 51 f.
Querxe 14, 19

R

Ramsbeck 189
Ranzau, Herrin von R. 102
Rathenow 32
Reichtumszwerge 22
Rheingold 119 f.
Rheinland 190, 195
Rheintöchter 117, 120
Riese 10, 104, 108, 113, 128, 136 ff.
Riga 13
Ringelnatz, Joachim 83
Rinteln 196
Rodbüksch 142 ff.
Römermännchen 191
Rollenspiel 126, 164 f.
Rom 191
Rosengarten des Laurin 121 ff.
Rot am See 182
Rügen 38, 146
Rumänien 136, 169 f.
Rumpelstilzchen 24 f., 27, 76, 116
Russland 21

S

Sachsa 142
Sachsen 12, 59, 76, 114, 196 f.
Saga 96
Schätze, Zwerge als Hüter von Schätzen 22, 70
Schafe 79
Schaffhausen 189
Schlesien 15, 32, 34, 40 f., 58, 73 f., 191, 195
Schleswig-Holstein 9, 48
Schlümpfe 183
Schmied, Zwerg als Schmied 70, 104–107
Schneider 72 f.
Schonen 76
Schopfheim 200
Schuster 73, 76 ff., 88
Schwarzalfenheim 120
Schwarzelben 17

Schwarzes Meer 198
Schwarzwald 90
Schweden 13, 128, 163 f.
Schweiz 93, 98, 183, 186, 190, 199
Seddin 138
Seeland 57
Seele 13, 26, 141, 143 f., 181, 191
Seele, verdammte 12, 14
Seelen von Toten 196
Segen 164
Selbitz 52
Shakespeare 119
Shawnee 22
Siegfried 37, 118
Sif 70, 105, 107
Sindri 106 f.
Sintflut 191
Skandinavien 56, 109, 127, 131 f., 134
Skidbladnir 106
Sonntagskind 200
Speichel 113
Spinne, Zwerg als S. 63, 200
Spinnen 76
Spiritus 18
Stegmandl 34
Steiermark 200
Stein, Zwerg zu Stein erstarrt 109
Steinsfurt 14
Stevenson, Robert Luis 73
Storm, Theodor 64
Straßburger Heldenbuch 139
Stuttgarter Hutzelmännlein 73
Süderdithmarschen 48
Südschweden 76, 129
Südtirol 191
Sylt 43, 49, 82 f.

T

Tanne 23 f., 66, 68
Tannenmännlein 66, 68
Tanz 15, 17, 21, 37, 43
Tarnkappe 37 f., 118 f., 122, 133, 197, 200
Taufe von Zwergen 45, 63, 93, 97 Teufel 12, 137, 142, 144 f.
Thor 33, 104, 107, 109
Thorstein 96
Thüringen 32, 36, 49, 72, 75, 145, 179, 181, 199
Tiere der Zwerge 65 ff.
Tirol 25, 42, 52, 71, 124
Töpfern 78
Tolkien 26, 40, 59, 70, 120, 166 ff.
Tom Tit Tot 25
Tomte 15, 56, 79 ff., 200
Tomte Tummetott 163
Tont 56
Totengeisterglauben 191
Totenreich 47
Transsylvanien 169
Trolle 20, 27, 57, 109, 126 ff., 131–136, 140, 165, 172
Trollbutter 130
Trommeln 197
Tschechien 25
Tuchmachen 76
Tyr 108 f.

U

Ufo 174
Unterirdische 9, 11, 15, 28, 32, 38, 45, 48, 50, 52, 63, 78, 80, 196 f.
Untersberger 17
Unterwelt 14, 48, 138

Ureinwohner 189 f.
Usedom 52

V
Vamana 22, 137 f.
Venedigermännlein, Venezianer 21, 72, 189
Verwandeln 62
Vishnu 22, 137 f.
Vörtasuggan 130
Vogesen 184

W
Wacholder 13
Wagner, Richard 119, 121
Walachei 136
Waldshut 199
Walen 190
Wales 172
Walkenrieth 142
Walsermännlein 110 f., 114
Walsertal 110
Wanen 112
Wartburg 26
Wassermann 43
Weben 76
Wechselbalg 131 ff.
Weihnachten 56, 134
Weihnachtsmann 148
Weingeigerlein 28
Weißelben 17
Wendisch 191
Werbung 182
Weser 196
Wicht 18
Wichtel 15, 17, 19, 28, 145, 161 f.
Wichtelmännlein 49, 164
Wichterchen 32
Wieland, Christoph Martin 119
Wilde Jäger, der 197
Wilhelm von Scherfenberg 39
Wintersonnenwende 148
Wolfenbüttel 140
Worms 118
Wotan 120
Württemberg 90

X, Y
Ymir 10, 104

Z
Zauber 122
Zauberer 168
Zaubergürtel 123
Zauberlehrling 13
Zaubertrank 125
Zimmerleute 72 f.
Zimmern, Graf Christoph 11
Zimmern'sche Chronik 88
Zipfelmütze 17, 21, 36, 159, 161 f., 178, 180 f., 189, 200
Ziu 104
Zwergenfrau 40, 167, 181
Zwölfnächte 74